普通高等教育"十四五"规划新形态系列教材

创业基础实务

主　编　陈　莹　柯　婷
副主编　彭文菁
主　审　艾海松

华中科技大学出版社
中国·武汉

内 容 提 要

本书一共分为七个项目,内容包括创业与创业素养、创业机会、创业团队、创业模式、创业融资、创业风险、创业计划书。每一个项目都安排了导入案例、实训内容及拓展阅读,并在部分项目针对大学生创业实际做了专门的阐述。附录中收集了国家及地方的创业政策,创业工作流程,大学生微创业、创业计划书模板等,有利于引导大学生树立创业意识,培养创新创业精神,提升大学生的创业能力与素养,完善学生的素质教育结构。

本书依照高等职业院校人才培养方案和课程项目化建设的目标与要求进行编写。语言深入浅出,知识框架完整,案例丰富,有利于学生掌握基础理论和全面提高学生的实践能力。

本书理论联系实际,具有科学性、实用性和资料性,既可作为大学生创新创业类课程的教材,又可供有志于创业的社会人士参考。

图书在版编目(CIP)数据

创业基础实务/陈莹,柯婷主编. —武汉:华中科技大学出版社,2021.12
ISBN 978-7-5680-7762-0

Ⅰ.①创… Ⅱ.①陈… ②柯… Ⅲ.①大学生-创业-高等职业教育-教材 Ⅳ.①G647.38

中国版本图书馆 CIP 数据核字(2021)第 256508 号

创业基础实务　　　　　　　　　　　　　　　　　　陈莹　柯婷　主编
Chuangye Jichu Shiwu

策划编辑:胡天金
责任编辑:胡天金
封面设计:廖亚萍
责任校对:王亚钦
责任监印:朱　玢

出版发行:华中科技大学出版社(中国·武汉)　　电话:(027)81321913
　　　　　武汉市东湖新技术开发区华工科技园　　邮编:430223
录　排:华中科技大学惠友文印中心
印　刷:武汉乐生印刷有限公司
开　本:787mm×1092mm　1/16
印　张:13.5
字　数:321千字
版　次:2021年12月第1版第1次印刷
定　价:48.00元

本书若有印装质量问题,请向出版社营销中心调换
全国免费服务热线:400-6679-118　竭诚为您服务
版权所有　侵权必究

前　言

习近平总书记强调:"创新是社会进步的灵魂,创业是推动经济社会发展、改善民生的重要途径。青年学生富有想象力和创造力,是创新创业的有生力量。"加强创新创业教育,是推进高等教育综合改革、提高人才培养质量的重要举措。

高校创新创业教育应面向全体学生,贯穿大学生在校学习的全过程,以培养学生的创新精神、创业能力素质等为重点,让更多学生接受创新创业教育,更好激发学生的创新精神和创业意识,提高学生的创新创业能力,把高等教育与经济社会发展紧密结合,把创新创业教育与专业教育融合,成为高校人才培养的延伸途径。

近年来,高校不断加强创新创业教育,对提高高等教育质量、促进学生全面发展、推动毕业生创业就业、服务经济社会发展发挥了重要作用。

武汉铁路职业技术学院始终重视大学生的创新创业教育工作,并且在全国大学生创新创业大赛中取得了较好的成绩。为满足"新工科"时代对理工类专业人才培养的需求,本书是在充分借鉴国内同类教材的基础上,组织了一批专业的创新创业教育授课教师,编写的一本具有职业院校特色的创新创业教材。

本书采用项目式教材编写模式,一共有七个项目组成,第一个项目是创业与创业素养,介绍了创业的概念及创业过程、创业精神、创业能力以及创业者必备的素质;第二个项目是创业机会,介绍了创业机会的内涵、来源与途径和评估创业机会的方法;第三个项目是创业团队,介绍了创业团队的类型、组建及其风险管理;第四个项目是创业模式,介绍了创业模式的内涵、类型、大学生创业模式案例等;第五个项目是创业融资,介绍了创业融资的概述、融资渠道及融资类型等;第六个项目是创业风险,介绍了创业风险的特点与分类、识别及防范创业风险等;第七个项目是创业计划书,介绍了创业计划书的内容、作用、基本结构以及撰写展示技巧等。

本书由武汉铁路职业技术学院陈莹、柯婷担任主编,由彭文菁担任副主编,彭俏、齐笑笑、宋玉梅、郑莎莎参编。全书由陈莹统稿,由艾海松主审并提出修改意见,在此表示感谢!

本书获得了武汉铁路职业技术学院"双高计划"项目建设经费的资助,编写过程中参考了国内外创新创业的相关资料与文献,书中所涉及的案例、论述等对本书的形成起着重要的作用。同时,本书也得到了华中科技大学出版社的大力支持与帮助,在此一并表示衷心的感谢。

由于编者时间所限,难免存在一些不妥之处,希望各院校使用本书的师生提出宝贵意见,对书中的缺点和错误给予批评指正。

编　者
2021 年 7 月

CONTENTS 目录

项目一 创业与创业素养 (1)
    任务一 创业与创业意识 (4)
    任务二 创业精神 (16)
    任务三 创业能力 (20)
    任务四 创业品质 (23)

项目二 创业机会 (30)
    任务一 寻找识别创业机会 (31)
    任务二 分析评估创新创业机会 (40)

项目三 创业团队 (57)
    任务一 组建创业团队 (59)
    任务二 管理创业团队 (70)

项目四 创业模式 (79)
    任务一 创业模式概述 (80)
    任务二 大学生创业模式的类型 (81)
    任务三 大学生微创业案例评述 (97)

项目五 创业融资 (107)
    任务一 创业融资概述 (113)
    任务二 创业启动资金 (124)

项目六 创业风险 (130)
    任务一 创业风险概述 (132)
    任务二 识别创业风险 (140)
    任务三 防范创业风险 (142)

项目七 创业计划书 (151)
    任务一 认识创业计划书 (156)
    任务二 创业计划书的内容 (160)
    任务三 创业计划书的编写步骤及技巧 (170)

附录 (196)
    附录一 创业计划书模板 (196)
    附录二 湖北省大学生创业扶持政策 (205)

参考文献 (206)

项目一
创业与创业素养

学习目标

（1）掌握创业精神、创业能力、创业品质、创业素养的内涵。
（2）熟悉创业的一般流程。

思政联结

习近平谈创新

面对当前复杂的改革环境、艰巨的发展任务，今天的中国比以往任何时候都更加需要创新驱动、创新发展。近年来，习近平总书记在出席重大活动和各地考察调研期间，就创新提出了许多新的观点和见解。

1. 抓创新就是抓发展，谋创新就是谋未来。不创新就要落后，创新慢了也要落后。

——2015年7月17日习近平在长春召开部分省区党委主要负责同志座谈会上强调

2. 综合国力竞争说到底是创新的竞争。要深入实施创新驱动发展战略，推动科技创新、产业创新、企业创新、市场创新、产品创新、业态创新、管理创新等，加快形成以创新为主要引领和支撑的经济体系和发展模式。

——2015年5月27日习近平在浙江召开华东7省市党委主要负责同志座谈会的讲话

3. 面对日益激烈的国际竞争，我们必须把创新摆在国家发展全局的核心位置，不断推进理论创新、制度创新、科技创新、文化创新等各方面创新。

——2016年4月26日，习近平在安徽合肥主持召开知识分子、劳动模范、青年代表座谈会时指出

4. 创新发展、新旧动能转换，是我们能否过坎的关键。要坚持把发展基点放在创新上，发挥我国社会主义制度能够集中力量办大事的制度优势，大力培育创新优势企业，塑造更多依靠创新驱动、更多发挥先发优势的引领型发展。

——2018年6月14日，习近平在济南考察浪潮集团高端容错计算机生产基

地时指出

5.发展是第一要务,人才是第一资源,创新是第一动力。中国如果不走创新驱动道路,新旧动能不能顺利转换,是不可能真正强大起来的,只能是大而不强。

——2018年3月7日,习近平参加十三届全国人大一次会议广东代表团的审议时指出

习近平谈怎样提升自主创新能力

习近平总书记曾说:"惟创新者进,惟创新者强,惟创新者胜。"也曾多次强调要提升自主创新能力,作为祖国的青年一代,创新离我们并不遥远,让我们一起来学习习总书记谈及提升自主创新能力的话语。

抓创新不问"出身",只要能为国家作出贡献,国家就会大力支持。

——2021年3月22日至25日,在福建考察时的讲话

科学技术从来没有像今天这样深刻影响着国家前途命运,从来没有像今天这样深刻影响着人民幸福安康。我国经济社会发展比过去任何时候都更加需要科学技术解决方案,更加需要增强创新这个第一动力。

——2020年11月12日,习近平在浦东开发开放30周年庆祝大会上的讲话

我们必须坚定不移走自主创新道路,坚定信心、埋头苦干,突破关键核心技术,努力在关键领域实现自主可控,保障产业链供应链安全,增强我国科技应对国际风险挑战的能力。

——2020年10月16日,习近平在十九届中央政治局第二十四次集体学习时的讲话

我们更要大力提升自主创新能力,尽快突破关键核心技术。这是关系我国发展全局的重大问题,也是形成以国内大循环为主体的关键。

——2020年8月24日,习近平在经济社会领域专家座谈会上的讲话

案例导入

"饿了么"的发展——一个因为叫不到外卖而引发的创业历程

2008年的一天晚上,还在上海交通大学(以下简称"交大")机械与动力工程学院读硕士一年级的张旭豪和室友一边打游戏一边聊天,突然感到饿了,就打电话到餐馆叫外卖,但要么打不通,要么不送。

创业就这样从不起眼的送外卖服务开始了。张旭豪和康嘉等同学一起,将交大闵行校区附近的餐馆信息搜罗齐备,印成一本"饿了么"的外送广告小册子在校园内分发,然后在宿舍接听订餐电话。接到订单后,他们先到餐馆取餐,再送给顾客。同年9月,为了能够大规模复制模式并且促使边际成本递减,"饿了么"团队开始借助互联网技术

研发订餐网络平台，实现个性化订餐功能，如顾客输入所在地址，平台便自动测算周边饭店的地理信息及外送范围，并给出饭店列表和可选菜单。网络订餐系统初运营时，已有30家加盟店支持，日订单量达500～600单。可那段时间，张旭豪和康嘉却因为过于奔忙劳碌而"后院起火"：先是窃贼光顾宿舍将电脑等财物一掠而空；接着，一位送餐员工在送外卖途中出车祸；随后，又有一辆配送外卖的电动车被偷……重重压力下，张旭豪不得不撤销热线电话和代店外送服务，让顾客与店家在网上自动下单和接单。同时，张旭豪不停参加创业竞赛给网站造势，扩充创业本金，给"饿了么"找风险投资，到2009年底，订餐平台已拥有50家餐厅进驻，日均订餐交易额突破万元。2011年3月，"饿了么"注册会员已超过两万人，日均订单3000份。这一战绩，很快引起了美国硅谷一家顶级投资公司的高度关注，接洽数次后，"饿了么"成功融得风险投资100万美元。

思考题：你知道什么是创业吗？为什么我们要认识创业？

我国的创业教育从20世纪中期兴起，广义上来说，创业教育就是培养大学生的创业基本素质和开创性个性的教育。通过创业教育，培养大学生从事创业实践活动所必须具备的知识、能力和心理素质等，为未来社会的经济发展发挥个体与群体的主动性和创造性。

创业者是创业实践活动的发起者和实施者，其创业素养的高低与创业成功与否有着直接的关系。结合大学生群体自身的特点，遵循主体性、实践性、创新性的原则，我们可以将创业素养分为创业意识、创业精神、创业能力、创业品质、创业环境掌控力等指标体系，详见表1-1。因此，创业教育的重点在于培养大学生的创业意识，磨炼创业精神，传授创业知识，提高创业能力。

表 1-1　创业素养的主要构成

创业素养	创业意识	创业意识是进行创业的前提和基础。指在创业实践活动中对个体起动力作用的个性心理倾向，包括创业需要、创业动机、创业兴趣、创业理想、创业信念等
	创业精神	创业精神在精神层面是一种思维方式，这种思维方式的基础是创新，主要包含创新精神、敬业精神、冒险精神、务实精神、团队精神、时间观念等
	创业能力	创业能力是创业者拥有的一种智力资本，是个体拥有的关键技能和隐性知识，它作为高层次的特征，包含个性、技能和知识，被看作是创业者能成功履行职责的整体能力
	创业品质	创业品质是评价创业素养教育成功与否的关键环节。指创业者在创业实践中对创业活动的坚定信念和执着精神
	创业环境掌控力	创业环境是一系列概念的集合体，是各种因素综合的结果。创业环境掌控力就是创业者为了保证组织目标的实现，对实际工作进行衡量和评价，并采取相应措施以纠正各种偏差的一种能力

任务一　创业与创业意识

一、创业的内涵

（一）创业的定义

"创业教育之父"杰弗里·蒂蒙斯（Jeffry A·Timmons）在其著作《创业学》（*New Venture Creation*）里提到，创业是一种为机会所驱动的思考、推理和行为方式，需要在方法上全盘考虑并拥有和谐的领导能力。

百森学院则将创业界定为，创业是一种思考、推理和行动的方法，它不仅要关注机会，还要求创业者有完备的实施方法和讲求高度平衡技巧的领导艺术。

哈佛大学教授霍华德·史蒂文森（Hoard Stevenson）等人将创业界定为，创业是指不拘泥于当前的资源条件而追求机会，将不同的资源进行组合，以利用和开发机会并创造价值的过程。

综合各种观点，可将创业定义为：创业是某一个人或一个团队，使用组织力量去寻求机遇，去创造价值和谋求发展，并通过创新来满足愿望和需求的过程。创业概念有广义和狭义之分，见表1-2。

表1-2　创业的定义

概念	广义视角	狭义视角	
		盲目型	冷静型
创业目的	除了赚钱，没有其他明确目的	创业目的很明确，且不限于赚钱	
创业者	喜欢创业，一般会过得很快乐	自信、做事冲动且大多为博彩爱好者	是创业者中的精华，喜欢提前做好充足的准备
失败概率	不比兢兢业业的创业者高	很容易失败	行动后成功概率通常很高

（二）创新与创业的关系

创新是指人们为了发展需要，运用已知的信息和条件，以现有的知识和物质，在特定的环境中突破常规，发现或产生某种新颖、独特的有价值的新事物、新思想的活动。

从现有的众多理论来看，创新与创业是一对密切相关的词汇，它们是相互依赖和相互促进的关系。创业离不开创新，创业中遇到的问题需要用创新来解决，创新的成果需要在创业过程中去检验，恰当的创新常常使创业变得非常顺利。

Miller（1999）的研究认为，最善于改变和创新的物种才能生存下来。他进而得出的结论是，生存下来的关键是使社会中的每一个成员都能发挥其独特的创造力，无论其工作的本质是什么。在这样的大前提下，创业的产生与发展离不开创新。

国内的研究表明，创新是创业的前提和基础，没有创新，谈何创业。创新的本质是敢于突破旧的思维和常规。创业是指创立社会、集体、个人的各项事业。创业的本质是创新，创业的过程就是不断创新的过程。创新是"因"，创业是"果"。没有创新，也就无法创业。将创新与创业之间的"与"去掉的意义也正如此——创新与创业是一个整体。

二、创业的要素

由创业的概念可知，创业的要素包括创业者、商业机会、技术、资源、人力资本、组织、产品服务等。

1. 创业者

创业者是创业过程中处于核心地位的个人或团队，是创业的主体。创业者在创业过程中起着关键的领导和推动作用，包括识别商业机会、创建企业组织、融资、开发新产品、获取和有效配置资源、开拓新市场等。因而，创业者的素质和能力是创业成功的第一要素。

2. 商业机会

商业机会指没有被满足的市场需求，它是市场中现有企业留下的市场空缺。商业机会就是创业机会，它意味着顾客能得到比当前更好的产品和服务的潜力。商业机会是创业过程中的核心，创业者从发现和识别商业机会开始创业。

3. 技术

技术是一定产品或服务的重要基础。产品与服务当中的技术含量及其所占比例，是企业满足社会和市场需求的重要保障，是企业的核心竞争力。

4. 资源

资源是组织中的各种投入，包括各种人、财、物。资源不仅指有形资产，如厂房、机器设备，也包括无形资产，如专利、品牌；不仅包括个人资源，如个人技能、经营才能，也包括社会网络资源，如信息、权力影响、情感支持、金融资本。

三、创业的类型

创业类型的选择与创业动机、创业者风险承受能力密切相关，也会影响创业策略的制定，是探讨创业管理不可忽视的议题。根据不同的角度，创业类型的划分也会有所差异。

（一）按创业动机分

（1）机会型。这类创业的出发点并非谋生，而是为了抓住、利用市场机遇。

（2）就业型。这类创业的目的在于谋生，为了谋生而自觉地或被迫地走上创业之路。项目多集中在服务业，规模小。

（二）按企业建立渠道分

（1）自主型。这类创业者白手起家，创业充满挑战和刺激，个人的想象力、创造力可得到最大限度的发挥。

（2）企业内创业型。一般是进入成熟期的企业为了获得持续的增长和长久的竞争优势，不断推出新产品和服务。

（三）按创业主体分

（1）大学生创业。创业主体为大学生，可独立创业，也可合伙创业，做自己想做的事情，体现自我人生价值。

（2）失业者创业。这类创业一般以服务业居多，投资少、风险低、回报快，比如现在非常火热的月嫂行业。

（3）兼职者创业。这类创业一般是利用本职工作之外的时间开展第二职业，如很多艺术设计、软件外包等小型创业项目。

（四）按创业项目分

（1）传统技能型。这类创业项目多为传统行业、工艺等，具有永恒的生命力，如酿酒业、饮料业、中药业、工艺美术品业、服装与食品加工业等。

（2）高新技术型。这类创业项目的特点是知识密集度高，带有前沿性及研究开发性质，如涉及微电子和电子信息技术、空间科学和航空技术、光电子和机电一体化技术、生命科学和生物工程技术、材料科学和新材料技术等专业的研发项目。

（3）知识服务型。这类创业项目顺应人们节省精力、提高效率的需求，特点是投资少、见效快，如律师事务所、会计师事务所、管理咨询公司、广告公司等。

（五）按创业风险分

（1）依附型。这类创业分为两种情况：一是依附于大企业或产业链而生存，为大企业提供配套服务，如专门为某个或某类企业生产零配件，或生产、印刷包装材料；二是特许经营权的使用，如麦当劳、肯德基，利用品牌效应和成熟的经营管理模式，减少经营风险。

（2）尾随型。这类创业就是模仿他人创业，所开办的企业和经营项目均无新意，"学着别人做"。

（3）独创型。这类创业主要集中在两个层面：一是填补市场需求内容的空白；二是填补市场需求形式的空白，如搬家公司、外卖公司等。

（4）对抗型。这类创业指进入其他企业已形成垄断地位的某个市场，与之对抗较量，如华为公司进军手机市场。

（六）按创业周期分

（1）初始创业。这类创业是一个从无到有的过程。

（2）二次创业。企业的生命周期分为投入期、成长期、成熟期和衰退期四个阶段，成熟期再创业的，就是二次创业，关乎着企业的生存和发展。如曾生产出国内第一台冰箱的北京雪花冰箱厂，在经历辉煌的历史后消亡，而海尔成功地进行了二次创业，并成为家喻户晓的海尔企业集团。

（3）连续创业。这类创业通过把企业原来的产品（或服务、技术）嫁接到另一种新产品

（或新服务、新技术），不断提升其抗风险能力。

四、创业的过程与创造技法

（一）创业过程的蒂蒙斯模型

美国"创业教育之父"杰弗里·蒂蒙斯在其著名的《New Venture Creation: Entrepreneurship for the 21st Century》一书中系统提出：成功的创业活动必须要将创业机会、团队、资源三个核心要素做最适当的搭配，并且随事业的发展而进行动态的平衡。

蒂蒙斯模型是由三个核心要素构成一个倒立的三角形，创业团队位于三角形的底部。在创业过程中，创业领导者及创业团队的任务就是反复探求更大的商机和资源的合理运用，其中创业领导者的作用至关重要，如图1-1所示。

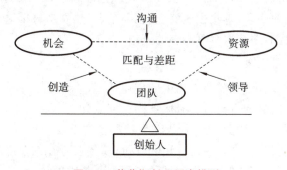

图1-1 蒂蒙斯创业要素模型

具体来讲，该模型有以下两个观点。

（1）创业过程是由机会驱动、团队领导和资源保证的。创业过程始于机会，而不是钱、战略、网络、团队或商业计划。在一开始，真正的机会要比团队的才干和能力或适宜的资源更重要。创业团队的作用就是利用创造力在模糊、不确定的环境中发现机会，并利用资本市场等外界力量组织资源，领导企业来实现机会的价值。在这个过程中，资源与机会是适应、差距再到适应的动态过程。商业计划的作用是提供沟通这三个要素的质量、相互之间匹配和平衡状态的语言、规则。

（2）创业过程依赖于机会、创业团队和资源这三个要素的匹配和平衡。处于模型底部的创始人或工作团队要善于配置和平衡，借此推进创业过程，他们必须做的核心过程是：对商机的理性分析和把握，对风险的认识和规避，对资源的最合理的利用和配置，对工作团队适应性的分析和认识。创业过程是连续的寻求平衡的行为组合，尽管这三个部分很难保持完全匹配，但只有持续地追求一种动态的平衡，企业才能保持持久的发展。当用平衡的观念来展望公司的未来时，创业者需要自问：到下一个成功将遇到什么陷阱？目前的团队足够大吗？如果公司在下两年以30%的速度增长会遇到危机吗？资源充足（或太丰足）吗？这些问题关系到企业的持续发展。没有保持平衡的例子现实生活中随处可见，如大公司在一周内耗费太多的资源，错误地确定了机会等。如果不满足要求，则应该对矛盾重新定义并再次求解。

（二）创业过程的四个阶段

创业是创建一个新企业的过程。创业过程是一个极其复杂、充满风险的系统工程。一个小环节的决策失误，都将导致满盘皆输。创业过程通常要经历以下四个阶段。

1. 发现和评估市场机会

发现和评估市场机会是创业过程的起点，是极具关键意义的一步。创业机会的识别包括寻找创业设想，进行市场调研和分析，制定初步的经营方案等。机会并不是突然出现的，创业者要有敏锐的嗅觉，能够广泛结交朋友，交流沟通，从各种信息中准确地识别创业机会，并判断其商业价值。

2. 确定并整合创业所需的各种资源

确定并整合创业所需的各种资源是创业者发现创业机会的重要手段，创业活动需要整合以下资源，如组建创业团队、筹集创业资金、创办企业、建立销售渠道等。企业应尽可能以最低的成本和最少的控制来获取尽可能多的资源。

3. 准备和撰写创业计划

当创意变成创业行动之前，需要有周密的创业计划，并形成创业计划书。根据对象和目的不同，计划书各部分内容的占比也会有所不同。创业计划书制定出了每一步要做什么，别人才能知道你想要做什么。创业计划书是说服投资者的重要文件，应深入分析目标市场的各种影响因素，并能够得到基本客观的认识和评价，使创业者在创业之前对整个创业及市场机会的变化有所预警，从而降低进入新领域的各种创业失败的风险。

4. 创建与管理新企业

创建新企业是创业者实现创业梦想的方式。新创企业需要经过初创期、早期成长期、快速成长期和成熟期，不同的阶段，企业的工作重心有所不同。因此，创业者需要根据企业成长时期的不同来采取不同的管理方式和方法，以有效地控制企业成长，保持企业的健康发展。

（三）创造创新技法

创造创新技法是指创造学家收集大量成功的创造和创新的实例后，研究其获得成功的思路和过程，经过归纳、分析、总结，找出规律和方法以供人们学习、借鉴和仿效。简言之，创造创新技法就是创造学家根据创造创新思维的发展规律而总结出来的一些原理、技巧和方法。

创造创新技法常用的有三种：头脑风暴法、列举法和设问法。

1. 头脑风暴法

"头脑风暴法"是由现代创造学的创始人、美国学者亚历克斯·奥斯本（Alex Faickney Osborn）于1938年首次提出的，最初用于广告设计，是一种集体开发创造性思维的方法。

头脑风暴法的原理是通过强化信息刺激，促使思维者展开想象，引起思维扩散，在短期内产生大量设想，并进一步诱发创造性设想。

在组织头脑风暴活动时，应该遵循以下几条原则。

(1) 自由畅想。要求参加者不受任何条条框框限制，放松思想，让思维自由驰骋。

(2) 延迟批判。在组织头脑风暴会议时，必须坚持当场不对任何设想作出评价的原则。

(3) 以量求质。头脑风暴会议的目标是获得尽可能多的设想，增加设想的数量，以便获得有价值的创造性设想。

(4) 综合改善。鼓励与会者对别人的设想补充完善成新的设想，会后对所有设想进行综合改善。

(5) 限时限人。会议通常限定时间为30～60分钟，人数为10人左右。

2. 列举法

列举法是遵循一定的规则，罗列研究对象有关方面的各种性质，进而诱发创造性设想的创造技法。

1) 特性列举法

特性列举法是通过对研究对象的特性进行详细分析，迫使人们逐项认真思考并深入研究，进而诱发创造性设想的方法。

特性列举法的实施步骤如下。

(1) 对象剖析。首先进行系统分析，即将研究对象逐步分解为若干个子系统，直至可以直接成为基本单元的组合为止。

(2) 特性列举。罗列出各子系统的各种特性。

(3) 设想开发。针对罗列的各种特性逐一进行推敲，对如何改变或改进原有特性提出设想。

(4) 设想处理。对获得的某种设想进行处理，分别给予实施、舍弃或再开发。

2) 缺点列举法

缺点列举法是应用广泛、效果显著的一种创造技法。其宗旨在于通过分析研究对象各个方面的不足之处，并予以罗列，从而有针对性地提出各种设想来加以改进和完善。

缺点列举法的优点是精力集中，节省时间，容易取得显著效果，有时候只要找出原有事物的一个缺点并加以改进就能产生巨大效益。然而，采用这一技法开发设想只能对原有事物"拾遗补缺"，它是一种被动型的创造技法。

从发展的眼光来看，世界上的一切事物都不可能尽善尽美，一旦找到这些事物的"缺点"并加以改进，事物就会在原有基础上得到新的提高。

3. 设问法

设问法是通过多角度提出问题，从问题中寻找思路，进而作出选择，并深入开发创造性设想的一种创造技法。主要类型有检核表法、"5W2H法""和田12动词法"等。

不管哪一种形式的设问法，其操作过程都是通过提出各种问题来产生大量设想，从中诱发创造性思维，进而作出判断和选择。至于创造成果的完成，往往还要做许多具体实施的工作。

问题提得好，就等于找到了解决问题的突破口。解决各种各样的问题，关键在于正确的选择，而可供选择的并列因素越多，选择的结果就可能越有价值。设问法的作用在于提供多种可供选择的并列因素。设问法应借助各种思维技巧，抓住事物具有普遍意义的方面进行提问。如奥斯本检核表法，借助于联想、类化、组合、分隔、颠倒顺序等思维技巧，抓住声音、颜色、气味、形状、材料等事物的基本属性来提问。

创造技法的种类多达数百种,还有不少创造技法,如类比法、组合法、等值变换法、专利创造法等,应用后往往也能获得较好的效果。

五、创业的意义

(一)"济天下"——创业对社会的意义

只要简单回顾一下近二三十年间,创业者所创造出的新行业,诸如个人电脑、生物技术、闭路电视、电脑软件、办公自动化、手机服务、电子商务、互动网络、虚拟技术等,我们不难想象出创业者是如何改变了世界的发展进程和人们的生活、工作和学习方式的。

1. 创业可以增加社会财富,促进经济发展和社会繁荣

创业过程是增加社会财富的过程,企业在生产经营的过程中,为社会创造了财富,增加了社会价值,并大大增加了国家的财政税收。企业的产品和服务拉动了国内市场需求,满足了人民生活的需要,丰富了市场,促进了社会经济繁荣。创业还改变了传统的产业格局,催生了很多崭新的行业,加速了经济结构的调整。在创业过程中,社会资源得到了优化配置,市场体系不断得到了完善,市场竞争活力得以保持。

2. 创业可以实现先进技术转化,促进生产力提高和科技创新

创新是创业的主要驱动力量,创业是新理论、新技术、新知识、新制度的孵化器,也是新理论、新技术、新知识、新制度形成现实生产力的转化器。企业内的创业活动是获得并强化创新能力和核心竞争力的重要途径。例如,TCL 本是一个家电企业,由于内部的团队创新,开发了新的手机产品,为企业在通信产品市场找到了发展机会和新的利益增长点,促进了集团的良性发展。

3. 创业可以提供就业岗位,缓解社会就业压力

我国人口众多,就业问题一直是个关系民生的大问题,解决就业问题是我国的一个长期任务。与此同时,随着经济体制改革,国有、集体企业下岗分流、减员增效,这些企业的就业空间大幅缩减,而私营企业和个体工商户成为就业的主渠道。

中小型创业企业不仅解决了创业者本身的工作岗位需求,同时也为需要工作的人们提供了大量的工作岗位,扩大了就业范围,降低了失业率,大大缓解了社会就业压力,从而稳定了社会秩序。

创业是最积极、最主动的就业。它不仅能解决大学生自身的就业问题,还能通过带动就业产生倍增效应。清华大学中国创业研究中心的调查数据表明,每增加一个创业者,当年带动的就业数量平均为 2.77 人,未来 5 年带动的就业数量平均为 5.99 人。因此,让更多的人投身创业更有助于提高创业带动就业的效应。

4. 创业可以激发整个社会的创新意识和创业精神,有利于观念的转变

在美国,创业革命使得"为自己工作的观念"深深扎根于美国文化中。在我国,近年来如火如荼的创业大潮让无数人进入了经济和社会的主流,对于形成创新、宽容、民主、公正、诚信等观念和文化具有积极作用。

(二)"善其身"——创业对创业者的意义

创业是一个伟大的历程,是一个精彩的大舞台。创业起点可高可低,创业的发展空间无限。通过创业,能有效实现人生价值,把握人生航向。

1. 创业可以主宰自己,充分发挥自己的才干

许多上班族之所以感到厌倦,积极性不高,重要原因之一是给别人"打工",个人的创意、想法往往得不到肯定,个人的才能无法充分发挥,愿望得不到实现,工作缺乏成就感,行事有诸多约束。而创业则完全可以摆脱原有的种种羁绊,摆脱在行为上受制于人的局面,充分施展自己的才华,发挥最大潜能,使自己的人生价值得到更好的体现。

2. 创业可以帮助个人积累财富,一定程度上满足个人对物质的追求欲望

工薪阶层的收入有高有低,但都是有限的,没有太多提升的空间。而摆脱这些烦恼的最佳途径就是,开创一份完全属于自己的事业,它提供的利润是没有上限的,可任你想象。根据统计资料,在美国福布斯富人榜前四百名富人中,有75%是第一代的创业者。而在中国富豪榜中,以创业起家的也不在少数。

3. 创业能够使个人有机会和实力回馈社会,具有极高的成就感

创业者创造的企业一方面为社会提供了产品或服务,一方面为个人、社会创造了财富。企业融入社会再生产的大循环之中,从多个环节为国家和社会作出了贡献。这种贡献使得创业者个人能够从中收获巨大的成就感。

4. 创业使个人能够从事喜欢的事业并从中获得乐趣

创业者选择创业项目,通常都会从个人感兴趣的领域着手,将其与自己的知识技能、专业特长等结合起来。而做自己喜欢做的事本身就是一种享受,且更容易找到乐趣。

5. 创业使个人从挑战和风险中得到别样的享受

创业充满挑战和风险,同时也充满克服种种挑战的无穷乐趣。在创业过程中,可以感受到无穷的变化、挑战和机遇,这是一个令人兴奋的过程。创业者可以通过征服创业过程中的重重困难来丰富自己的人生体验。

总之,创业是实现人生理想和价值,使自身全面发展的有效途径。

六、创业模式

随着我国不断走向转型化进程以及社会就业压力的不断加剧,创业逐渐成为在校大学生和毕业大学生的一种职业选择方式。近年来,政府加大了对大学生创业的扶持力度,先后出台了针对大学生创业的新政策,积极开展大学生自主创业的培训工作,将大学生创业与当地经济发展相结合,为自主创业的大学生提供银行贷款、专业指导等服务,帮助大学生成功创业。自主创业已经成为大学生新的选择,已逐步成为市场洪流中一股新的力量,是潮流,是不可阻挡的一种趋势。

大学生在创业前首先要找到一个能把自己现有资源进行有效整合的创业模式,常见的创业模式有以下七种。

1. 加盟创业

连锁加盟能够为大学生创业者提供已有的品牌、规范的运营模式、健全的市场机制等一系列成熟的经营模式。它分享品牌资源、分享经营诀窍、分享资源支持的特点为大学生创业者省去了诸多创业烦恼，并且提高了创业的成功几率。投资金额根据商品种类、店铺要求、加盟方式、技术设备的不同而不同。

2. 网络创业

随着网络在我国的飞速发展以及网络经济的迅速崛起，网络经济所蕴含的巨大商机和良好的发展前景使得网络成为时代宠儿。一般情况下，网络创业的形式主要有创办网站、网上开店、网上自由职业等。

3. 兼职创业

兼职创业是在工作之余再创业，可选择的兼职创业有：教师、培训师可选择兼职培训顾问；业务员可兼职代理其他产品销售；设计师可自己开设工作室；编辑、撰稿人可朝媒体、创作方面发展；会计、财务顾问可代理做账理财；翻译可兼职口译、笔译；律师可兼职法律顾问和事务所；策划师可兼职广告、品牌、营销、公关咨询等。在创业的过程中学习并积累，把自己的知识和经验像滚雪球一样逐渐滚大，由量变引起质变，最后成就一番事业。

4. 团队创业

团队创业是具有互补性或者有共同兴趣的成员组成团队进行创业。如今，创业已非纯粹追求个人英雄主义的行为，团队创业成功的几率要远高于个人独自创业。一个由研发、技术、市场融资等各方面组成，优势互补的创业团队，是创业成功的法宝，对高科技创业企业来说更是如此。

5. 大赛创业

大赛创业是利用各种商业创业大赛，获得资金提供平台，如 Yahoo、Netscape 等企业都是从商业竞赛中脱颖而出的，因此创业大赛也被形象地称为创业孵化器。如清华大学王科、邱虹云等组建的视美乐公司，上海交大罗水权、王虎等创建的上海捷鹏公司等。如果你有创业的意愿，创业大赛将为你提供锻炼的机会和展示的舞台，你可以通过这个平台熟悉创业程序、储备创业知识和经验，以及接触和了解社会。

6. 概念创业

概念创业是凭借创意、点子、想法创业。当然，这些创业概念必须标新立异，至少在打算进入的行业或领域是个创举，只有这样，才能抢占市场先机，才能吸引风险投资商的眼球。同时，这些超常规的想法还必须具有可操作性，而非天方夜谭。

7. 内部创业

内部创业指一些有创业意向的员工在企业的支持下，承担企业内部某些业务或项目，并与企业分享成果的创业模式，创业者无需投资却可获得丰富的创业资源。内部创业由于具有"大树底下好乘凉"的优势，因此也受到越来越多创业者的关注。

对创业者来说，一个真正好的模式，应该是适合自己的，即其有能力操作而且能把现有的资源有效地整合进去，在此基础上，才能实现真正的创新。

在竞争激烈的互联网时代，一个主意刚刚被想到，可能就有成千上万的人同时想到了；同样，一个看起来有成功希望的商业模式，其实会同时有好几百家企业进行实践，但是最终真正将之成功运作的可能只有一家。这里，除了各个模式本身在实际操作的过程中会存在大大小小的有可能导致不同结果的差异外，真正起到决定作用的是各个不同公司实际的运作能力。比如说要建立一个面向家庭个人电脑用户的虚拟娱乐社会，由联想来做和由一个学生团体来做，最终效果肯定是不同的。

创业者应该做好自己最擅长的事情，这里的擅长，不仅是指能力上，更是指在你所处环境的资源条件上。在设计自己的创业模式时，非常重要的一点是对自身以及环境条件有一个客观的衡量，认清自己能做什么，在什么环节投入会取得最大的收益，而不是盲目地去模仿和追随别人成功的模式。

七、创业意识

创业意识是指创业实践活动中对创业者起动力作用的个性心理倾向，其中包括创业需要、创业动机、创业兴趣、创业理想等心理因素。意识是行动的先导，任何一个创业活动的发生都是在创业意识之后，意识是主观能动性的体现。创业意识支配着创业者创业活动的态度和行为，规定着其态度和行为的方向和强度。

（一）创业意识的要素

创业意识一般包括创业需要、创业动机、创业兴趣和创业理想四大要素，详见表1-3。

表 1-3　创业意识要素的主要构成

创业意识要素	创业需要	指创业者对现有条件的不满足，并由此产生的最新的要求、愿望和意识，是创业实践活动赖以展开的最初诱因和最初动力。有创业需要不一定会产生创业行为
	创业动机	指推动创业者从事创业实践活动的内部动因。创业动机是一种成就动机，是竭力追求获得最佳效果和优异成绩的动因。有了创业动机，才会有创业行为
	创业兴趣	指创业者对从事创业实践活动的情绪和态度的认识指向性。它能激活创业者的深厚情感和坚强意志，使创业意识得到进一步的升华
	创业理想	指创业者对从事创业实践活动的未来奋斗目标较为稳定、持续的向往和追求的心理品质。创业理想属于人生理想的一部分，主要是一种职业理想和事业理想，而非政治理想和道德理想。创业理想是创业意识的核心

（二）创业意识的内容

1. 商机意识

简单地说，商机意识就是创业者在创业之前、创业中和创业后期间，从别人看不到的地方找出创业机会,要求创业者必须有足够的市场敏锐度,可以宏观地审视经济环境,洞察未来市场形势的走向,以便作出正确的决策来保证企业的可持续发展。

2. 转化意识

转化意识即能够把握机会,把商机转化成实实在在的效益和公司的持续运作,最终实现自己的创业梦想。转化意识就是要把商机、机会等转化为生产力,把自我才能、知识转化为智力资本、人际关系资本和营销资本。

3. 战略意识

创业初期给自己制定一个合理的创业计划,解决如何进入市场、如何卖出产品等基本问题。创业中期需要制定整合市场、产品、人力方面的创业策略,转换创业初期战略。需要指出的是,创业战略不只有一种,也没有绝对的好坏之分,关键要选择适合自己的创业之路。在这条路上应时刻保持战略意识,不以朝夕得失论成败。

4. 风险意识

创业者要认真分析自己在创业过程中可能会遇到哪些风险,一旦这些风险出现,要懂得应该如何应对和化解。大学生是否具备风险意识和规避风险的能力,将直接影响到创业的成败。

5. 勤奋/敬业意识

大学生创业一定要务实,要勤奋,不能光停留在理论研究上。可以从小投资开始,逐步积累经验,不能总想着一次就成功。暂时没有资金,没有人脉也无妨,关键要有好的思路和想法,要有勇气去迈出第一步。

(三)创业意识的培养

要创业就得从培养创业意识入手,意识是行动的指南,创业意识集中体现了创业素质的社会性质,支配着创业者对创业活动的态度和行为,规定着其态度和行为的方向和强度,具有较强的能动性,是创业素质的重要组成部分,是探索与构建创业教育运行机制的必要前提。

创业意识的培养途径主要有以下五种。

(1)开展走进成功企业活动,以榜样的力量激发大学生创业意识、树立创业理想。以社会实践活动为纽带,通过考察企业创业的经历和经营状况,让学生明白创业的艰辛,感受艰苦奋斗的精神,克服追求享受、贪图安逸的懒惰思想。通过建立大学生青春创业实践基地,为学生提供创业实践的便利,如创业见习基地、创业实习基地和创业园等,实现"产、学、研"一体化,营造良好的创业社会实践氛围。

(2)指导学生开展科技创新和创业活动。创业教育是实践性很强的教育活动,创业实践活动是创业教育的特定课程模式,也是培养大学生创业意识、创业能力的具体途径。在各种校园文化活动中培养和强化大学生的综合能力和创业意识,是一种鲜明生动的教育方式,也是一种非常有效的教育途径。可根据具体的教育目标和要求组织创业的专题教育活动,广泛地培养和提高大学生的综合创业能力。同时,积极进行有利于促进大学生创业意识培养的改革,如大力开展以"挑战杯"大学生科技竞赛、数学建模竞赛、创业设计大赛等为主要形式的科技创新系列活动,合理利用科研资源拓宽大学生科技创新创业领域,全面提升大学生的创业意识和创业技能。

(3) 完善创业教育指导体系,扩展大学生创业平台。创业教育是开发和提高学生创业基本素质的教育,是一种培养学生事业心、进取心、开拓精神、冒险精神,从事某项事业、企业、商业规划活动的教育。在创业教育过程中要不断地更新创业案例,积极引导学生运用所学知识不断开辟新的创业方向,扩大自身的创业平台。

(4) 深化创业教育教学改革,建设创业精品课程。课程是实现教育目的的主要载体和手段,课程体系和教学内容的改革在教育教学改革中处于核心地位。根据大学生创业的实际需要,各门学科都应该主动根据学科内容和教学特点,有机渗透创业意识、创业能力的教育与培养,将创业意识、创业能力的教育与培养和学科课程融为一体,同步进行。

(5) 创造良好的教育环境,形成人人参与的氛围。在班级环境、校园环境等文化建设上,要自觉渗透创业意识的教育。一是加大宣传力度,形成突出和强化创业意识的人文环境,营造提倡大学生创业的氛围,培养大学生的创业价值观念。二是在校风、教风、学风建设中突出与强化创新创造,打造创造性教学的风气,形成"学习为创造、创造中学习"的良性循环,形成人人争创造、人人争创新、人人想创业的文化环境,从而潜移默化地培养和强化大学生的创业意识。三是宣传成功创业者的创业事迹、创业方法和奋斗经历,为大学生树立学习榜样。

案例 1-1

从一张借条开始创业

吴立杰,浙江理工大学 2004 届服装设计与营销商务专业毕业生,在学生时代就已身家数百万元。在"2009 年中国大学创业富豪榜"中,他以 1000 万元身家排名第 25 位。他是从一张借条开始创业的。

2000 年,家住浙江省泰顺县埠下村的吴立杰以优异成绩考上了浙江理工大学。然而,像不少农村孩子的遭遇一样,父母想尽切办法也没凑齐他上大学的第一笔学费(各项费用加起来一年要 1.8 万元)。最后,是他姐姐东挪西凑了 1 万元钱才解了燃眉之急。吴立杰郑重许诺,一定要早日还上姐姐的钱,并给他姐姐打了个借条。2000 年 9 月 1 日,吴立杰如期跨入了大学的校门。一张沉甸甸的借条变成了吴立杰创业的动力。按照他自己的话说就是:"跨入大学的第一天,我就给自己定了一个目标,必须一边读书,一边赚钱。"正是这个欲望变成了动力,吴立杰利用自己的专业优势,上大学期间就自主创业。

吴立杰学的是服装设计专业,他很善于进行职业生涯规划:大一阶段必须掌握电脑设计作品并去服装企业做兼职;大二阶段是积极参加各类服装设计大赛,以锻炼能力、积累资源。大二暑假,他终于踏出了非常大胆也是非常关键的一步,他与另外两名同学用 20 万元注册了一家公司——华泰服装品牌策划公司,他拥有 75% 的份额。接下来 3 个月,公司没一单生意。但他毫不灰心,在前后共跑了 28 趟后,他终于拿下了第一笔策划业务——杭州"三彩服装"策划方案。之后,相继争取到了"欧王服饰""浙江鳄鱼"的业务。一个大品牌搞定后,有了成功范例,业务也越做越大。

2004年2月,大四的吴立杰成功注册法国"豪雯"服饰公司。对自己的创业经历,吴立杰的感触是:第一步其实很简单,就是设计自己。

【案例启示】

创业动机来自对摆脱贫困的渴望;创业者的第一步是要设计好自己。

拓展阅读

什么是SYB创业培训?

SYB的全称是"Start Your Business",意为"创办你的企业",它是"创办和改善你的企业(SIYB)"系列培训教程的一个重要组成部分,由联合国国际劳工组织开发,是为有意愿开办中小企业的朋友量身定制的培训项目,经国家劳动和社会保障部引入我国后,部分省市进行试点运行,取得了良好的效果。SYB创业培训不仅使学员的就业观念发生了转变,更激发了他们的创业意识,掌握了创业技能,增强了小微企业的抗风险能力,使学员在短时间内成为小微企业的老板。主要内容为教学员如何创业,如何创办自己的企业,如何计划资金预算。

任务二 创业精神

一、创业精神的内涵与意义

(一)创业精神的内涵

创业精神是创业者在创业过程中所表现出来的综合特质。哈佛大学商学院将其定义为:创业精神是一个人不以当前有限的资源为基础而追求商机的精神,即没有资源创造资源,没有条件创造条件,用有限资源去创造更大资源。

一般来看,创业精神有三个层面的内涵:哲学层次的创业思想和创业观念,是人们对于创业的理性认识;心理学层次的创业个性和创业意志,是人们创业的心理基础;行为学层次的创业作风和创业品质,是人们创业的行为模式。创业精神包含三个主题:一是对机会的追求;二是创新;三是增长。

创业精神是大学生创业的精神支柱,没有创业精神就没有创业行动。它是对人们创业行为的高度概括,是人们在创业实践过程中逐渐形成的。创业精神应贯穿于当代大学生的思想意识之中,使大学生毕业后能够大胆走向社会、自主就业、积极创业。

(二)创业精神的意义

1. 创业精神与国家发展

世界银行公布的营商环境报告显示,中国营商便利度综合前沿距离分数由 2012—2013 年的 61.13 上升到 2015—2016 年的 64.28,提高了 3.15 分,中国在全球营商便利度排名由第 96 位上升到第 78 位,提升了 18 位。中国新增企业规模的迅速发展,得益于创业精神贯穿于创业过程始终,作为调节商机和资源的杠杆,保持各类创业资源的均衡,推动创业进程的整体推进(见表1-4)。

表 1-4　2015—2016 年开办企业前沿距离分数

开办企业前沿距离分数	
新加坡	96.49
韩国	95.83
英国	94.58
美国	91.23
德国	83.42
法国	93.27
日本	86.09
中国	81.02

2. 创业精神与个人发展

实际上,创业者一定是少数,但创业精神的培养锻炼不仅仅是针对创业者的,它本身对于每个人的个人发展都会带来促进和正向影响,如具有激励作用、执行作用和示范作用等。

二、创业精神的构成

创业精神是创业的动力源泉,是成功创业的前提。顽强的创业精神对于成功创业十分重要。创业精神包括创新精神、竞争精神、吃苦耐劳精神、勇于拼搏精神、主动学习精神、冒险精神、敬业精神、合作精神、开拓精神等。

创新精神是创业的核心精神,没有创新精神是难以创业成功的。创新是个充满失败与挫折的过程,创新精神的实质体现为意志自由的精神、敢于冒险的精神、果敢顽强的精神、献身真理的精神,它更是一种自我入迷的精神,也是一种团队的诚信精神。

对大学生而言,自主创业精神是一种内在因素,体现在大学生的自主创新人格。大学生的自主创新人格的特征主要体现在四个方面。第一,主体意识突出。主体意识就是认定自己是一个具有独特性和主体性个人的意识。在大学阶段,他们的主体意识正处在一个成长发展时期,这对大学生在心理上的健康发展和健全人格有着导向和激励作用,主体意识不仅促使大学生对个人创新潜能在程度和力度上的发掘,同时也在创新动机和行为的启动与发展上制约和影响着大学生的内在感觉和心理活动。因而,在开展自主创业活动中大学生的主体意识显得尤为重要。第二,创新欲望强烈。创新欲望是推动大学生开展自主创业活动的动力。创新欲望既是大学生对创新价值的追求,也是对未知乃至模糊领域的好奇与探求。追求创新价值是当今时代的特征,标新立异是当代大学生的鲜明特点,他们对新生事物和未知领域追求探索的欲望,彰显了大学生的时代精神风貌。第三,坚定创新信念。信念是一种精神状态的综合表现形式,它包含人的情感、认知、意识等方面的情感交织与融合。从这个意义上看,信念的产生建立在个人对某一事物的认知程度上;从理智上看,信念一但产生,它就会对某一事物坚信不移,在个人的情感和意志上就能产生强烈的支持和有力支撑,也就集聚了内在的精神动力和支柱,且具极强的稳定性,这种精神动力是大学生开展自主创业活动成功的内在保证。第四,勇于创新实践。大学生自主创业是当今时代发展所赋予的,是大学生走向社会、担当未来的实际行动和实践过程,它既不是应景的口号,也不是虚张声势的标语,为此,要求大学生以高昂的热情和坚毅的意志力投入到自主创新创业行列之中,建功立业,撑起未来的一片天空。

三、创业精神的培育

惠普公司创建于戴维家的车库,惠普公司至今认为,只有客户需要的产品和服务才能出得了"车库"。"车库法则"将新惠普与公司创始人的精神和初衷结合在一起,是惠普之道在新世纪的重新表述,即"原来的核心价值观,加上创新的行为准则",具体的内容如下。

(1) 相信你可以改变世界。
(2) 迅速工作,随时工作,实施工作待命。
(3) 了解何时该独立自主,何时该团队合作。
(4) 与同仁分享你的主意与工具,信任他们。
(5) 不玩政治,杜绝官僚作风。(这在车库里本就很可笑)
(6) 由客户来决定你的工作是否做得很好。
(7) 激进的创见不一定是馊主意。
(8) 创造不同的工作方法。
(9) 每天要有贡献。如果你当天没有贡献,就不应该离开车库。
(10) 相信团队合作可以万事皆成。
(11) 发明创新。

许多创业故事告诉我们,长久的创业都需要有创新的元素和不断的尝试,对于处于学生时代的我们,该如何培养自己的创业精神呢?

首先,我们要注重培养自己的创新能力,保持自己的个性发展,持续激发自己的好奇心和求知欲,要有突破前人、突破书本的勇气。

其次,我们需要不断参加创业实践。一方面要经常性地参加企业实习、社会实践,以增强对企业的了解和对社会的适应;另一方面,我们还要积极参加项目路演,如挑战杯、互联网+等大赛,或许某一天能遇上改变你一生的导师。

最后,我们要有意识地培育自己的创业人格。人格是动力的来源,是自控的枢纽,是最突出的个人符号。只有真正从人格的深度提升了自己,才能实现动能的转化和行为的蜕变。徐井宏曾说:"创业是一条孤独的道路,创业是一条艰难的道路,创业者在创业的过程中,不知道经历多少的千难万险,所以没有一个强大的心,没有一个顽强的意志,是走不到真正的成功的。"因此,我们要有意识地培养强大的自信心,它是我们在创业路上的动力,能够帮助我们更加警醒自己的弱点,更加坚韧地追求自己的创业目标;我们还要自觉培养坚忍不拔的意志和艰苦奋斗的精神,提高自己承受和应对挫折的能力等。

案例 1-2

　　1987年7月,21岁的王传福从中南工业大学冶金物理化学专业毕业,进入北京有色金属研究院。由于他刻苦努力,潜心钻研电池,26岁被破格委以研究院301室副主任重任。1993年,研究院在深圳成立比格电池有限公司,由于专业对口,王传福顺理成章地成为公司总经理。作为研究方面的专家,王传福此时做了一个大胆的决定:脱离有强大背景的比格电池有限公司,辞掉总经理职务单干。

　　王传福相信:最灿烂的风景总在悬崖峭壁,富贵总在险境中突显。2001年,比亚迪锂电池市场份额上升到世界第四位,而镍镉和镍氢电池上升到了第二和第三位,实现了13.65亿元销售额,纯利润高达2.56亿元。

　　如果说单干创业是第一次冒险,那么,决定制造汽车无疑是他冒险的疯狂之举。2003年1月23日,比亚迪宣布以2.7亿元收购西安秦川汽车有限责任公司77%的股份。比亚迪成为继吉利之后国内第二家民营轿车生产企业。按照王传福的话说,冒险精神给比亚迪的初期发展带来了举世瞩目的成就,同样,比亚迪要想成为汽车大王,同样需要冒险精神,更需要一支敢于冒险的企业团队。

　　在这里需要指出的是,冒险并不等于蛮干,不等于铤而走险,更不是指违法犯罪,它是正道上的冒险,是在有正确计划的指导下有步骤地进行的。

拓展阅读

艾迪逊大街367号,硅谷诞生地

　　1934年,刚从斯坦福大学电气工程系毕业的戴维·帕卡德(David Packard)和威廉·休利特(William Redington Hewlett)去科罗拉多山脉进行了一次为期两周的垂钓野外露营。由于彼此对很多事情的看法一致,因而结为挚友。此后,威廉在斯坦福大学和麻省理工学院继续研究生学业,而戴维则在通用电气公司找到一份工作。受斯坦福大学教授及导师Fred Terman的鼓励和支持,二人决定开办公司并自己经营。1938年,戴维夫妇迁居至加利福尼亚州帕罗奥多市艾迪森大街376号。威廉就在这栋房子后面租了一间小屋。威廉和戴维用538美元作为流动资金,并利用业余时间在车库里开展工作。威廉利用其研究课题负反馈研制成功了惠普第一台产品——阻容式声频振荡器(HP200A),这是一种用于测试音响设备的电子仪器。该振荡器采用炽灯作为电气接线图中的一个电气元件来提供可变阻抗,这在振荡器的设计上是一个突破。利用反馈的原理,又相继生产出另外几项惠普早期的产品,诸如谐波分析仪及多种失真分析仪。华特迪士尼电影公司订购8台振荡器(HP 200B)用于制作电影《幻想曲》。1939年1月1日,威廉和戴维成立合伙公司惠普(Hewlett-Packard)。

任务三　创业能力

一、创业能力的内涵

创业能力是创业者拥有的一种智力资本,是个体拥有的关键技能和隐性知识,作为高层次的特征,包含个性、技能和知识,被看作是创业者能成功履行职责的整体能力。联合国教科文组织在举行的第二届国际职业技术教育大会(1999年4月在韩国举行)上提出创业能力的内涵至少应包括以下四个方面:①创业态度、创造性和革新能力;②把握和创造机会的能力;③对风险进行预测的能力;④懂得诸如生产力、成本和自我创业的必须技能等基本的企业经营概念。

二、创业能力与就业能力

就业能力的概念最早出现在20世纪初的英国,由英国经济学家威廉·贝弗里奇(William Beveridge)于1909年首先提出。他认为就业力即"可雇用性",是指个体获得和保持工作的能力。随着当代中国社会经济发展对职场产生的深远影响,就业能力也被赋予了更多的内涵,指"能够获得初次就业、保持就业以及在就业之后能够胜任本职工作的基本能力和素质"。当代大学生的就业能力主要是指实现大学生就业理想、满足社会需求、实现自身价值的能力,主要体现在大学生的职业目标是否明确、知识技能是否扎实、就业心态是否端正、是否有适应岗位的实践能力等。

与就业能力相比较,创业能力比就业能力多的是发现的眼光和创新的智慧。

三、创业能力培养的内容

（一）决策能力

决策能力是根据既定目标认识现状,预测未来,决定最优行动方案的能力,是管理者的素质、知识结构、对困难的承受力、思维方式、判断能力和创新精神等在决策方面的综合表现。

一个创业者首先要成为一个决策者,决策能力是一个人综合能力的表现。

（二）经营管理能力

经营管理能力包括经营能力、管理能力、理财能力、用人能力。创业者确定了创业目标后,就要组织实施,要始终坚持质量第一的原则,善于吸纳有某种专长的人共同创业,并且能开源节流,管理好资金。

（三）专业技术能力

专业技术能力指创业者掌握和运用专业知识进行专业生产的能力,具有很强的实践性。

创业者要重视创业中的专业技术知识与经验的积累,尤其是职业技能的训练,形成自己的经验特色并积累起来。

(四)人际交往能力

人际交往能力是指具备善于与他人交往的能力,善于处理各种复杂的人际关系,包括能妥善地处理与公众(政府部门、新闻媒体、客户等)之间的关系,能够协调下属各个部门成员之间关系的能力。创业者要具备良好的人际交往能力,团结一切可以团结的力量,共同协调发展,做到不失原则、灵活有度,为成功创业打好基础。

(五)创新能力

创新能力是技术和各种实践活动领域中不断提供具有经济价值、社会价值、生态价值的新思想、新理论、新方法和新发明的能力。创新能力是一种综合能力,具有广博的知识、扎实的专业基础、熟练的专业技能和丰富的实践经验才能培养出创新能力,而当今社会的竞争,与其说是人才的竞争,不如说是人的创新能力的竞争。

四、创业能力评价

提升创业能力是大学生创业教育的重要培养目标,既要具有创业能力的基本内涵,又要兼顾大学生本身的思想先进性、时代创新性、高知识能力等特点,结合职业教育的理论和实践需要,根据相应的有创业可能性的技术层面和专业需要进一步明细和整合,将创业能力评价体系分为基础、学习、品质、合作、创新、营销 6 个一级指标和 33 个二级指标,具体见表1-5。

表 1-5 创业能力评价指标

类别	一级指标	二级指标
基准性素质	基础	沟通表达能力
		人际交往能力
		环境适应能力
		自我激励及突破的能力
		家庭环境影响
		社会环境影响
		勇气及冒险精神
		决心和热情
	学习	学习意识
		记忆能力
		学习习惯
		理性思维能力
		感性思维能力

续表

类别	一级指标	二级指标
基准性素质	品质	自信心
		责任担当
		遵纪守法
		诚实守信
		积极乐观
		坚韧毅力
鉴别性素质	合作	合作意识
		建立信任的能力
		分工协作能力
		团队评估与整合的能力
		凝聚团队能力
	创新	创意激发能力
		发现问题的能力（发现市场需求的能力）
		创造性组织资源的能力
		产品设计研发能力
	营销	资金筹措与经营能力
		决策能力
		竞争意识
		抗挫折能力
		拼搏精神

五、大学生创业能力的培养

创业能力的培养是一项开放性的活动，是一种融知识学习和实践体验为一体的教育活动。创业能力主要的教育培养方式有四种：以实际案例为主的知识教学；以自身体验为主的活动组织；以模拟仿真为主的实战训练；以具体咨询为主的个别指导。

案例1-3

平分股权引发的悲剧

小木和小达因为爱好美食，因此决定一起开一家美食店，创业之初，两人商量按照五五分配股权，随着生意不断扩大，在受到投资人青睐注资后，他们的股权比例都变成47%。双方这种股权比例由于无法确定决策权，极其容易引发僵局或者争议，多次矛盾后，小木退出公司，小达被股东控告侵占公司资产，锒铛入狱。

最错误的做法是股权五五分,五五分的结果是没有分配决定权。在开始的"蜜月期"可能不会产生争执,到了一定阶段,出现分歧的时候,如果没有一个人拥有绝对的控制权,可能谁也不服谁,最终的结果就是分道扬镳,创业失败。基于《中华人民共和国公司法》规定的股权1/2的决议规则和2/3的特别决议规则,相对理想的股权分配是持1/2以上股权,更理想的是2/3以上。

启示:创业必须要懂得基本的知识技能,才能提升创业成功率。

拓展阅读

我国创业能力培养实践现状

20世纪末,天津石油职业技术学院(原华北石油学校)采用大创造教育概念和"五位一体""三线配合""两大循环"创业教育体系,采用"校企"合作方式,开展校外仿真就业、创业能力训练。之后,青岛市农村职业学校探索出了创业教育与社会实践有机结合的培养模式,以"校内挂职""入股企业""家庭示范"为主要环节,促进农村职业学校学生创业能力的培养。江苏省常熟职业教育中心校树立"大学校培养小老板、小老板成就大事业"的培养理念,成立学生创业指导中心领导小组,分管校长负责协调面向全校学生的创业教育工作,学校各部门构成创业教育的工作网络,专职教师和学生会干部的主要职责是对学生的创业实践进行指导、管理和服务。该校把校园变为创业园,在自己的校园内建设创业基地。通过多年的实践,学校已经成为培养学生创业意识和创业能力的第一实践基地。

近年来,广州市开设财经商贸类专业的中等职业学校建立了以学校为主导的"政府扶持,企业支持,家庭帮扶,学生主动"四位一体机制和"学校推动,学生参与,家长配合"的三结合机制。通过模拟公司综合实践教学的创新教学模式培养学生的创业能力。

任务四 创业品质

创业品质即创业心理品质,主要体现在人的独立性、敢为性、坚韧性、克制性、适应性、合作性等方面,它反映了创业者的意志和情感。

一、创业品质内容

1. 独立行动

独立性是创业者最基本的个性品质,主要指创业者的思维和行为不受外界和他人的影响,能够独立思考、选择行动的心理品质。主要体现在抉择的独立性,行为的自主性和独创性。

2. 善于合作

善于合作是能与人进行有效的交流与沟通，可以提高办事效率，增加成功的机会。合作性是指能设身处地为他人着想，善于理解对方、体谅对方，善于合作共事的心理品质，与独立性相互制约、相互作用。主要体现在可以换位思考，尊重对方和扬长避短。

3. 敢冒风险

敢为性是指对瞄准的目标敢于起步，选定的事业敢冒风险，勇于承担行为后果的心理品质。立志创业，必须敢闯敢干，有胆有识，才能变理想为现实。具备敢为性的人对事业总是表现出一种积极的心理状态，不断地寻找新的起点并及时付诸行动，表现出自信、果断、大胆和一定的冒险精神。然而，敢为不是盲目冲动、任意妄为，而是建立在对主客观条件科学分析的基础上的。成功的创业者还要具备评估风险程度的能力，具有驾驭风险的有效方法和策略。

4. 诚信克制

克制是一种积极的、有益的心理品质，它可使人积极有效地控制和调节自己的情绪，使自己的活动始终在正确的轨道上进行，不会因一时的冲动而引发缺乏理智的行为。在创业过程中，创业者要善于克制，防止冲动。

5. 不屈不挠

创业者的恒心、毅力和坚忍不拔的意志，是十分可贵的个性品质。创业者必须有一颗持之以恒的进取心，遇事沉着冷静，考虑周全，一旦做出行动决定便要坚持不懈。

6. 灵活适应

面对市场的变化多端，竞争激烈，创业者能否因客观变化而"动"，灵活地适应变化，是创业成功的关键所在。因而，创业者必须以极强的信息意识和对市场走向的敏锐洞察力，瞄准行情，抓住机遇，不失时机地、灵活地进行调整。同时，能用积极的态度看待来自工作和生活的压力，冷静分析、控制压力，找出原因，缓解压力，或者将压力变为动力。

二、创业品质培养

1. 培养意志品质

第一，要树立崇高的理想和志向；第二，要将理想和实际工作目标结合起来，严于律己，出色地完成具体任务；第三，要积极参加各种实践活动，锻炼意志；第四，锻炼健康的体魄，是锻炼坚强意志品质的重要途径；第五，加强意志的自我锻炼，提升自我认识、自我检查、自我监督、自我评价、自我命令、自我鼓励的能力。

2. 培养商业意识

第一，要用心去钻研有关的商业知识；第二，要在实践中探明市场运行的基本规律；第三，要善于观察分析，把握事物的本质；第四，要善于收集和利用信息；第五，要积极主动地去寻找和创造商业机会。

3. 培养敢于冒险的能力

创业有风险,过硬的心理素质和实践能力有助于创业者化险为夷。有创业打算的大学生既需要有探险家的胆识,敢冒风险,具备敢担风险的精神和能力,又需要有高度负责的责任感。这样才能把握全局,从战略的高度沉着稳健地应付可能出现的危机和风险。

4. 培养处理突发事件的能力

处理创业过程中的突发事件需要创业者以知识、经验为基础,打破旧俗,创新思维。领导艺术体现在,能以直觉、合理想象、可行的创新思想为指导,客观、妥善地处理突发事件。应当重点掌握以下几方面的方法与艺术:第一,当机立断、迅速控制事态,可采用心理控制法、组织控制法等;第二,注重效能,标本兼治;第三,打破常规,敢冒风险;第四,循序渐进,稳妥可靠。

案例 1-4

"孔明灯大王"的故事

刘鹏飞,2007年毕业于九江学院商学院金融学专业,在毕业当年创办飞天灯具厂,一天,他突然接到了一个20万元的温州外贸公司的大订单。欣喜若狂的刘鹏飞赶忙寄出样品,没想到却寄错了样品。好不容易安抚好对方,再寄样品,却又一次出错了。在寄出的十个样品中竟然有几个烂的样品,当所有人都认为这笔订单成了泡影的时候,刘鹏飞却并没有轻言放弃。他打电话道歉,写电子邮件解释,一遍又一遍地请求客户,再给他一次机会。就在众人都让刘鹏飞放弃的时候,出乎所有人的意料,刘鹏飞竟接到了那个温州外贸公司的电话,说要去他的工厂考察。这下刘鹏飞却慌了,因为他根本没有工厂,甚至连接待客户的办公室都没有。再次放下电话后,刘鹏飞决定要打肿脸充胖子。跑了三天,终于借到了一间办公室,虽然比较简陋,但也还应付得过去,后来又如法炮制借了间工厂,随后又把所有该注意的事项安排都想好了。随着温州客户来临日期的接近,刘鹏飞的心里却是日渐沉重。终于,二十几天后,温州客户来了,但是刘鹏飞没有急着跟客户谈生意,反而把自己借办公室、借工厂的经过一五一十地告诉了客户,可是客户听了并没有生气,反而当场就签了20万的合同。因为他们看中了刘鹏飞的为人,也可以说是他的真诚打动了客户。

后来他把他卖孔明灯赚来的100万元钱,投资给了两个大学还没毕业的毛头小伙,投资成立了一家十字绣工厂。于是他又比别人更先一步进入了十字绣的市场,事实证明,他的选择是对的,短短半年时间工厂就收回了大半成本。如今,飞天灯具厂已成为全世界孔明灯产销量最大的灯具厂,刘鹏飞先后陆续创建发展神速的雅典十字绣公司、路德图文、飞天光电公司、鹏道工艺品厂、飞天麦光光电子商务公司、飞天创业基金会等企业或机构,产业链涉及工业制造等,被称为"全球孔明灯大王"。

> 拓展阅读

卡特尔 16PF 测验

卡特尔 16PF（Cattell's 16 Personality Factor，简称"16PF"）测验，是世界上最完善的心理测量工具之一。16 种个性因素在一个人身上的不同组合，就构成了一个人独特的人格，完整地反映了一个人个性的全貌。它用以测量人们 16 种基本的性格特质，这 16 种特质是影响人们学习生活的基本因素。

16 种人格因素以及 8 种次级因素的含义如下。

因素 A——乐群性：低分特征为缄默，孤独，冷漠；高分特征为外向，热情，乐群。

因素 B——聪慧性：低分特征为思想迟钝，学识浅薄，抽象思考能力弱；高分特征为聪明，富有才识，善于抽象思考，学习能力强，思考敏捷正确。

因素 C——稳定性：低分特征为情绪激动，易生烦恼，心神动摇不定，易受环境支配；高分特征为情绪稳定而成熟，能面对现实。

因素 E——恃强性：低分特征为谦逊，顺从，通融，恭顺；高分特征为好强固执，独立积极。

因素 F——兴奋性：低分特征为严肃，审慎，冷静，寡言；高分特征为轻松兴奋，随遇而安。

因素 G——有恒性：低分特征为苟且敷衍，缺乏奉公守法的精神；高分特征为有恒负责，做事尽职。

因素 H——敢为性：低分特征为畏怯，退缩，缺乏自信心；高分特征为冒险敢为，少有顾忌。

因素 I——敏感性：低分特征为理智的，着重现实，自恃其力；高分特征为敏感，感情用事。

因素 L——怀疑性：低分特征为依赖随和，易与人相处；高分特征为怀疑，刚愎，固执己见。

因素 M——幻想性：低分特征为现实，合乎成规，力求妥善合理；高分特征为幻想的，狂放不羁。

因素 N——世故性：低分特征为坦白，直率，天真；高分特征为精明能干，世故。

因素 O——忧虑性：低分特征为安详，沉着，有自信心；高分特征为忧虑抑郁，烦恼自扰。

因素 Q1——实验性：低分特征为保守的，尊重传统观念与行为标准；高分特征为自由的，批评激进，不拘泥于现实。

因素 Q2——独立性：低分特征为依赖，随群附众；高分特征为自立自强，当机立断。

因素 Q3——自律性：低分特征为矛盾冲突，不顾大体；高分特征为知己知彼，严谨自律。

因素 Q4——紧张性:低分特征为心平气和,闲散宁静;高分特征为紧张困扰,激动挣扎。

适应与焦虑型 X1:低分特征为生活适应顺利,通常感到心满意足,能做到所期望的及自认为重要的事情,也可能有对困难的工作缺乏毅力,有事知难而退,不肯奋斗努力的倾向;高分特征为对生活上所要求的和自己意欲达成的事情常感到不满意,可能会使工作受到破坏和影响身体健康。

内向与外向型 X2:低分特征为内倾,趋于胆小,自足,在与别人接触中采取克制态度,有利于从事精细工作;高分特征为外倾,开朗,善于交际,不受拘束,有利于从事贸易工作。

感情用事与安详机警型 X3:低分特征为情感丰富而感到困扰不安,它可能是缺乏信心,颓丧的类型,对生活中的细节较为含蓄敏感,性格温和,讲究生活艺术,采取行动前再三思考,顾虑太多;高分特征为富有事业心,果断,刚毅,有进取精神,精力充沛,行动迅速,但常忽视生活上的细节,只对明显的事物注意,有时会考虑不周,不计后果,贸然行事。

怯懦与果断型 X4:低分特征为怯懦,顺从,依赖别人,纯洁,个性被动,受人驱使而不能独立,为获取别人的欢心会事事迁就;高分特征为果断,独立,露锋芒,有气魄,有攻击性的倾向,通常会主动地寻找可以施展这种行为的环境或机会,以充分表现自己的独创能力,并从中取得利益。

实践训练

你适合创业吗?

当你想要创业时,可以通过此测试来判断个人是否适合创业,以及个人所具有的创业潜力。请你认真阅读表格中的测试题,并结合个人的实际情况进行作答。请注意,在答题的时候要根据个人的第一印象选择,并在符合你的情况里打"√"(见表 1-6)。当然,决定一个人创业成功与否的因素有很多,本次测试结果仅作为参考。

表 1-6　个人创业潜力测试表

测试内容	测试结果	
	是	否
1. 是否曾经为了某个理想而设下两年以上的长期计划,并且按计划进行直到完成?		
2. 在学校和家庭生活中,你是否在没有师长和亲友的督促下,就自动完成分派的任务?		
3. 你是否喜欢独自完成工作,并做得很好?		
4. 当你与朋友在一起时,你的朋友是否经常来寻求你的指导和建议?你是否曾被推举为领导者?		

续表

测试内容	测试结果	
	是	否
5. 在你以往的经历里,有没有赚钱的经验?你喜欢储蓄吗?		
6. 你是否能够连续10小时以上专注做个人感兴趣的事?		
7. 你是否有保存重要资料的习惯,能够将这些资料整理得井井有条,以备有需要时可以查阅?		
8. 在平时生活中,你是否热衷于社会服务工作?你是否关心别人的需求?		
9. 你是否喜欢音乐、艺术、体育以及其他各种活动?		
10. 在此之前,你是否领导其他人员共同完成过一项大型活动或任务?		
11. 你喜欢在竞争中生存吗?		
12. 当你在别人管理下工作时,发现其管理方法不当,你是否会想出适当的管理方式并建议其改进呢?		
13. 当需要别人帮助时,你是否能充满自信地提出请求,并且能说服别人来帮助你呢?		
14. 在筹款或者义卖时,你是否充满自信而不害羞?		
15. 当要完成一项重要工作时,你是否总能给自己留出足够时间仔细完成,从不虚度光阴、匆忙草率完成?		
16. 在参加重要聚会时,你是否能够准时赴约?		
17. 你是否有能力安排恰当的环境,使自己在工作中不受干扰、专心工作?		
18. 你所交往的朋友中是否有许多有成就、有智慧、有眼光、有远见、老成稳重型的人?		
19. 在学习或团体中,你是否被认为是受欢迎的人?		
20. 你自认为是理财高手吗?		
21. 你是否可以为了赚钱而牺牲个人的娱乐?		
22. 你是否总是独自承担责任,彻底了解工作目标并认真地执行工作?		
23. 你在工作中是否有足够的信心和耐心?		
24. 你是否能在短时间内结交到许多新朋友?		

A. 0~5分:目前你还不适合创业,需要先通过为别人工作来历练自己,不断提升个人的学习技术和专业。

B. 6~10分:你具有一定的创业能力,但是需要有别人的指导,这样才会有成功的机会。

C. 11~15分:你适合自己创业,但必须要对所有"否"的测试内容进行分析,明确个人所存在的问题并不断加以纠正改进。

D. 16~20分：你非常适合创业，可以先从规模小的创业开始，通过不断的实践从中获得经验，最终成为成功的创业者。

E. 21~24分：在创业这条道路上你拥有无限潜能，只要能够把握住时机和运气，在未来你将有可能成为商业巨子。

我的结果：_____

 项目小结

项目二
创业机会

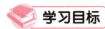

学习目标

（1）掌握创业机会的内涵。
（2）熟悉创业机会的来源与途径。
（3）了解评估创业机会的方法。

思政联结

习近平谈科技创新：抓住了就是机遇，不能观望懈怠

　　党的十八大以来，习近平总书记把创新摆在国家发展全局的核心位置，高度重视科技创新，围绕实施创新驱动发展战略、加快推进以科技创新为核心的全面创新，提出一系列新思想、新论断、新要求。习近平总书记说，新科技革命和产业变革将是最难掌控但必须面对的不确定性因素之一，抓住了就是机遇，抓不住就是挑战。他指出，"科学技术越来越成为推动经济社会发展的主要力量，创新驱动是大势所趋"，"必须增强忧患意识，敏锐把握世界科技创新发展趋势，紧紧抓住和用好新一轮科技革命和产业变革的机遇，不能等待、不能观望、不能懈怠。"

李克强：推动大众创业、万众创新向纵深发展
持续增强经济发展韧性和内生动力

　　10月15日，李克强总理出席2020年全国大众创业、万众创新活动周，发表重要讲话，并宣布活动周正式启动。

　　李克强说，当前我国发展既面临复杂严峻的环境，又具有强大韧性和潜力，要坚定发展信心，正视困难挑战，坚定不移抓好发展这个第一要务，推动改革、扩大开放，增强发展动力，做好"六稳"工作、落实"六保"任务，推动高质量发展，构建以国内大循环为主体、国内国际双循环相互促进的新发展格局。下一步巩固经济稳定恢复增长态势，实现全年正增长，还是要在保住上亿市场主体的基础上，让他们进一步活跃起来，这样增长才有支撑。这方面"双创"可以发挥独特而重要的作用。

> 创业创新是国家赢得未来的基础和关键。"双创"由"众"而积厚成势,因"创"而破茧成蝶。要尽心支持每一次创业,悉心呵护每一个创新,使更多创意在碰撞中结出成果,让更多创客靠奋斗人生出彩,激励越来越多的人勇于创业、善于创新。

案例导入

"一帆早餐"

"我明天早上要一份一餐厅的煎饼和一杯不加糖的热豆浆,麻烦明天早上7点送到13号楼505。""我要吃六餐厅的白吉馍,加鸡蛋和豆腐的。另外再要一杯红枣豆浆。请在1月17号早上7点送到3号楼223,谢谢。"河北经贸大学法学院学生李帆每天都会收到类似的订单。

"期末考试周,大家都要早早起床去图书馆占地方看书,由于起床太早所以根本没时间吃早饭。"因为这种原因,李帆萌发了以此创业的想法。李帆牵头带着6个同学一同创办了"一帆早餐"。李帆的"一帆早餐"业务主要包括叫醒服务和送早餐。具体工作就是早上7点去宿舍门口把订餐的同学叫起来,然后将早餐递上。主要是通过手机QQ、微信和短信下单。刚开始做的时候是免费送餐,李帆从餐厅和窗口的营业额里面抽取10%~15%,后来就开始收费了,每份早餐配送费用是0.5元。

"一帆早餐"很快就受到了"起床困难户"的欢迎。"自从有了一帆早餐,妈妈再也不用担心我不吃早餐了,一条信息就能吃上热腾腾的早饭,感觉好棒。"河北经贸大学学生对于"一帆早餐"如此评价。

李帆大学整个的创业历程是从1000元起家,临近毕业积蓄达到40万元,刚创业的时候很多人说他没有关系、没有人脉、没有资源,但是他拥有一双会发现的眼睛、足够的魄力以及大学四年积累下来的创业经验,李帆的成功是必然的。

思考题:李帆是如何寻找到创业机会的?

任务一 寻找识别创业机会

创业需要机会,创业机会是创业的起点,整个创业的过程就是围绕着创业机会进行识别、开发、利用的过程。

一、创业机会概述

(一)创业机会的概念

机会是指具有时效性的有利情境,是营造出对新产品、新服务或新业务需求的有利环境。

商业机会也称为市场机会，是指能为企业获得某种盈利的、对消费者具有极大吸引力的、适时的市场活动空间。商业机会产生于市场中尚未被满足的需求，是实现某种商业营利目的的突破口或切入点。

创业机会是适于创业的商业机会，指具有较强吸引力、较为持久的有利于创业的商业活动空间，创业者通过发现消费者的需求而为客户提供有价值的产品或服务，并同时使创业者自身获益。创业机会是特殊的商业机会，有潜力、有价值可以获得超额利润。

创业者需要敏锐地观察情境，发现机会甚至创造机会、分析机会、评估机会，并进行有选择的投资决策与行动。

从本质上来说，创业过程是由创业机会激活并受其驱动的，创业机会是创业过程的核心。可以说，虽然不是每一项创业机会最后都能发展成为一个新企业，但每一个创业活动都始于创业者对于机会的捕捉和及时把握。好的创业机会是创业成功的一半。

案例 2-1

"猪肉大王"

陈生毕业于北京大学，1990 年放弃了让人羡慕的公务员职务毅然下海经商，做过白酒和房地产生意，打造出了"天地壹号"苹果醋，在悄悄进入养猪行业后，不到两年的时间在广州开设了近 100 家猪肉连锁店，营业额达到 2 个亿，被人称为广州千万富翁级的"猪肉大王"。

为什么陈生在进入养猪行业不到两年的时间里，就能在广州开设近 100 家猪肉连锁店，营业额达到 2 个亿？这个问题，的确值得好好追问。实际上，之所以能在养猪行业里很短时间就能取得骄人成绩，成为拥有数千名员工的集团的董事长，在于陈生此前就经历的几次创业的"实战经验"。陈生卖过菜，卖过白酒，卖过房子，卖过饮料，这使得陈生有着独到的见解：很多事情不是具备条件、做好了调查去做就能做好，而是在条件不充分的时候就要开始做，这样才能抓住机会。

陈生卖白酒时，根本没有能力投资数千万设立厂房，可是他直接从农户那里收购散装米酒，不需要在固定设施上投入一分钱便可以通过广大的农民帮他生产，产能却可以达到投资 5000 万的工厂的数倍。此后，他才利用积累起来的资金开始租用厂房和设施，打造自己的品牌，迅速地进入和占领市场，让他在白酒市场上打了个漂亮仗。而当许多人"跟风"学习用陈醋兑雪碧当饮料的饮食方法时，善于抓住机会的陈生想到了如何将这种饮料生产出来。经过多次尝试，著名的"天地壹号"苹果醋就此诞生。当然，资金积累到一定程度时，陈生成功的秘诀更让人难忘：在经济飞速发展的年代，无数企业"抓破脑袋"寻求发展良机，在这样的情况下，只有技高一筹者才能够取得成功，而一些企业运用精细化营销，就是一种技高一筹的做法。

于是，从传统的中国猪肉行业里，陈生分析到了其中的巨大商机，因为中国每年的猪肉消费约 500 亿公斤，按每公斤 20 元算，年销售额就高达上万亿。而与其他行业相比，猪肉这个行业一直没有得到很好的整合，基本上没有形成产业化，竞争不强，档次不高,机会很多。更重要的是,进入这一行业,陈生机智地率先推出了绿色环保猪肉"壹号土猪",开始经营自己的品牌猪肉。虽然走的还是"公司+农户合作"的路子,但针对学生、部队等不同人群,却能够选择不同的农户,提出不同的饲养要求,比如,为部队定制的猪可肥一点,学生吃的可瘦一点,使公司的生猪产品质量与普通猪肉"和而不同"。在这样的"精细化营销"战略下,陈生终于在很短的时间内打响了"壹号土猪"品牌,成为广州知名的"猪肉大王"。

(二)创业机会的特征

《创业学》的作者杰弗里·蒂蒙斯教授提出,好的商业机会是能吸引顾客,具有商业价值,必须在机会窗口存在的期间被实施,必须有资源和技能才能抓住的机会。

知识链接

> 机会窗口是指市场存在的发展空间有一定的时间长度,使得创业者能够在这一时段中创立起自己的企业,并获得相应的盈利和投资回报。通常市场随着时间的变化以不同的速度增长,并随着市场的迅速扩大,往往会出现越来越多的机会。但是当市场变得稳定下来时,市场条件反而不那么有利了。

创业机会特征主要包括以下几方面。

1. 可识别性

创业者对创业机会识别是一个复杂、多维的过程,一个好的、有价值的创业机会应该可以被识别出来。对创业者来说,真正的过程始于对市场机会的发现。能否在高度复杂、动荡的市场环境下,从大量繁杂的信息中把具有潜在价值的创业机会识别出来,也是对个体或成员是否具备创业潜质的一个考验。

2. 吸引性

虽然创业机会在市场中以各种形式存在着,但是只有当创业者确认这个机会存在且有价值时,才能够获得利润,即会产生创业行为。

案例 2-2

铁血网——蒋磊

铁血网创始人蒋磊——典型的大学生创业者,16岁保送清华,17岁创办铁血军事网站,20岁保送硕博连读,中途退学创业。如今,铁血网稳居中国十大独立军事类网站榜首,铁血君品行也成为中国最大的军品类电子商务网站,年营收破亿,利润破千万。倒回2000年,16岁的蒋磊初入清华园,电脑还没有在这个普通宿舍出现,他只能去机房捣鼓他的网页,他想把自己喜欢的军事小说整合到自己的网页上,他的"虚拟军事"网页一经发布,就吸引了大量用户,第二天就达到了上百的浏览量。蒋磊很兴奋,他把"虚拟军事"更名为"铁血军事网"。

2004年4月,蒋磊和另一个创始人欧阳凑了十多万元,注册了铁血科技公司。在此期间蒋磊还被保送清华硕博连读学习了一阵。2006年1月1日,蒋磊最终顶住了家庭以及学校的压力毅然决定辍学创业,以CEO的身份正式出现在铁血科技公司的办公室里。经过12年的努力,2018年蒋磊的公司拥有员工200余人,他创办的网站成为能够提供社区、电子商务、在线阅读、游戏等产品的综合平台。据透露,截至2012年12月,网站已有1000万注册会员,月度覆盖超3300万用户,正处于稳步且高速的增长中。

3. 获利性

在前景市场中,前5年的市场需求稳步且快速增长,创业者可以创造新的利润空间,谋取额外利润。

4. 适时性

创业机会必须在机会窗口存在的期间被实施,一旦新产品市场建立起来,机会窗口就打开了;随着市场成长,企业进入市场并设法建立有利可图的定位,在某个时间点,市场成熟,机会窗口就关闭了。

案例2-3

聚美优品

聚美优品的CEO陈鸥也是一名标准的大学生创业者,他的大学生创业经历要追溯到他的上一个创业项目——GG游戏平台。陈鸥16岁的时候考上了新加坡南洋理工大学,作为一个资深游戏爱好者,在大四的时候陈鸥决定在游戏领域创业,凭着有限的资源做出了后来影响力巨大的GG游戏平台。作为当时没有任何资源的大学生创业者,那时的创业经历是非常艰苦的,据陈鸥回忆,那时候他为了节省成本,不得不每天都吃最便宜的鱼丸面,最后吃得都有些"脑残"了。

后来,陈鸥出售GG平台,获得了千万级别的收益,也为自己后来的创业道路做了极好的铺垫。而他创造的GG游戏平台,现在仍然是东亚地区最受欢迎的游戏平台之一,在全球拥有超过2400万用户。

5. 持久性

创业过程是动态的和不连续的,它始于创业者的思想创意,可长期得到回报,其最终结果会受到很多内外部条件的制约。但创业机会则具有持久性。

6. 能获取关键资源

创业者利用特定的创业机会,能够获得所需的关键资源。

案例 2-4

phpwind

王学集出生于浙江温州,毕业于浙江理工大学。在很多同学眼里,王学集是个"怪人"。他不常参加班级活动,即使上课的时候,他也会研究自己感兴趣的东西,甚至经常逃课,但他却没有一门课"挂红灯",像计算机、数学、英语等基础课都没有落下过。他爱听自己中意的课程,php语言就是其中之一。当时 php 在国外刚刚兴起,国内还未流行,为了用这门学科技术建起属于自己的社区网站,大二暑期王学集依然留在学校,游刃于代码之间。杭州的夏天酷暑难耐,王学集的寝室在顶楼,没有空调,他每天早上六七点开始工作,一天洗三次澡,喝大量的水,用以解暑。

大学时和两位同学一起创业,大三时正式发布 phpwind 论坛程序,2004 年大学毕业的王学集成立公司,公司亦命名为 phpwind,中文名"杭州德天信息技术有限公司",专门提供大型社区建站的解决方案。目前,phpwind 已成为国内领先的社区软件与方案供应商,pw6.3.2 版本的推出更在社区软件领域树立起一个极高的技术壁垒,phpwind8.0 系列版本则推动了社区门户化。phpwind 于 2008 年 5 月被阿里巴巴以约 5000 万人民币的价格收购,现在隶属于阿里云计算有限公司,为阿里云计算提供了强有力的支持。

7. 可以矫正创业路径

创业者可以中途矫正自己的创业路径。

案例 2-5

连环创业者

一提到王兴,很多人脑海里第一时间想到的一个词汇就是"连环创业者",因为他是校内网、饭否网、美团网这三个中国大名鼎鼎的网站的联合创始人,除此之外,他还有另外一层身份——大学生创业者,在毕业之后,没有丰富的职业履历就开始创业的人。

他是一名人们口中的天才少年,没有参加高考就被保送到中国名牌学府清华大学,毕业后拿到全额奖学金去了美国特拉华大学,师从第一位获得MIT计算机科学博士学位的大陆学者高光荣,随后归国创业。在前一两次不算成功的创业项目之后,王兴创立了中国版Facebook校内网,并很快风靡于大学校内圈之中。校内网于2006年10月被千橡公司以200万美元收购。2007年5月12日,王兴创办了饭否网。这也是中国第一个类Twitter项目,但饭否网在发展势头一片良好之际被关闭,让王兴事业受到挫折。之后连环创业者王兴于2010年3月上线新项目——美团网,并在千团大战之中脱颖而出,稳居行业前三,并先后获得红杉和阿里的两轮数千万美金的融资,这个连环创业者的事业正逐步走上正轨。

(三)创业机会的类型

依据"目的-手段"关系中的目的性质,创业机会可划分为三种类型:趋势型、问题型和组合型。

(1)趋势型机会:指在变化中看到未来的发展方向,预测到将来的潜力和创业机会。

(2)问题型机会:指由现实中存在的未被解决的问题所产生的创业机会。

(3)组合型机会:指将现有的两项以上的技术、产品、服务等因素组合起来,以实现新的用途和价值而获得的创业机会。

案例 2-6

用3D技术打印珠宝成就创业梦

2013年8月,学校艺术设计学院组织活动去北京采风,参观"设计资源协作"展厅,那里有很多比较有创意的设计。正是这次活动,让学工业设计的王寒第一次体验到了3D打印技术,也对这项技术产生了浓厚的兴趣,当时就想如何利用这个概念做一件具体的事情。

随后的暑假里,她在武汉的一家珠宝公司实习,出差各地参加展销活动时,了解到婚恋市场对珠宝的需求十分巨大。"能不能用3D技术打印珠宝?"这个异想天开的想法盘桓在她的脑海里,一股创业的冲动推着她,想要把这一想法变为现实。

王寒利用学校的创业园作为免费的办公地点,此后向学院申请创建了一个项目兴趣小组,在学院副院长方兴的推介下,她遇到比自己高一届的同校学生郑佳,其后来成为公司的市场总监。在郑佳的介绍下,王寒还邀请到中南财经政法大学珠宝专业的杨定为设计师。三个合伙人注册成立了武汉君珀珠宝有限公司。

传统品牌珠宝的样式和尺寸有局限性,而私人定制可以让想法天马行空,3D技术恰恰可以让想法轻易实现。对于市场上一些主控公司"现货空戒托+钻石=定制"

的做法，王寒认为，这不算真正意义上的定制。她们是完全"从无到有"，满足客户对珠宝的个性化需求。

正是因为可以按照客户提供的造型甚至想法制作珠宝首饰，2014年，王寒的公司销售额就超过百万元。

二、创业机会的来源

创业需要商机，如何去发掘商机，选择创业机会，对于一个企业的创办来说十分重要，也是创业者进行创业需要解决的首要问题。创业机会的来源渠道主要包括技术革新、问题和抱怨、政策导向、产业结构变革、社会人口变革、兴趣爱好。

（一）技术革新

新技术的应用改变了人们的生产生活方式，新的技术和知识的出现改变了企业的生产过程、产品的工艺水平、产品的成本以及市场收益，从而带来了新的机遇，创造了新的市场。这些变化都会给创业者带来某种商机。

机会：越混乱越有趣视频

案例 2-7

"数码试衣"陈富云

一位叫陈富云的创业者为服装业想到一个名为"数码试衣"的智能互联化营销模式。按照这个模式，服装厂商可以完全不必积压库存，消费者也可以任意为自己选择服装的款型和面料。消费者下单后，加工厂只需要按要求生产。理论上讲，这样做出来的个性化成衣，每一件都只会很有个性而不会"撞衫"。

因为这种模式，2020年3月，陈富云在北部新区获得了1200平方米的免租办公场地，还引来一家英国风投公司的2000万英镑先期投资。按照当时的外汇牌价，这2000万英镑相当于人民币2.22亿元。

（二）问题和抱怨

之所以会有问题和抱怨，是因为不能满足某些人或某类人的需求。寻找创业机会的一个重要途径就是善于去发现和体会自己及他人在需求方面的问题或生活中存在的难处，如果能够提供解决的办法，实际上就是找到了创业的机会。

联邦快递公司创立者弗雷德·史密斯（Fred Smith）曾说过："如果你想创建一家企业，那就去参加一个聚会去聆听，你将听到人们的抱怨，每一个抱怨都等于一种需求、一个问题、一种真空。满足它，解决它，填满它，这就是你的企业"。

(三) 政策导向

政府利用经济、法律、行政手段弥补市场的不足,调节经济的发展,政府制定的政策导向会给创业者提供一定的创业机遇。

(四) 产业结构变革

产业结构变革主要是指主体客户提供产品或者服务的企业消亡或者合并等原因引起的变革,进而改变行业中的竞争格局。产业结构的变革分为内部变革和三大产业结构之间占经济总量的变革。

(五) 社会人口变革

我国社会结构变革主要表现在人口结构、家庭结构、就业结构、城乡结构和社会阶层结构等诸多方面。其中,老龄化程度不断加深是人口结构转变的一大重要表现。高龄老年人口数量的迅速增长必然隐藏着无数商机,可以创造出诸如敬老院、老年活动中心、家政服务等一系列的公司或企业。

(六) 兴趣爱好

发现自己的兴趣、渴望、理想,专注地去发挥自己最擅长的那个部分,就是有梦想、有行动力的创造者,在哪都能创造和贡献自己的价值。这也是我们国家、我们民族重点倡导的创业精神。

案例 2-8

"聋哑发声人"林鹏程

2012年,他设计智能家居,创意虽好却没有市场;2014年,他与人合伙建立工作室,赚到了人生第一桶金;2015年,他设计APP创业,因为刚需弱,被迫放弃;2016年,他凭借一双聋哑人社交手套,获得了微软创新杯中国区特等奖、第二届中国互联网+大学生创新创业大赛金奖、中国梦想工厂创新创业大赛金奖。

没有谁的成功是偶然的,也没有谁的失败是永久的。因为兴趣而开始,但是并没有因为成功而结束,这就是福州大学物理与信息工程学院的林鹏程的创业历程。他所迈出的每一步,不是脚步,而是坚持。在布满荆棘的创业之路上,他的成功源于他经历无数次失败的努力与坚持。

三、识别创业机会的方法

(一) 新眼光调查法

在创业的早期阶段,信息对创业者来说非常重要。调查内容包括收集市场信息、定价策略、最合适的分销渠道策略、促销策略等。在调查过程中要学会发现问题，带着问题进行调查与研究，同时，通过信息的积累与分析，建立自己的"灵感"和"羽丝绒眼光"，提供多角度看问题的新方法。

（二）趋势观察法

寻找出各种能反映趋势的要素，观察这些要素的变化，分析这些变化中存在的规律，利用它创造机会。

使用趋势观察法时要注意从社会发展、经济发展、技术发展、制度变革等发展趋势中观察。

（三）问题分析法

生活中的问题就是痛点，痛点越剧烈机会就越大，找到关键痛点，放大并解决它就是一个不错的创业机会。通过创造性的方法来解决问题，也可以使许多非商业机会的常规问题变成非常规解决的商业机会。其关键有两点：一是发现常人几乎忽略的问题；二是寻找非常规思维的解决方案。

（四）通过新技术发明创造

以科技为主导的创业，是未来真正带动经济和社会增长的关键引擎。通过新技术发明创造获得机会，它可能始于未满足的市场需求，从而积极探索相应的新技术和新知识，也可能始于一项新技术发明，进而积极探索新技术的商业价值。

四、影响机会识别的关键因素

（一）先前经验

先前在某个产业内的工作经验有助于创业者发现并把握该领域内的创业机会。

（二）社会关系网络

社会关系网络能带来承载创业机会的有价值信息，这些信息可能来自亲戚、同事、同学、朋友等。建立大量社会关系网络的人，比那些拥有少量人脉资源的人容易得到更多的机会和创意。

（三）认知因素

认知因素是指创业者依靠自己的智力结构、乐观的心态、敏锐的市场洞察力，获取别人难以接触到的有价值的信息，并运用自身优越的信息处理能力识别创业机会。拥有某个领域更多知识的人，比其他人更能把握该领域内的机会。

（四）创造性

创造性是产生新奇或有用创意的过程。从某种程度上讲，机会识别是一个创造过程，是不断反复地创造性思维的过程。

任务二　分析评估创新创业机会

在创业过程中,有两种人是企业无法离开的:一是顾客;二是竞争对手。他们分别代表了市场的需求和供给。所以在创业前,顾客和竞争对手是需要重点关注的两个方面,有利于更好地评估创业机会。

一、了解顾客及竞争对手

(一) 了解你的顾客

顾客就是购买商品的个人或组织。创业者在投放某个产品时,必须提前了解顾客及市场的供求需要,否则事后的"硬销"广告只是一种资源的浪费。创业者可以从以下几个角度了解顾客。

1. 顾客是什么

西方营销理论中的一个经营理念是"顾客至上",传到我国被翻译为"顾客就是上帝",指的是对待顾客要恭敬,以顾客的感受作为前提,尽最大努力为顾客提供好的服务。在当今市场竞争激烈的环境下,没有好的服务就不会有顾客上门,没有顾客,商场和工厂就很难生存下去。因此,顾客是企业的"衣食父母"和"市场"。

2. 为什么要了解顾客

没有顾客,企业就会倒闭。企业要想成功,首先就要了解顾客,也就是了解顾客的需求,如果解决了顾客的问题,满足了他们的需要,就能让顾客感到满意,也意味着顾客能为企业带来更多的销售额以及更高的利润。

3. 关注顾客的哪些方面

既然顾客对企业这么重要,那么创业者要从哪些方面来关注顾客的需求呢?从以下问题中创业者可以获得启示。

(1) 你的顾客是哪些人?

首先,当创业者选择创业时,一定要把产品所面对的顾客做一个细分,搜集顾客的详细信息,包括顾客的年龄、性别、职业、收入水平和兴趣爱好等。

(2) 顾客需要什么样的产品和服务?顾客比较看重产品和服务的哪些方面?

主要是对产品的颜色、款式、价格、质量和售后服务等进行调查。

(3) 顾客愿意出多少钱购买你的产品和服务?

顾客愿意为购买产品和服务支付的金钱数额,代表着他们的消费层次与能力。仔细研究不同层次的顾客,可以更加准确地对产品和服务进行定位。示例如下。

①什么样的价格太便宜,以至于顾客会怀疑产品和服务的质量而不去购买?

②什么样的价格非常便宜,并最能吸引顾客购买呢?

③什么样的价格是贵的,但仍是顾客可接受的价格?

④什么样的价格太高,以至于顾客不能接受?

⑤顾客喜欢在什么时候、什么地方购物?

不同的顾客,其消费习惯也不同,例如,有些人喜欢在 8:00—9:00 去早市;有些人喜欢在 10:00—11:30 和 14:00—17:30 这段相对清闲的时间闲逛;有些人下班后(一般为 18:00 以后)才有时间购物。每个顾客喜欢的购物地点也不相同,例如,有些人喜欢在家附近购物;有些人喜欢去专卖店购物;有些人喜欢在网上购物等。

(4)顾客的购买量有多大?

购买量主要指购买数量和频率。顾客每次购买产品的数量越多,购买产品的次数越频繁,企业获得的收益越大。顾客的购买量主要取决于顾客的购物欲望,当其需求被充分满足,感觉自己受到尊重且对产品和服务的质量充满信任时,购买欲望就会进一步提高。企业也可通过一些促销手段来刺激顾客购物,如抽奖、买即赠等。

(5)顾客数量能增加吗?能保持稳定吗?

创业者都希望自己的顾客越来越多,以保证生意红红火火。顾客数量增加会促进销量的增长,从而使企业获利增多,那么怎样做才能增加顾客的数量呢?首先,可以从企业或产品的曝光率考虑,顾客只有知道了某家企业或某种产品的存在,才会有消费的可能性,因此企业或产品的宣传是必不可少的。其次,产品的质量一定要有保障,要对顾客有吸引力,从而在保障已有顾客的前提下,能吸引更多的顾客。最后,服务态度一定要好,顾客咨询时,创业者一定要耐心、细心,为顾客提供良好的售前、售后服务,积极解决客户的问题。

4. 收集顾客信息的方法

顾客对企业的发展至关重要,创业者可通过多种渠道了解顾客的需求,常见的方式有如下几种。

(1)情况推测。

利用自己的团队及亲朋好友的经验对顾客情况进行大胆的推测和预测。

(2)利用行业渠道获得信息。

通过阅读行业指南,调查相关的行业信息,借助商业报刊、电视和互联网等媒体对顾客进行了解。

(3)与业内人士交换信息。

可以和竞争对手、顾客、销售人员等进行交流和咨询,从而了解顾客。

(4)顾客访问。

抽样访问选定的那部分顾客,通过访问结果进行了解。为了尽可能地避免调查偏差,市场调查人员收集资料时,首先要选择具有代表性的调查对象,挑选合适的调查时间与地点,并且调查要采用不偏不倚的态度,即不带任何看法或偏见进行调查。

(5)观察和调查。

可通过现场观察、问卷调查或网络调查的方法,了解顾客的喜好和消费习惯等。该方法与市场需求调查中的实地观察方法相同。

(6)试销或试营法。

当创业者对某个产品或业务决策产生疑惑时,还可以通过试营业或产品试销来了解顾客的反应和市场需求情况。若某个产品在被调查时有超过 80% 的人认为没有市场,那创业者应尽早放弃;如果有50%以上的调查者表示不看好,那创业者应该再综合其他因素慎重考虑;若超过98%以上的调查者表示看好,则表明该产品市场发展前景很好。

调查的环境和对象对调查的结果有直观的影响,因此要谨慎选择调查环境和对象,以免因为错误的外在环境影响调查结果的准确性,造成不可挽回的损失。如进行化妆品调查时,调查对象应主要选择女性;若是有关男性护肤品的调查,就应该以男性为调查对象。

综上所述,了解顾客可归纳为:在创业之前,必须先了解市场需要什么,即顾客需要什么,然后根据顾客的需要去组织生产或进货销售。这就需要创业者采用各种方法收集顾客的相关信息,若通过收集的信息发现目前的项目不可行,则应另辟蹊径,换一个角度重新思考创业项目。

(二) 了解你的竞争对手

在市场竞争日趋白热化的今天,不了解市场竞争情况,不认识竞争对手,就意味着没有胜算。特别是在目前的市场经济条件下,当创业者利用全新的商机进行创业时,随着生意的兴旺,必定会有其他人学习创业者的经营模式,市场竞争的激烈程度会增大,因此,了解竞争对手的情况是十分重要的。同时,竞争对手是创业者前进的驱动力,竞争对手的存在可以使创业者不断地完善自己。作为创业者,应从以下方面了解竞争对手。

1. 怎么看待竞争对手

一个成熟的、优秀的创业者,一定会有这样的感慨:我的竞争对手不仅仅是我的敌人,更是我学习的对象。竞争对手不仅能给创业者压力,也能给他们动力。如果要让一个人成功,就必须给他一帮志同道合的伙伴,如果要让一个人取得伟大的成功,就必须给他一帮伟大的敌人。是竞争对手成就了现在的很多优秀企业家。

2. 谁是竞争对手

在了解竞争对手之前,创业者需要知道其竞争对手是谁。一般可通过以下两个方面进行判断。

(1) 同行:在同一地域或同一项目内规模相当、层次相近的经营实体。

(2) 隐形对手:在同一地域争夺同一目标顾客群的经营实体。如经营母婴奶粉、母婴保健药品的专卖店和经营婴幼儿服饰的专卖店针对的顾客群体都是妈妈和孩子。

 小贴士

不要把竞争对手当敌人,有时候他们是你的老师!

3. 收集竞争对手的信息

竞争对手的情况通常是行业机密,了解竞争对手的相关情况对创业者来说非常重要。通常应从以下六个方面对竞争对手进行了解。

(1) 竞争对手的经营状况。经营得好还是不好?为什么好?为什么不好?

(2) 竞争对手的产品价格是多少?竞争对手的设备怎么样?

(3) 竞争对手的产品质量怎么样?其雇员的质量和服务怎么样?

(4) 竞争对手是怎样推销的？是怎样进行广告宣传的？

(5) 竞争对手有什么额外服务？竞争对手是怎样分销产品或服务的？

(6) 竞争对手的实体地址在哪里？其长处和不足有哪些？

4. 通过什么途径了解竞争对手？

调查了解竞争对手的相关信息必须建立在合法的基础上，常用的了解竞争对手的途径有以下八种。

(1) 向其他顾客打听。

(2) 通过家人、朋友或员工进行了解。

(3) 通过内行人员或专业人员进行了解。

(4) 通过行业协会或内行人员告知。

(5) 通过竞争对手的产品说明书进行了解。

(6) 通过竞争对手的供应商或销售商进行了解。

(7) 通过竞争对手的招聘广告进行了解。

(8) 通过接触竞争对手的核心骨干进行了解。

5. 分析竞争者

了解并收集竞争对手的信息后，创业者就可以对竞争对手进行分析，从而更好地开展创业工作。

1) 5W 分析法

5W 即 5Why，5W 分析法又称"为什么-为什么"分析法，它是一种探索问题原因的方法，即对一个问题连续发问 5 次，每一个"原因"都会紧跟着另外一个"为什么"，直至问题的根源被确定下来。

如在对竞争对手进行分析时，就可以依次问下面 5 个问题。

(1) 正在做什么？

(2) 为什么那样做？

(3) 没有做的是什么？

(4) 做得好的是什么？

(5) 做得不好的是什么？

2) 有针对性地制定市场竞争策略

通过认真的分析、总结和归纳，创业者可以更深入地了解竞争对手，并根据得出的信息有针对性地制定系统有效的市场竞争策略。创业者可针对以下问题制定相应策略。

(1) 分析竞争对手"没有做"的原因。

(2) 针对竞争对手"没有做"的原因提出较好的解决方案。

(3) 针对竞争对手"做得好"的提出较好的对策。

(4) 针对竞争对手"做得不好"的提出更好的计策。

(5) 选择有利的"进攻武器"，并制订相应的市场应对方案。

总之，创业者要善于从竞争对手那里获得信息，从而努力打造既满足顾客需要又优于竞争对手的产品或服务。相信通过自己不懈的努力，一定可以为顾客提供更好的服务、更便宜的价格和更有特色的产品。

二、创业机会的评价

(一) 创业机会的评价标准

1. 盈利时间

有价值的创业机会要求项目在两年内盈亏平衡或者取得正现金流("正现金流"就意味着你在投资的过程中，能够确保投资的收益高于投资的成本，如房产的投资者，租金的收入能够高出还贷的支出，那么即使房地产市场出现波动，这样的投资依然是安全的)。创业机会获得盈利的时间越短越好。

2. 市场规模和结构

只有足够大的市场规模，才可以支撑企业长期生存和发展。创业者如果进入一个规模较大且还在不断发展的市场，即使只占有很小的市场份额，也能够生存下来度过发展期。

3. 资金需要量

大多数有较大潜力的创业机会往往需要相当大数量的资金支持。而过多的资金需要，对大部分大学生创业者而言是缺乏吸引力的。

创业者要根据自己的资金实力和可以动用的资源来评价创业机会，超出能力范围的不应考虑。例如服务性企业，通常比那些不断需要技术研发和品牌推广的企业，需要的资金量更少。

4. 投资收益

创业的盈利性目标要求创业机会能有较为合理的盈利能力，包括较高的投资回报率和市场增长率。投资回报率高说明企业的盈利能力强，市场增长率高说明市场发展潜力大。年投资收益率在25%以上比较有价值，而低于15%就难以对创业者和投资者产生吸引力。

5. 成本结构

较低成本会给创业企业带来较大的竞争优势。低成本的优势大多来自技术和工艺的改进以及管理的优化，或者来自规模化。创业机会如果有这些方面的特质，对于创业者来说是非常有利的。

6. 进入障碍

资源、政策和市场准入等限制，都可能成为市场进入障碍。如果创业机会面临着较大的市场进入障碍，那就不是一个好的创业机会。同时，虽然进入障碍小，但难以阻止其他竞争对手进入的创业机会，也不是一个好的创业机会。

7. 退出机制

具备比较理想的获利和退出机制，才便于创业者和投资者获取资金及实现收益。没有退出机制的创业机会是缺乏吸引力的。

8. 控制程度

能够实现对渠道、成本或者价格有较强控制的创业机会才富有价值。

9. 致命缺陷

创业机会不应该有致命缺陷，存在一个或者多个致命缺陷的创业机会是没有价值的。

（二）创业机会的评价方法

1. 创业评价体系

好的创业机会需要通过评价确定，创业机会评价指标见表 2-1。

表 2-1 创业机会评价指标

指标类别	具体指标
管理团队	创业者团队是一个优秀管理者的组合
行业与市场	（1）顾客可以接受该产品或服务，愿意为此付费 （2）市场容易识别，可以带来持续收入
致命缺陷	不存在任何致命缺陷
战略性差异	在客户服务管理方面有先进的服务或运营理念
经济因素	（1）项目对资金的要求不是很大，能够获得融资 （2）能获得持久的税后利润，税后利润要超过 10% （3）有良好的现金流，能占到销售额的 20% 以上
竞争优势	固定成本和可变成本低
个人标准	个人目标与创业活动相符合

2. 创业机会评价方法

对创业者来说，关键在于如何能够从众多机会中找出有价值的创业机会，并采取行动来把握机会。创业机会评价方法见表 2-2。

表 2-2 创业机会评价方法

方法	具体内容
定性分析	创业过程中会遇到各种各样的问题，往往是出乎人们意料的，情况的复杂性和突发性会给创业机会的评估带来很多困难，因此很多时候我们会选择定性评估方法来进行分析
定量分析	通过选择对创业机会成功有重要影响的因素，由专家小组对每一个因素进行极好、好、一般三个等级的打分，最后求出每个因素在各个创业机会下的加权平均分，从而对不同创业机会进行比较

 小贴士

创业机会定性评价过程包括五大步:第一步,判断新产品或服务将如何为购买者创造价值,判断新产品或服务使用的潜在障碍;第二步,分析产品在目标市场投放的技术风险、财务风险、竞争风险和机会窗口等;第三步,在产品的制造过程中是否能够保证足够的生产批量和可接受的产品质量;第四步,估算新产品项目的初始投资额,使用何种融资渠道;第五步,在更大范围内考虑风险的程度,以及如何控制和管理风险因素。

三、创业机会的市场吸引力评估

创业机会的市场吸引力评估主要侧重于评价创业机会所在的行业,市场是否具有进入的可能和诱人的前景。建议可进一步细化为对市场规模、市场结构和商机的持续时间三个方面的评估。

1. 市场规模评估

由市场结构分析可以得知新企业未来在市场中的地位,以及可能遭遇竞争对手反击的程度。一般可从行业进入障碍,供货商、顾客、经销商的谈判力量,替代性竞争产品的威胁及市场内部竞争的激烈程度等进行分析。

2. 市场结构评估

市场规模大小与成长速度是影响创业成败的重要因素。一般而言,市场规模大的或正在成长中的市场,通常也会是一个充满商机的市场。

3. 商机的持续时间评估

不同的机会具有的生命周期各不相同,有的转瞬即逝,有的则会持续相当长的时间。即使对于同一商机,处于不同时间段,其可能带来的价值也是差别巨大的。商机持续时间主要体现在机会窗口的总体大小和机会窗口已经打开的时间长度。

具体而言,可将对创业机会的市场吸引力的评估细化为对若干评价指标的评估,详见表2-3。根据其作用趋向的不同,创业机会的评价指标可分为正向指标和逆向指标两种类型。正向指标是指其出现的可能性越高越有利于创业的指标,如利润额等;逆向指标则是要求可能性越低反而越有利于创业的指标,如市场内部竞争的激烈程度。

表 2-3 创业机会的市场吸引力评价指标体系

	评价指标	评价标准
市场规模	有明确的顾客群,且规模大或年增长率不低于30%	正向
	顾客愿意付费接受产品或服务	正向
	顾客愿意重新购买,保证带来持续收入	正向
	具有较高的产品附加值	正向
	市场成熟度	逆向

续表

	评价指标	评价标准
市场结构	进入障碍的大小	逆向
	供货商的议价能力	逆向
	顾客对价格的影响能力	逆向
	经销商的议价能力	逆向
	替代品的竞争威胁程度	逆向
	市场内部竞争的激烈程度	逆向
商机持续时间	商机预计持续时长	正向
	商机已出现时长	逆向

四、评估创业机会的资源需求

创业机会的资源需求主要体现在创业者要想利用该商机需要投入的资金、土地、知识、劳动力等资源的存量需求以及这些资源的可转移性。

(1) 资源的存量需求必须经过相当时间的积累才能完成,这种需求越高,对于创业者而言越难以把握。资源的存量需求可用实体资源需求量等四个指标来表征(见表2-4)。这些指标对于创业者而言是硬性指标,如果出现否定式回答,即认为该创业机会无法把握,应予以放弃。

表 2-4 创业机会的资源需求评价指标体系

	评价指标	评价标准
资源的存量需求	该创业项目是否有创业者无法获取的实体资源	若出现否的回答,即认为该创业机会不可取
	该创业项目是否有创业者无法获取的人力资源	
	该创业项目投资总额是否在创业者筹资能力范围之内	
	该创业项目是否存在无法取得的专利、专业技术	
资源的可转移性	资本市场成熟度	正向
	行业中介服务体系完善度	正向
	行业相关法律法规健全程度	正向

(2) 资源的可转移性决定了现有厂商对生产要素的独占性的强度,进而制约了创业者能否整合到该生产要素以便抓住创业机会。资源的可转移性可用资本市场成熟度等三个指标来表征,这些指标均为正向指标,见表2-4。

五、评估创业机会的获利能力

创业机会的获利能力评估主要是对该创业机会能带来的经济回报情况的评价。建议可采用毛利率、税后净利率、现金流、销售额增长率、投资回报率和投资回收期等指标来衡量,见表2-5。

表 2-5　创业机会的获利能力评价指标体系

评价指标	评价标准
毛利率	＞20％
税后净利率	＞5％
现金流	每年销售额中不低于20％为现金
销售额增长率	＞15％
投资回报率	＞15％
投资回收期	＜2年

六、大学生创业机会

(一) 大学生创业的环境及现状

1. 当代大学生创业的意义

大学生自主创业是创业中非常重要的一部分。虽然在现实生活中，大学生创业还存在诸多不足，如创业实践少、自主创业科技含量和成功率较低、抗挫折能力不够以及创业所需的综合知识和能力素质比较欠缺等，但是不能否认的是，自主创业不仅对大学生自身发展和成长具有重大意义，而且对社会发展和国家繁荣具有重大的现实意义和深远的历史意义。

1) 自主创业有助于社会生产力的发展

创业者是现代生产力的催生者，创业活动是技术创新并实现产业化的主要形式。目前，我国的科技创新成果很多，但产业转化率和科技成果转化率均偏低。

硅谷的发展证明，鼓励和支持专业技术人才投身于自主创业的大潮中，有利于实现科技成果转化、促进社会生产力发展、建设创新型国家以及实现建设小康社会等目标。因此，鼓励和支持创业活动能有效地推动社会生产力发展。

2) 自主创业有助于实现经济高速增长

创业活动与社会经济是相辅相成的，一般而言，经济发达的地区也是创业活动活跃的地区，推动创业活动，也就推动了经济的发展。虽然目前我国大学生创办的大多数是一些小微企业，但这是一支不可估量的新兴力量。

虽然目前我国大学生创业所创造的财富占 GDP 的比例不高，但可以想象，不久的将来，随着更多的大学生加入自主创业的行列，我国自主创业的企业不管是数量还是质量都会有质的飞跃。

3) 自主创业有助于创造新的就业机会

大学生自主创业有利于缓解国家的就业压力，并为更多的大学毕业生提供新的就业岗位，从而能从根本上解决大学毕业生就业难的问题。一人创业成功，可以带动多人就业。同时，自主创业还增加了小微企业的数量，开创了新的产业领域，为经济发展注入了动力。

《2017—2022年中国企业经营项目行业市场深度调研及投资战略研究分析报告》表明，目前我国中小企业的数量占企业总数的99％，已超过4000万家，提供了大约80％的城镇就业机会,是解决就业问题的主力军。

大学毕业生创业就是大学毕业生利用自己的知识、才能和技术,以自筹资金、技术入股、寻求合作等方式创立新的就业岗位,为自己、为社会、为更多的人创造就业机会。

4) 自主创业有助于实现自我价值

创业是大学生就业的有效方式,也是实现自我价值的有效途径。大学生通过自主创业,可以把兴趣与职业紧密结合,实现人生价值。创业者在创业中往往会面临许多困难与挫折,历经千辛万苦才能取得成功。因此,创业是一个锤炼意志的过程,是学习、提高、锻炼和自身发展的过程。创业成功,不仅个人可以实现自我价值,而且还可以回报社会,为国家的繁荣作出贡献。

5) 自主创业有助于促进我国高等教育理念与人才培养模式改革

传统办学的指导思想、培养目标与社会对人才的需求不匹配。因此,推进大学生创业是对我国的传统教育方式的一种挑战。

要全面推进大学生创业,就要从创业对人才素质的要求和建设创新型国家的需求出发,转变育人观念,对高等教育进行系统改革和创新,进行思想教育和人才培养模式的转变,以及改革教学内容、教育方法、课程设置及考试制度等。

6) 自主创业是时代赋予大学生的历史使命

时代造就青年,时代呼唤青年。大学生自主创业有助于为国家造就一批年轻的企业管理人才,创业者将是我国未来经济发展的主力军,而大学生则是我国现在和未来创业的主体力量之一。

2. 大学生就业形势对创业的影响

目前,对大学生而言,就业形势总体来说比较严峻。除了就业人数逐年增多之外,就业需求结构性的变化、热门专业与冷门专业的转换快也是造成就业形势严峻的重要原因。

1) 就业结构失衡,供给与需求矛盾突出

随着我国高等教育的不断发展以及国民对文化教育的重视程度不断提高,高等教育进入大众化时代,一些负面问题也随之产生。教育大众化要求普通高校进行大规模扩招,从而导致高校毕业生数量快速增长。自2011年以来,全国毕业生人数按照2%~5%的同比增长率逐年增长,2018年达到了820万人。这种数量级的快速增长对大学生的择业、就业造成了巨大影响,让大学生就业从精英化走向了大众化,大学生已经慢慢失去高学历优势。

2) 就业需求发生结构性变化

由于多年来社会经济的不断发展,导致各区域发展存在不平衡。东部发达地区、各省会城市、北上广热点区域等为大学毕业生提供了良好的生存环境和较好的发展前景,从而成为人才输入地,也是大多数大学毕业生首先考虑的工作目的地。在这些地区,人才竞争激烈,很多大学毕业生不能完成就业。同时,随着大学教育的普及,"精英"的光环在逐渐弱化,甚至消失,但对于一直"深居"象牙塔的大学毕业生来说,"精英"思想仍然束缚着他们的择业观念。大学毕业生倾向于选择科研机构、外资企业等,由于岗位数量有限,有些大学毕业生必然处于"待业"状态。

3) 热门专业与冷门专业转换快

学习的最终目的是学以致用,因此为适应社会发展的需求,学校教育也在不断改革,其专业与课程设置与社会的关联度不断加大。尽管教育改革在一定程度上缩短了学校与社会的差距,弱化了理论与实践之间的距离,但由于高校扩招面向的只是当下的社会需求和热点,而商机却是瞬息万变的,因此高校教育和社会需求之间仍可能存在脱节的问题。与此同时,某些相对冷门的专业,如机械等技术工种,虽然用人单位渴求技术人才,但是一些大学生即使专业对口,也因为"工作看起来不够体面"而拒绝这类工作机会。

4)用人单位对学历的要求进一步提高

从近年来各地专门针对大学毕业生举办的双选会来看,各单位纷纷提出对高层次人才的要求,形成了"研究生多多益善,本科生等等再看"的怪现状。虽然随着社会进步与高新技术的发展,一些行业中的岗位需要专业水平较高、素质较高的人才,但对于大多数侧重实际操作技能的岗位,研究生、本科生都是完全可以胜任的。从近年来的就业趋势看,这种"盲目求高"的风气可能还会持续一段时间,这在客观上对许多大学毕业生的就业造成了不利影响。

5)学历高低与失业率高低成正比

经数据调查,研究人员发现了一个让人吃惊的结论:学历越高,失业率越高。从理论上讲,良好的教育对于就业有很好的帮助,但是实际情况却是,受教育越多失业的可能性越大。这是一种不正常的现象,而大学生对于就业的过高期望是导致这一现象的主要原因之一。

通过对大学生就业形势的分析,可以看到当代大学生的就业压力逐年递增。近几年,"就业难"的呼声不绝于耳。严峻的就业形势导致越来越多的大学生找不到合适、满意的工作。在这种情况下,一方面,国家鼓励大学生创业,大力推进创新创业,以创业带动就业;另一方面,作为大学生也可以通过自主创业的方式来实现就业。

3. 大学生创业的帮扶政策

最近几年,越来越多的大学生毕业后选择创业,那么,国家出台了哪些扶持大学生创业的政策呢?为支持大学生创业,国家每年都会出台许多相关的政策方针,涉及税收、创业培训、创业指导等诸多方面,力图大力推进创新创业,以创业带动就业。对打算创业的大学生来说,了解最新的创业政策和方针有助于更好地走好创业的第一步。

为促进高校毕业生以创业带动就业,更大限度地实现知识的产业化,国家相关部门出台了系列的帮扶政策与措施。

1)教育部出台的创业帮扶措施

2018年,教育部关于高校毕业生创业重点提出了"深化高校创新创业教育改革""落实创新创业优惠政策"和"提升创新创业服务保障能力"等措施,具体内容如下。

(1)深化高校创新创业教育改革。各地各高校要把创新创业教育改革作为高等教育综合改革的重要突破口,在培养方案、课程体系、教学方法和管理制度等方面将改革持续向纵深推进,促进专业教育与创新创业教育有机融合,将创新创业教育贯穿人才培养全过程。强化创新创业实践,办好各级各类创新创业竞赛,着力培养学生的创新精神和创造能力。

(2)落实创新创业优惠政策。省级教育部要配合有关部门进一步完善落实工商登记、税费减免、创业贷款等优惠政策,为高校毕业生创新创业开辟"绿色通道"。高校要细化完善教学和学籍管理制度,进一步落实创新创业学分积累与转换、弹性学制管理、保留学籍休学创业、支持创新创业学生复学后转入相关专业学习等政策。

（3）提升创新创业服务保障能力。各地各高校要加快发展众创空间，依托创业园、创业孵化基地等为高校毕业生创新创业提供场地支持。多渠道筹措资金，综合运用政府支持、学校自筹以及信用贷款、创业投资、社会公益、无偿许可专利等方式扶持大学生自主创业。建立健全国家、省级、高校大学生创业服务平台，聘请行业专家、创业校友等担任导师，通过举办讲座、论坛、沙龙等活动，为大学生创业提供信息咨询、管理运营、项目对接、知识产权保护等方面的指导服务。

2）人力资源和社会保障部出台的创业帮扶通知

《人力资源和社会保障部关于做好2018年全国高校毕业生就业创业工作的通知》中对大学生创业主要做出了以下指示。

（1）着力抓好就业创业政策落实。各地要坚定不移把政策落实作为2018年高校毕业生就业创业工作的主线。加强统筹实施，将高校毕业生就业创业政策与经济政策、引才引智政策有机结合，在推动产业转型升级、区域协调发展、实施乡村振兴战略、支持小微企业创新发展中，多渠道开发适合高校毕业生的就业岗位。巩固基层就业主阵地，深入实施高校毕业生基层成长计划，统筹推进"三支一扶"计划等服务项目，加强政策引导和服务保障，鼓励高校毕业生到城乡基层、中西部地区、艰苦边远地区就业创业。加大宣传解读，开展"筑梦未来与你同行"高校毕业生就业创业政策宣传推介活动，用好报刊网络等媒介，将各项政策打捆打包、广而告之，引导帮助更多高校毕业生熟悉政策、运用政策。优化经办流程，拓展政策申请渠道，推进政策受理、审核、发放全程网上办理，提供一站式服务、"最多跑一次"等便利措施。健全落实推进机制，把督促检查贯穿政策落实全程，大兴调查研究之风，及时推动解决政策实施中遇到的困难和问题，使政策更好助推高校毕业生就业创业。

（2）着力推动创业带动就业。各地要抓住打造"双创"升级版的有利契机，集中优质资源支持高校毕业生创业创新。强化能力素质培养，将创业培训向校园延伸，依托各类培训机构、企业培训中心等平台，创新开发一批质量高、特色鲜明、针对性强的培训实训课程，更好满足高校毕业生创业不同阶段、不同领域、不同业态的需求。加大政策资金支持，落实好创业担保贷款、一次性创业补贴、场租补贴等扶持政策，支持有条件的地方设立高校毕业生就业创业基金，积极引入各类社会资本，多渠道助力高校毕业生创业创新。优化创业指导服务，推动公共就业创业服务机构、创业孵化基地向高校毕业生开放，充实完善涵盖不同行业领域、资源经验丰富的专家指导团队，为高校毕业生创业提供咨询辅导、项目孵化、场地支持、成果转化等全要素服务，帮助解决工商税务登记、知识产权、财务管理等实际问题。搭建交流对接平台，组织"中国创翼"创业创新大赛、创业项目展示推介、树立创业典型等活动，结合实际打造更多富有地方特色的创业品牌活动，为创业毕业生提供项目与资金、技术、市场对接渠道。

（二）大学生创业机遇

1. 创业的政策支持

从中央到地方各级政府，对鼓励大学生创业达成了政策共识。在"互联网＋"战略下，出台扶持大学生创业的政策频率加快，发布主体由以前的几个部门增加到目前的十几个部门，大学生的创业环境得到进一步优化。

此外，国家对创业的财政支持大幅度增加，拓宽了大学生创业的融资和投资渠道。

2. "互联网+"构建了大学生创业的平台

中国是人口大国和信息应用大国,拥有全球第一的网民数量和海量的数据资源。随着网络基础设施的不断完善,以及智能终端互联网应用的不断普及,互联网与经济社会深度融合,互联网经济产业发展红利日趋突显。互联网激发了大众的创业热情和潜力,创业者可以无店面、无仓库、无积压销售,开店的成本大幅度降低,获取信息资源变得便捷化和垂直化,大大降低了大学生创业的门槛。

3. 传统实体企业

传统企业多为实体企业,实体企业创办过程如图 2-1 所示。

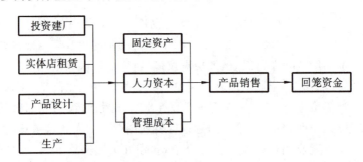

图 2-1 实体企业创办过程

(三)大学生创业面临的挑战

1. 缺乏创业的基本素质

在"互联网+"背景下,越来越多的大学生投身自主创业,创业热情日益高涨。创业门槛的降低加之社会舆论的宣传,可能会导致某些大学生盲目"跟风"创业。他们对创业的理解肤浅,不了解创业的基础知识,缺乏对项目市场前景的分析和研判,同时在创业过程中不重视学习相关知识。

大学生虽具有较高的学历和良好的文化素养,但由于社会阅历不足,尚欠缺创业成功者所必须具备的情商素质,比如适时把握商机的洞察力、积极面对挫折的魄力、善于利用人脉的人际交往能力等。

2. 缺乏核心竞争力和优秀团队

目前,很多大学生选择网店、微商、快递物流、连锁加盟等相对容易上手的创业项目,没有将创业项目与所学专业结合,导致创业公司不具备核心竞争力,极易被模仿和取代。

多数大学生创业团队缺乏领军人物,缺乏优势互补,特别是不能处理好内部分工和利益分配问题,核心成员离开、团队解散的案例比比皆是,常常出现的"四同"现象,即刚刚组建时团队成员齐心协力"同舟共济",在随后发展中逐渐"同床异梦",接下来矛盾增加"同室操戈",最终创业失败"同归于尽"。

3. 网络安全存在隐患

"互联网+"推动新业态蓬勃发展,与此同时也不可避免地暴露出隐患和盲区。特别是目前中国对"互联网+"的第三方监管体系和动态监控制度尚不完善,由互联网引起的商业诈骗、消费陷阱、交易安全虚假信息等问题层出不穷。

大学生创业者普遍对网络上的各种诈骗和陷阱缺乏警惕性，加上监管滞后，维权渠道不畅通，造成创业者的权益无法得到保障。以网络创业为幌子的新型犯罪，扰乱市场秩序，对社会和自身造成极大危害，而某些大学生创业者却脚踩法律红线，开展一些投机倒把的网络商业活动。

4. 起步成本过高

新创企业必须坚持"勤俭持家"、精打细算，尽量压缩不必要的开支，努力降低成本，不要把宝贵的起步资金投在装修、购置固定设施、设置重叠机构上。非生产经营性的成本过高必然会削弱企业的竞争力。

5. 缺乏流动资金

有多种原因会使企业流动资金缺乏，从而使经营出现困难。因此，在制订计划时对资金的需求要有正确的估计，在资金的分配上要留有充分的余地。

6. 缺乏产品营销策略

现在创业难不是在于没有产品或服务，而是在于没有准确地认识到谁会购买企业的产品或服务。在没有弄清楚谁会购买企业的产品或服务以及他们为什么会购买之前，就贸然推出产品或服务，通常会导致失败。

7. 对市场的规模估计过分乐观

认为自己的产品或服务不错，总会有人来购买，或认为别人开办企业能赚钱，自己也可以赚钱，这些想法是错误的。新创企业必须研究目标市场，了解企业的竞争对手，对市场的规模和前景做出实事求是的估计。

（四）适合大学生的创业领域

大学生是一个比较特殊的群体，他们充满激情但缺少社会实践经验，因此并不是每一个创业模式都适合大学生。大学生在进行创业时，需要选择一些具有优势的领域来弥补自身能力的不足，充分发挥自己的能力，做到学以致用。比如，对于专业较为普通的大学生来说，可以选择中介、加盟代理等方式进行创业；而对于具有个人专业特色的艺术设计、广告等专业的大学生来说，则可以以自由职业者的身份进行创业。适合大学生的创业领域主要有以下9个。

1. 高科技领域

大学生属于高级知识人群，经过多年教育并且处于高新科技环绕的环境中，因此在高科技领域进行创业有着独特的优势。但并非所有的大学生都适合在高科技领域创业，一般来说，只有专业技能过硬的大学生才适合在该领域进行开拓。同时，由于科技发展迅速，大学生创业者还要注意技术的创新，开发具有自己独立意识的产品。

2. 智力服务领域

智力服务行业是智力含量较高的服务业，这正好是大学生拥有资本的领域，如常见的信息服务业、中介服务业、咨询服务业、策划服务业、认证服务业、设计服务业、翻译服务业、文学服务业、艺术服务业、婚庆服务业等。

3. 连锁加盟领域

统计数据显示，在相同的经营领域，个人创业的成功率低于20%，而加盟创业的成功率高达80%。对于创业资源十分有限的大学生来说，选择运营时间在5年以上并且拥有10家以上加盟店的成熟品牌较好。

4. 日用小商品产销领域

日用小商品与人们的日常生活息息相关，因此，它具有市场广阔和永不没落的特性。这些商品经营方式灵活、投资小，因此适合大学生创业。

5. 服务领域

服务领域就是为顾客服务、让顾客在生活上得到方便的行业，如饮食业、旅游业、租赁业、理发业、修理家电的行业等。这些行业一般以店面经营为主，可以分为独立开店与加盟连锁两种。

6. 现代农业领域

近年来，国家对发展现代农业、促进广大农民群众发家致富走进小康社会重点关注。大学生可以在农产品的初加工、深加工及综合利用等方面开展创业活动。

7. 进出口领域

随着我国经济的飞速发展，我国经济和世界经济已经逐渐形成了依存关系。我国拥有巨大的购买力市场及出口能力，位于目前世界进出口国家的前列。这个领域适合商务类专业的大学生创业。

8. 培训领域

由于经济发展的加快和人们生活工作需求的增加，近年来，各种技能培训项目越来越多，并且得到人们的大力支持，如外语培训、电脑培训、IT培训、职业资格考试培训等都是目前很受欢迎的培训项目。各种培训机构也在渐渐兴起，并以低投入和高产出的高额利润吸引着越来越多的创业者。因此，大学生可以充分利用校园资源和师资力量进行创业。

9. 设计领域

设计项目对资金的要求不高，适合艺术、广告、设计等专业的大学生进行创业。常见的设计项目有室内设计、平面设计、工业造型设计、动画设计等。

训练一　顾客信息调查

（1）分小组针对以下问题对顾客信息进行调查。

问题1：您的性别是什么？
☐女性　　　　　　　☐男性

问题2：您的年龄多大？
☐20岁以下　　　☐20～25岁　　　☐25～30岁
☐31～35岁　　　☐36～40岁　　　☐40岁以上

问题3：您的职业是什么？

☐公务员/事业单位员工/国企员工　　　　☐私企员工
☐公司白领　　　　　　　　　　　　　　☐个体经营者
☐自由职业　　　　　　　　　　　　　　☐在校学生

问题4：您的家庭年收入是多少？

☐5万元以下　　　　☐6万～10万元　　　☐11万～15万元
☐16万～20万元　　 ☐20万～25万元　　 ☐25万元以上

问题5：您最喜欢的休闲活动是什么？

☐看电视　　　　　　☐打游戏　　　　　　☐逛街
☐读书　　　　　　　☐听音乐　　　　　　☐运动

问题6：您最喜欢看哪一类型的电视节目？

☐电视剧　　　　　　☐新闻类节目　　　　☐养生保健类节目
☐综艺节目　　　　　☐电影　　　　　　　☐访谈类节目

(2) 顾客需要什么样的产品和服务？顾客较看重产品和服务的哪些方面？主要是对产品的颜色、款式、价格、质量和售后服务等进行调查。以下为某蛋糕店对顾客进行的调查。

问题1：您一般在什么时间段到蛋糕店购买糕点？

☐6:00～8:00　　　　☐8:00～10:00　　　☐10:00～14:00
☐14:00～16:00　　　☐16:00～19:00　　 ☐19:00～22:00
☐22:00～24:00

问题2：您经常为谁购买糕点？

☐自己　　　　　　　☐小孩　　　　　　　☐父母
☐同事或朋友　　　　☐亲人　　　　　　　☐其他人

问题3：您喜欢购买哪种类别的产品？

☐蒸包类　　　　　　☐烘烤类　　　　　　☐蛋糕类
☐面包类　　　　　　☐吐司类　　　　　　☐切件类

问题4：您喜欢购买哪种口味的面包？

☐咸味　　　　　　　☐甜味
☐原味　　　　　　　☐其他

问题5：您希望糕点的包装是什么样的？

☐单独包装　　　　　　　　　　　　　　☐盒装或袋装
☐盒装或袋装,内有多个独立包装　　　　 ☐其他

问题6：您能够接受的产品价格是多少？

☐10元以下　　　　　☐10～50元　　　　　☐51～200元
☐201～500元　　　　☐501～1000元　　　 ☐1000元以上

训练二　识别创业机会

流程1：搜索可能的创意

通过各种途径对可能的创意和灵感展开搜索。

(1) 关注并研究国家宏观经济政策和行业发展态势,国家鼓励什么,限制发展什么,行业未来发展趋势如何,这些都蕴含着很多创业机会。

（2）在你居住的地区或是你想创办企业的地方进行市场调查，收集相关信息，发现可能的创意。

（3）通过自己或别人对某些产品或服务的抱怨和不满，发现完善产品或服务的创意。

（4）留意大众传媒的信息，发现人们的消费痛点和消费趋势，从中寻找可能的创意。

（5）留意国家政策等信息的变化，从中发现可能的创意。

（6）从一个你感兴趣又擅长的产品出发，利用头脑风暴法联想相关可能的创意。

（7）在个人经验基础上运用灵感，产生创意。

流程2：发现可能的机会

对搜索到的可能的创意展开分析，从杂志、图书、专门的咨询机构以及互联网中收集关于行业、竞争者、顾客偏好趋向、产品创新等方面的信息，发现其中的创业机会。

流程3：标准化识别

创业机会的识别是思考和探索反复互动，并将创意进行转变的过程。标准化识别是指通过对整体的市场环境的分析以及一般的行业分析来判断该机会是否是有利的商业机会。收集市场特征等方面的数据和信息，对数据和信息进行评价和分析。

（1）对数据和信息进行总结，得出初步印象。

（2）对数据和信息交叉制表进行分析。

流程4：个性化识别

对于特定的创业者和投资者来说，进一步考察这机会是否有价值。结合创业者和投资者的实际情况，包括资金能力、创业者自身素质、资源、团队等方面进行全面分析和匹配，来判定创业机会是否适合。

流程5：深入市场调查

通过现场观察、问卷调查、访谈、集中小组试验等形式对产品形式、消费群体、消费群体的购买欲望和购买能力、市场竞争等方面进行深入的调查，收集全面、系统的信息资料。

流程6：决定是否创业

根据市场调查结果，经过反复思考、论证和评价，仔细审查机会并分析是否可行，然后根据评价结果来决定是否要抓住创业机会，开始实施创业。

 项目小结

思维导图

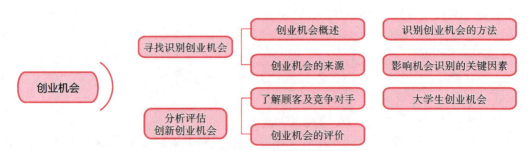

项目三
创业团队

学习目标
（1）掌握创业团队的内涵。
（2）了解管理创业团队的原则与创业团队的类型。

思政联结

铭记习总书记关怀，昆明最美扶贫姐妹花创业记

2020年1月20日，春城年味渐浓。这天下午，正在云南考察的习近平总书记来到昆明国际会展中心，了解第十四届昆明新春购物博览会年货市场供应及国内外商品展销情况。

博览会的年货街上，有一个名叫"农果云"的展位格外惹眼。从东川来的云丽、云琼头一回参加春博会，她们售卖的面条、洋芋、核桃、花生、红糖等土特产引得人们频频驻足。"销量还好吗？"习近平总书记来到"农果云"前，亲切地问道。看到总书记，云丽、云琼眼里噙满激动的泪花，这对彝族姐妹的创业扶贫故事，引起了人们的关注。

最美扶贫代言人——从代售滞销农特产品创业起步

出生在昆明市东川区的云丽，三十出头时从企业辞去工作，选择自主创业。齐肩短发，白T恤蓝牛仔，清瘦黝黑的脸上有明显的日晒斑。穿梭在稍显拥挤的货架间，云丽还未来得及拭去身上的泥尘，凭着聪慧和一股子韧劲，她闯出了一条电商扶贫路。在助力东川、寻甸、禄劝三个昆明贫困县群众脱贫致富的路上，带动570多家合作社的农特产品销售，覆盖建档立卡户1.5万户，被人们称为"最美扶贫代言人"。

第一笔买卖有些偶然

云丽在一次和朋友的闲聊中得知，东川拖布卡镇格勒村的枇杷丰收了，品质也非常好，但山高路远，销售无门，农民们只得心疼地望着大量的枇杷果烂在树下。

昆明最美扶贫姐妹花创业记介绍

云丽决定试一试。实地了解一番后,她鼓起勇气提出帮大家卖枇杷。让人惊喜的是,这一试竟通过线上销售卖出13吨枇杷。不仅化解了村里的困局,也补救了种植户的损失。

现在,云丽、云琼姐妹已经开始筹划在省内外发展加盟店。未来,她们还要继续扩大七彩花生的种植规模,带动更多农户实现增收。

"希望将来,我们能把全省的优质农特产品销往全国各地,让更多消费者品尝到稀有、健康的云南特产。"再次露出真诚而朴实笑容的云丽,笑起来真好看。

案例导入

第一团队

午后的小酒馆,虽少了午市的红火与热闹,但却开启了四个年轻人的创业梦。他们背景各不相同,有充满野心的银行职员、有满是信心的创业者、有腼腆内向的软件公司主管、有不安于现状的酒店管理者。刚开始,他们也会为了创办一家什么样的公司吵吵嚷嚷,但最终因是共同的旅游爱好者而达成一致,因此,携程网应运而生了。

梁建章、季琦、沈南鹏、范敏和众多的初次创业者一样,他们手忙脚乱,也犯了很多可笑的错误,但是始终都是为了新创企业规划好未来,比如四年后,这个名叫携程的新创企业在竞争激烈的资本市场上就拿到了一枚硕大的"奖牌"——一大笔注资,在大多数人的眼里,这家新创企业更像是"人造婴儿",因为在这之前几乎没有人通过这样的方式在短时间内创办和领导这样一家潜力巨大的企业。

更离奇的是,在新创企业运营良好时,这被业内誉为天作之合的团队中其中两人又新创了一个名为"如家"的品牌,意外地在三年后也同"携程"一样拿到了资本市场的一大笔注资。

在中国的年轻企业家中,三年内把自己的新创企业两次送进纳斯达克股市,是记录的创造者,因此,他们被誉为"第一团队"。

青春激荡,拍马相聚,商场当歌,所向披靡;一战即胜,呼啸而散,相忘江湖,余音荡漾。

像不像充满了东方侠客韵味的"创业梦"呢?

在"第一团队"之前,我们只在大洋彼岸的硅谷瞻仰过此类的创业传奇,而今在我们的中国大地上也有了名满四方的第一团队。他们提供了一系列充满新意的创业理念,譬如"创办企业不是为了拥有它,而是出售它""资本市场是能够让企业价值充分放大的最佳工具"。

对于所有有志于创业的人来说,"第一团队"的成功实在是让人羡慕。

当然，更让人眼前一亮的是，这四个人中没有所谓的领袖。虽然在历史上，有比携程和如家更强大的企业，有比他们更聪明的企业家、投资人，有比他们更执着的创业者，有比他们更精明的管理者，但很少有人能形成一个真正的"团队"。这个团队不靠权威，而是依靠平等的伙伴关系和契约精神来维系着团队的稳定性，并且不断取得各阶段的胜利。

"第一团队"的故事听起来像是一场被遇见的成功，而你只要有天生的远见、敏锐的嗅觉、协同创业的激情、扎实的工作能力，再加上资本的加持，便可改变自己在创业之路的命运。

思考题：倘若你是创业路上的一枚新手，你会如何选择自己的团队成员呢？

任务一　组建创业团队

一、认识创业团队

（一）创业团队的内涵

创业团队是指在创业初期（包括企业成立前和成立早期），由一群有着共同的目的、共享创业收益、共担创业风险的人所组成的特殊群体。其定义还可拓展为以下多种内涵。

（1）目标一致性。主要体现在创业团队是以共同认知目的为基础的创业群体，目标上是一致的。

（2）成员互补性。主要体现在团队成员中有效的各种能力互补，团队的工作绩效大于所有成员独立工作绩效之和。

（3）价值影响性。主要体现在团队成员在共同目标下的价值追求，使其产生凝聚力。

（4）核心单一性。主要体现在创业团队要有一个灵魂人物，在明确方向、确定策略、坚定信心、攻克难关等方面具有引领作用。

（5）组织发展性。主要体现在创业团队是新创企业高层的基础和最初的组织形态，但是随着创业活动的发展，也会发生变化。

一般来说，优秀创业团队的特征有共同的创业理念、团队成员的互补关系、团队利益第一、合理的股权分配、对企业的长期承诺、团队成员的良好沟通。创业团队组建时，还需要考虑创业目标、创业人员、创业团队定位、职能分配、创业计划等。

（二）创业团队的必要性

在创业中，创业者凭借独特的创新意识、明确的目标导向性、敢于承担风险的独立品格，能够取得一定程度的成功，但随着目标市场的开发程度不同，市场风险越来越大，所需要的市场资源越来越多，就需要创业者为新创公司设定准确的企业目标、制订发展计划，组建一支高绩效的工作团队，将技术研发、市场开拓以及财务管理等方面的资源集合到一起，形成协同优势。

现代管理学越来越重视团队的组建,自20世纪90年代以来,学者们纷纷建议以团队模式来探讨企业管理发展,他们认为,团队是两个及两个以上的、互相作用、互相依赖的个体,为了特定目标而按照一定规则结合在一起的组织。团队不同于群体,二者之间的最大差异点在于团队成员是可以相互补位的,团队成员在完成团队目标时是可以共同承担风险和责任的,而群体成员则只是人数上的增加,并不能相互补充,且大多数成员都不具备承担风险和责任的意愿。此外,团队成员相较于群体成员在信息共享、参与决策、共同商议等方面更胜一筹。综上所说,团队是群体的最优形态,由两个或两个以上拥有不同技能、知识、经验、能力等资源的人组成,具有特定的团队目标,成员基于个人魅力有意愿在一起工作,互相依赖、责任共担、能力互补、成果共享,通过成员的共同努力完成团队目标。

美国一项针对104家高新科技企业的研究报告指出,在年销售额达到500万以上的企业中,有83.3%是由团队形式建立的,而在另外73家停止经营的企业中,仅有53.8%的企业有多位创始人。这一模式在一项关于创新创业前百强企业的研究中表现尤为明显。100家创业时间较短、销售额高于平均数几倍的企业中,有超过70%的企业有多位创业者。由于知识互补、资源共享,团队创业的后期成长空间更大。因此,新创企业更适合以团队模式进行创业。

一个好的创业团队对于新创企业的成功具有举足轻重的作用,创业团队成员的整体素质也直接影响着企业的发展潜力,主要体现在以下几个方面。

1. 组建创业团队有利于迅速赢得商机

新创企业中的各个成员都在市场推广、技术研发等方面有各种各样的优势或资源,一旦团队决定好创业方向,相对创业个人来说,团队成员会更迅速地利用资源整合能力,尽可能地扩大社会关系网,尽可能多地从多种渠道中获取创业所需资源,从而尽最大可能赢得商机,为创业团队占得先机,开好头。

2. 组建创业团队有利于完善项目方案

创业团队成员通常在不同方面会具备个人优势,在自愿、平等的合作基础上,会在创业项目方案的各个细节中从不同的角度展开头脑风暴,通过高效的沟通方式,往往能在最大程度上完善项目的各种突出问题,同时通过多元化的讨论和分析,能在一定程度上使项目方案更有创意。

3. 组建创业团队有利于提高创业成功率

相较于创业个人,团队成员在面对各种挑战与困难时,通过彼此之间的技能互补和鼓励,更有利于提高掌控风险的能力,提高团队整体的决策能力和信息处理能力。综上所述,团队的创业成功率更高。

案例 3-1

蚂蚁军团

狮子和大象为什么会怕蚂蚁?

在非洲草原上,如果见到羚羊在奔跑,那一定是狮子来了;如果见到狮子在躲避,那就是大象发怒了;如果见到成百上千的狮子和大象集体逃命的壮观景象,那一定是蚂蚁军团来了！非洲草地上生活的蚂蚁叫矛蚁，又名行军蚁，当先头部队"抓住"任何比它们体积大上几千倍的猎物时，无论猎物是什么，主力军都会第一时间赶到，猎物便会消失在蚁群中，生存机会为零。

在我孩童时期，有幸跟随着老农上山开荒。一次砍到一丛荆棘时，老农发现荆条上有一个箩筐大的蚂蚁窝。荆条倒，蚁窝破，无数蚂蚁蜂拥窜出。我突然好奇心发作，将老农砍下的杂草和荆棘围成一圈，点燃了火，准备看看蚁群如何逃出生天。一会儿，在火焰吞噬下，蚂蚁可活动的空间越来越小。可是，奇迹发生了，火墙中突然冒出一个黑球，先是拳头大小，不断有更多的蚂蚁粘上去，就扩大为篮球般大小。蚁球向烈火滚去，虽然外层的蚂蚁被烧出"噼里啪啦"声，但缩小后的蚁球已经越过火墙滚下山去，躲过了蚁族灰飞烟灭的灾难。这一幕，令我印象深刻，每每谈起，仍如昨天。

这就是蚂蚁军团，最好的团队！

二、创业团队的构成及组建原则

组建创业团队不是一件容易的事情，优秀的团队成员往往是可遇不可求的，创业团队是一种特殊的群体，他们在分享认知、共担风险的过程中，不仅会创造出高效的工作流程，还会培养出更坚固的感情。大学生在组建创业团队时一般在同学或朋友群中寻找合伙人，但新创团队到底需要什么样的创业伙伴？又该如何组建团队呢？

（一）创业团队成员

每个大学生创业团队由两个或两个以上成员组成，成员可以是本专业的，也鼓励跨学院、跨专业组成。若团队成员具备不同的学科背景，成功的概率会更高。一般创业团队由下列人员组成。

（1）公司经理：创业初期，公司大多数的业务都是由经理争取并运营的，且新创企业的客户都由经理维护，可以说，经理是创业公司的核心人物。

（2）股东或合伙人：创业初期，合伙人是创业经理最重要的资源储备，不仅提供了资金支持，还可能有关系、人脉、市场、渠道等各种资源，可以说，合伙人就是创业公司最重要的"加油站"。

（3）初创员工：创业初期，在经理和合伙人之外，还需要初创员工来执行具体事务，且经历了新创企业的各种考验、动荡后，员工仍然选择留在创业公司，将创业公司作为自己的事业来看待，可以说，员工是创业公司最重要的人员支持。

（4）外援支持：企业顾问。新创企业在市场中会遇到各种风险，也会经历重大的人员调整或者决策抉择，甚至会经历战略调整等，需要专业的企业顾问为其指明前进方向，营造良好的局面，可以说，企业顾问就是创业公司的强力外援。

大学生创业团队年轻、有活力、有激情，团队成员之间互相熟悉，专业知识和技能上互补性强。在国家政策方面，对大学生创业的支持也较多，如小额贷款、创业培训、免收费用。

(二) 创业团队的组建原则

企业在创业组建过程中,不同的组建原则,可能为新创企业带来有利条件,也可能带来潜在影响。一般来说,新创企业需要经历"生存—转型—做大做强"的艰难过程。大多数创业团队的新创企业都在生存线上苦苦挣扎,只有经历过"转型"惊险一跃的创业团队才能为企业成长积累经验和人才,奠定坚实基础。因此,创业过程中,需要创业团队遵守创建原则。

1. 彼此了解

《孙子兵法》中"知己知彼,百战不殆"教会我们,创业中的团队成员彼此间要知根知底,要清楚地认识到自己及对方身上的长短处,这样可以更好地避免团队成员间因不够熟悉而产生不必要的矛盾、纠纷,从而通过彼此了解强化团队中的向心力和成员间的默契度。

需要关注的是,彼此了解并非表面上的了解,例如许多人在创业时选择亲戚、同学作为合作伙伴,但很快失败或取消合作了,调查后究其原因可知,虽然他们选择的合作伙伴是"熟人",但因为相处时间较短或者相处方式单一,并未对他们真正了解。

2. 相互信任

创业团队不仅要求彼此了解、志同道合,更需要相互信任。创业团队只有彼此了解,多方基于互尊、互信、互爱、互惠的互动关系,才会将团队置于信任的良好循环内。建立和维护创业团队成员间的信任和消除不信任是提高团队向心力的关键,而信任是一种非常脆弱的心理状态,一旦产生裂痕,想修复其不良影响往往需要付出巨大代价,所以,采取预防措施更为实用。

1) 选择德行更好的人才

创业团队整体能力不仅以个人能力和特长为参考,还要重点考察个人的德行,团队成员的职业技能是可以通过后期多轮培训不断提升的,但德行、品质等隐形因素很难改变,因此,组建创业团队时要重点审视成员中是否有德行有缺的情况,或者是否需要在团队建设中设置道德红线采取一票否决制。

2) 及时了解团队成员的需求

团队成员的能力不一,对创业产生的各方面需求也不同,要从成员的实际需求入手,尽量营造信任、宽容、和谐的团队氛围。

3) 充分调动团队成员的积极性

组建创业团队时,要将团队目标转化成成员的共同目标,通过定期向团队通报计划完成情况以及修正计划中不利于实现目标的部分,使团队成员自发自觉地肩负起责任,极大地调动团队成员的积极性。

3. 理念一致

"道不同不相为谋"教会我们,团队成员只有志趣相投、理念一致,才会让团队成员间彼此信任和信赖,更容易成功。究其原因,创业团队要面对许多不确定的因素及风险,具有共同的兴趣点和创业梦想,对于提升团队的向心力是非常重要的。若团队成员拥有相似的成长经历、成长环境和教育背景,更利于营造理念一致的氛围。

团队成员要始终意识到团队是个整体,并非个人,必须要保持理念一致,将团队利益置于个人利益之上,新创企业才有良好的发展。成员要对工作抱有满腔激情,才能适应艰苦的创业生活。

4. 取长补短

研究表明,大多数创业团队在组建时,并未充分考虑到成员们是否在专业能力上是互补的或欠缺的。而从人力资源管理的角度来看,创业团队的优势互补则是团队稳定的关键,因此,组建创业团队时不仅要考虑成员之间的信任和默契度,还要考虑成员在各方面能力间的互补性,如技术、管理、性格等的互补,以追求团队平衡。一般来说,组建优秀的创业团队可以考虑包含以下几种人。

(1) 好的"领袖"。团队领袖要高瞻远瞩,能够为新创企业制定明确的战略战术和易操作执行的工作计划。团队领袖还要"德高望重",为人公正,具备良好的协调能力,能及时化解团队成员的矛盾,团结整个团队。

(2) 好的"管家"。团队管家主要负责新创企业的日常运营,因日常事务烦琐易错,需要管家心思缜密、工作细致,对所有的人和事都了然于胸。

(3) 好的"财务总监"。资金是企业的生命源泉,团队中需要财务总监掌控资金使用情况,合理安排企业收支,为企业运营注入更多可用资金。

(4) 好的"营销总监"。任何企业有投入,就要有产品,有产品,就要有营销。若营销不得力,产品无法变现,企业就如无本之木,无法持续经营。

(5) 好的"技术总监"。新创企业只有以过硬的产品才能赢得市场,技术总监要把好企业的产品"脉搏",多关注市场变化,紧跟市场需求,做好产品升级换代,助力企业始终站在行业前沿。

(三) 优秀创业团队成员应具备的十种品质

组建创业团队时,除了要把握创业团队成员和组建原则外,还要充分考虑创业团队成员应具备的十种品质,这些品质可以不集齐,但要尽量兼顾。

(1) 果断。做事果断、敢于担责是优秀创业伙伴的品质之一,如果一个人胆小怕事、瞻前顾后、畏首畏尾,他只会成为创业中的阻碍,不利于企业面对风险和挑战。

(2) 诚信。人无诚信不立,业无诚信不兴。如果一个人没有最起码的诚信,团队成员在合作时彼此防范,既费事又费脑,这样的合作是注定长久不了的。

(3) 成熟且韧性强。合作伙伴在创业初期激情满满,恨不得一天工作 26 个小时,随着更多风险和挑战的出现,成员中易出现坚持不下去的情况。这时,需要更成熟且韧性强的伙伴继续鼓励,营造坚持的氛围,有利于团队更好地发展。

(4) 专注。有些人想法多、想法新,但并未深入研究过就轻易投入致使血本无归,殊不知对事情专注是优秀稀缺的品质。一个人真正能精通一两个领域就很不错了,因此,在选择合作伙伴时,应尽可能选择专注且踏实的人,对那些见异思迁和好高骛远之辈要敬而远之。

(5) 开朗。创业中总会遇到困难和风险,倘若遇到困难就只知道忧心忡忡、茶饭不思,又怎能做成事呢? 性格开朗更有利于企业良好运营。

(6) 踏实。在选择合作伙伴时,会被一些人吸引,这些人思考问题和看问题容易眼高手低,动不动就达到造福人类的高度,乍一看,雄才伟略,实则脱离现实,只会纸上谈兵,不可交。既有远大理想,又可脚踏实地,这才是我们要选择的伙伴。

(7)讲效率。现代社会"快半步吃饱,迟半步逃跑"。任何事情如果不能以最快速度去做,就只能失败,因此无论做事还是创业都要讲效率,只有这样才不会浪费人生。

(8)忠诚。创业不是儿戏,不忠诚的人很容易临阵倒戈。如果不能对团队忠诚、对新创企业忠诚,那就没必要组成一个团队。

(9)不虚荣。有些人性格张扬,新创企业开张伊始,就要装修最高规格的办公室,配助理等。和爱慕虚荣的人合作,开张就打响了关张的信号。新创企业应该多考虑如何赚钱,而不是如何花钱在这些不适宜的地方,要懂得艰苦奋斗。

(10)虚心。"三人行,必有我师焉。"团队成员中有些人总觉得自己是智商最高的,游刃有余,轻松流转于各种关系网中,从而有点"狂妄和目中无人"。一个人无论多么聪明,都要始终保持一颗谦虚、谨慎和善于学习的心。时刻保持虚心,新创企业才能正常运营。

案例 3-2

众筹咖啡馆

2018年6月12日,在光谷步行街中段,一群身着红色长裙的女白领,为她们共同出资的咖啡馆"沿街叫卖",引来路人纷纷驻足围观。但其背后值得思考的是她们并未聘请专业销售,更重要的是她们每个人出资几万元不等,在短短一周内众筹了百余万元。这些白领中有些只是为了赢得在朋友圈炫耀的资本,有些是为了通过创业拓展自己的社交,即便有些人是怀揣创业梦想积累创业经验,但每个人的目标都不一样,致使不同出资人对于咖啡馆的发展各执己见,最终众筹咖啡馆在开业没多久后就夭折了,濒临歇业。

思考题:设想,这家咖啡馆如果由几位志同道合的年轻人接手,他们有资本、有营销能力、有场景设计能力等,是否可以将咖啡馆经营地更好呢?

三、创业团队的类型

根据创业团队成员的组成形式不同,创业团队分为星状创业团队、网状创业团队和虚拟星状创业团队三种。

(一)星状创业团队

星状创业团队(如图3-1)在组建之前,核心人物一般对创业拥有极大热情,对即将组建的团队构成有过深入思考,并根据自己的设想邀请某些能力突出的人员加入团队。引进的团队成员均是核心人物精挑细选的合作伙伴,所组成的团队具备以下特点。

(1)核心人物的个人魅力大,向心力强,在团队中影响大。

(2)团队组织结构紧密,组织效率高,决策程序相对简单。

(3)核心人物可能形成权力过分集中的局面,从而造成决策失误。

图 3-1 星状创业团队

(4) 团队中其他成员和核心人物发生冲突时,往往会碍于核心人物的影响力,使其他团队成员处于被动地位,甚至离开团队。

(二)网状创业团队

网状创业团队(如图 3-2)在组建之前,团队成员一般具有密切的关系,比如同学、亲友等。他们在日常相处中对某一共同创业想法有认同,一拍即合达成共识后,一同创业。在组建团队时,不设核心人物或领袖,各成员根据各自的特长参与具体工作。因此,各成员基本上都是相差无几的伙伴。网状创业团队具有以下特点。

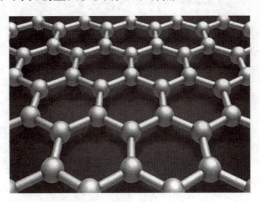

图 3-2 网状创业团队

(1) 团队不呈现核心化,整体结构松散但有序。
(2) 当遇到重大问题需要集体决策时,需要沟通和讨论的时间更长,决策效率相对较低,但避免了"一言堂"的不利局面。
(3) 因团队成员在团队中的地位相似,容易在团队中形成多头领导的不利局面。
(4) 当团队成员发生冲突时,一般多数劝解少数,平等协商则消除冲突,较易和平解决。但冲突升级时,某些团队成员会因赌气撤出团队,导致整个团队解散。

(三)虚拟星状创业团队

虚拟星状创业团队由网状创业团队演变而来,介于前两种团队的中间发展状态。团中虽然有核心人物,但结果是由团队成员协商出的,因此核心人物可以理解为整个创业团队的"发言人",而不是主导型人物,其发言和决策时必须充分考虑其他团队成员的多方意见,并不像星状创业团队中自然产生的核心人物有地位和权威。

案例 3-3

最好的唐僧团队

谈到最好的团队,有人认为是"刘、关、张"的团队,还有赵子龙、诸葛亮,这样的团队虽说可遇不可求,但我和众多的学者一样始终认为最好的团队是唐僧团队。唐僧是领导,看似"迂腐",只知道求取真经,但实际上采用的是"无为而治"。孙悟空性格张扬、能力通天,猪八戒好吃懒做但聪明易转弯,沙悟净任劳任怨一直挑着担子,这样的团队远比一个唐僧三个孙悟空要更能同舟共济、精诚合作,最终求得真经。

因为他们具有最好的团队精神,少了谁都不可以,他们互相支撑,互相扶持,虽然会吵架甚至打架,但价值观始终不变!我们要组建的创业团队也要是这样的,看似每个人普普通通,但合作起来便能"跋山涉水打妖怪",用一颗真心求得"真经"。

四、创业团队的组建策略分析

创业团队的质量往往决定着新创企业的发展状态,所以组建一支优秀的创业团队对于创业者本身,乃至创业市场都比较重要。组建创业团队虽然没有必然的成功条件,但还是有一些规律可遵循,通常参考以下两个方面。

(一)评估创业者自身

创业者需对自己有一个准确的评价和定位,只有事先了解了自己具备哪些突出条件、欠缺哪些条件,才能准确把握自己需要什么样的合作伙伴以及什么样的创业模式,可以从以下几个方面着重考虑。

1. 创业动机

"为何要创业?""我想通过创业实现什么目标?""我可以为新创企业付出什么?""我想和哪种人一起创业?"……这是每个创业者都会有的各种各样的创业动机疑问,只有对自己有了充分的认识后,才能有针对性地选择合作伙伴、有效地组建创业团队。否则,合作伙伴在创业动机上的差异程度在一定情况下会为新创企业埋下隐患,甚至在关键时刻影响企业发展。

2. 知识、能力水平

组建创业团队时,创业者要对自己的知识、能力水平有一个充分认识,只有明白自己拥有哪些经验、缺少哪些经验、需要哪种知识或技能弥补自身的不足时,才能找到更适合的创业伙伴组建新创企业。

3. 性格特质

古希腊哲学家泰勒斯(Thales)曾说,最困难的事情是认识自己。性格特质是创业者自身分析中最难的一项,因为人的性格特征是具有多面性、复杂性和不确定性的,人们经常从他人对自己的评价中了解一二,但他人的评价与自我认知之间往往存在一定的差距,即便在成长过程中性格特质会随着所处的心理阶段产生或多或少的变化,但是自己具备何种个性特征还是大体上可以确定的,个别的性格小偏差可以在成长过程中加以调整,所以要通过性格特质的不同维度进行考量,比如责任心、进取心、情绪稳定性等,只有把握住自己的性格特质,才能有的放矢地选择更为合适的团队伙伴组建新创企业。

(二)评估合作伙伴

在对自身进行充分地评估之后,创业者在组建新创企业团队、设置团队成员的工作分工时,需要考虑团队成员的相互配合,一般会多关注以下几个方面。

1. 共同的价值观

只有在价值观上保持一致,团队成员才能有较为一致的努力方向,才更有可能形成较为统一的经营理念,因此共同的价值观是组建创业团队的基本准则,是团队成员在企业文化上的一种认同,它指导着团队成员如何高效地开展工作。倘若团队成员的价值观相差过大,很容易导致团队内部无序地消耗与角逐,甚至导致创业失败。

2. 相似性

研究表明,当团队成员内部在很多方面具备相似性时,团队成员会处于舒适状态。事实上,无论是生活中、工作中还是创业时,创业者们更倾向同那些在教育经历、工作经验等方面与己相似的人组成团队,这样不仅使得团队成员更容易了解彼此,而且更容易促进内部沟通,从而形成一致的意见,但是缺点也比较明显,正因为成员在知识、经验甚至社会资源上容易形成重复,这在一定程度上不利于经营创新产品、更新优化理念等,因此这一点也是需要创业者着重考虑的。

3. 互补性

从组建团队、管理团队等角度来看,团队成员之间的优势互补是建立一支高效稳定团队的关键。创业者在组建团队时,要充分考虑成员在知识、能力、经验、思维方式、工作风格等方面的互补性。适当保持团队成员的异质性,有利于充分发挥团队成员在某方面的突出优势,拓宽新创企业的经营方式,强化团队成员的合作,不仅以充足的机会和时间培育团队伙伴,更形成了强大的团队合力,这也是需要创业者着重考虑的。

无论是相似性还是互补性,都在一定程度上存在片面性,建议在知识、技能以及经验上多关注互补性,而在个人性格、价值观等方面多关注相似性。当然组建一支优秀的新创团队并不是件容易的事情,需要创业团队随着新创企业所处的不同发展阶段面临的发展要求而适时地调整和完善,动态调整、改进、优化等应循环往复。

五、创业团队的组建程序

虽然创业者的目标行业不同,组建创业团队时会有所差异,但是在差异中还是存在较多的共同点,总结起来,组建团队可从以下几个程序进行考虑。

(一)明确创业目标

在组建创业团队时,要明确创业目标,这样才可以整合创业团队的各类有利资源。所以创业者要在识别和综合评价各种创业机会时,将最初的创业动机细化为创业目标,再结合具体的创业伙伴共同组建创业团队,一同经营新创企业。

(二)制订创业计划

在明确创业目标后,就要根据市场变化趋势和实际情况制订出相应的总计划和子计划。值得注意的是,一份有效的、完备的创业计划应充分考虑目前的优劣势、阶段目标及影响因素,有利于计划与现实的有效映射,有利于创业团队成员坚定创业心,更有利于吸引更多有意向的合作伙伴加入新创企业中。

(三)寻找团队成员

在初步确定创业目标、制订了创业计划后,创业者可根据新创企业的需要寻找适合的团队成员组建团队,在寻找过程中不仅要从教育背景、工作经历等方面考察对方的综合素质,还要注意对方的个人品德、忠诚度等。可以说在创业团队中,团队成员的知识结构、品格特性越和谐,创业成功的可能性就越大。

(四)划分团队职权

组建创业团队时,可依据预先的创业目标、计划以及成员特性,对不同的团队成员进行相应的职责划分,确保每位团队成员在新创企业中的权利义务及权限是合理的。合理的职权划分对于保障新创企业内部的良性运行是至关重要的,同时,在划分职权时要充分考虑团队成员的结构组成,避免某位成员职权过重或过轻。此外,职权划分要具备排他性,还要根据新创企业面临的外部环境变化、内部经营的动态性以及团队成员的阶段性作出适当调整。

(五)建立团队制度

细致完备的团队制度是确保新创企业正常运营的必要保障,严格把控制度不仅有利于约束团队成员的个人行为,激励团队成员恪尽职守,更有利于形成独特的企业文化,也在一定程度上规避了运营风险。

以上步骤并不是每一个团队组建的顺序程序,有很多新创企业在组建团队时是将几个小步骤融合为一大步来进行的,所以无论是哪一类新创企业,应根据团队的实际情况有的放矢地设置好组建程序。

案例 3-4

创业者实录

如果大家有能力可以自己单独做生意或者创业的话,那固然很好,因为这样可以省去很多麻烦。但是每个人的时间和精力都是有限的,在创业的过程中遇到的问题非常多,单靠一个人是很难解决的。

在创业公司发展壮大的过程中,寻找靠谱的商业合作伙伴是创业者们的现实需求,他们希望在合作关系中获得一系列好处,例如技术的互补、渠道的共享、更充裕的资金等。好的合作伙伴可以让我们的事业更上一层楼,而不好的合作伙伴会将我们的事业拉至最低谷,甚至带来毁灭性的灾难,那么如何选择创业伙伴呢?一个好的创业伙伴到底应该具备哪些条件呢?

一、责任平等

作为商业合作伙伴,在责任分配和承担上应该是平等的。两家公司可能互有长短,例如一家在技术上更强大,一家有更好的客户和渠道资源,这样在合作时能形成互补,可能达到1+1>2的效果。

对创业公司来说,应该尽量选择与自己同处一个产业链或生态,相互之间的需求程度和责任大小较为对等的公司作为合作伙伴。面对巨头,不应对它的依赖过深,作为标杆客户会更好,另外合适的情况下,拿到巨头的战略投资,进入巨头建立的生态,也是获取资源的较好方式。

二、性格互补

对于创业合作伙伴,性格互补同样重要,有些人急躁激进、急功近利,但是做事雷厉风行,行事果断,很能把握商机,而有的人比较高瞻远瞩,稳中求进,但有时也会优柔寡断,二者合作就是一种性格互补,可以减少决策的失误率,把握住商机。若是两个脾气都很暴躁倔强的人共事,谁都不服谁,受损的还是公司利益。

三、价值观相容

两家公司的价值观不可能完全相同,但是可以在一定程度上相容。商业合作伙伴是一种长期的关系,相似的价值观、共同的目标和愿景是合作的重要基础。

共同的目标可以使二人相互鼓励、相互纠错,是长期合作的基础,当然理念相似也至关重要。

四、利益平等

商业伙伴之间最根本的需求,就是双方都能从对方那里获得自己缺乏的东西,并且都能够获得利益。

利益平等,指的是双方中每一方的付出和收益成比例。更好的合作关系,除了在金钱利益上分配公平以外,最好双方处于同一产业链条的两个节点,在业务上有深层次的相互需求。

五、良好的沟通

良好的沟通可以让双方更好地配合,达成一个更好的合作成果,有问题的沟通则会降低效率,甚至让双方的合作破裂。

有问题的沟通,例如沟通不及时,在需要赶进度的时候没有更新重要的数据,造成效率受影响;或是沟通时对方给出的东西不准确,己方执行时出现方向上的错误;最严重的是不诚信,沟通时隐瞒关键的信息,这可能直接导致项目失败。

> 解决沟通问题的最好方法是在合作一开始就制定及磨合出一套有效的沟通机制;若在合作过程中发现沟通问题,则应该重新修正这套机制;如果出现了最严重的诚信问题,就可以考虑终止合作关系了。
>
> 六、诚信合作
>
> 这里的诚信不单指沟通中的诚信,还包括实质的诚信。无论是人与人的合作,还是公司与公司的合作,诚信都是基础。
>
> 不诚信的出发点是自私,是希望通过这种手段获取不该获取的更多利益,而不管对方的死活。
>
> 一个公司的长期发展不能是"一言堂",而应是集思广益,创业点子和创业路子几人商讨着来,总比一个人单打独斗好。尤其是创业初期,能有人在旁边一起分担压力,为公司发展出谋划策,对公司建设和公司发展都有好处。

任务二 管理创业团队

俗话说"一个好汉三个帮",而今,仅靠一己之力创业成功的概率比中彩票还低,单打独斗去创业也越来越难,越来越多的创业者不再执着于自己创业而是选择组建创业团队。组建优秀的创业团队是创业成功的重要保证,而优秀创业团队的管理和运营更是创业成功的关键!创业者要熟悉管理的内涵,把握管理的原则,懂得从做好决策权限分配等方面优化运作,提升创业团队的运营能力。

一、创业团队的管理原则

创业团队管理是要使团队成员具有不断改善、不断革新的精神,通过管理手段使每位成员的能力得到不断发展和增强,达到"1+2>2"的效果。管理的重点为在维持创业团队稳定的前提下发挥团队成员的多样化能力优势,从而使分散的个体组成一个具有共同目标、相互协调的团队。可以尝试在打造团队精神、设置合理的组织结构等方面做些文章,极大提高新创企业内部的凝聚力和向心力,提高整体工作效率。

管理创业团队时,由于新创企业和团队成员的不同属性,应依据一定的管理原则,极大地提升新创企业的运营效率。

1. 树立明确的目标

创业团队应树立明确的奋斗目标,使核心团队成员产生共鸣。一方面,明确的目标能在新创企业中促成激励目的,形成一致的凝聚力和奋发向上的动力;另一方面,目标作为工作计划的源泉和检验手段,可以依据目标制定各类工作计划,还可以通过目标检验各类工作计划的完成度。

2. 培育共同的价值观

新创企业中营造的团队精神、企业文化等都是共同价值观的体现,对团队成员乃至普通员工起着一种非正式的凝聚与约束作用。大学生在创业时,倾向于选择校友、同学、亲戚等人组成创业团队,是因为相似的文化背景和生活环境更容易形成共同的价值观。

3. 建立规范的组织制度

新创企业在创办时,首先要建立各种管理制度、发展战略及行为规范,同时规定好管理制度修订的时间间隔,以现行的规范管理制度约束团队成员的行事作风。

4. 公平公正地进行利益分配

创业团队在组建后,要认真地考虑公平感知的问题。要根据事先约定好的分配原则,分享创业所获得的财富,切忌因为分配不均造成不必要的冲突和误会。

5. 制定完善的绩效评估体系

"不以规矩,不能成方圆",规范绩效评估体系能够为成员的奖惩、职务调整和薪资安排提供依据,能让每位团队成员及时了解自己工作的实际效果,最终通过绩效考核明确创业团队的不足和改进方向。

6. 精简高效的动态调整

团队成员应在保证新创企业高效运作的前提下精简设置,切忌冗余,并在维护创业团队稳定性的同时,保持团队的动态协同性和发展性,保证团队的可持续发展。

二、创业团队的优化运作

新创企业如同一个新组建的家庭,需要用心经营、优化运作才能营造和谐发展的良好局面。因此,优化团队运作方法可尝试从以下几个方面入手。

(一)做好决策权限分配

创业团队内部交织着各种利益关系,需要通过决策权限分配来妥善处理,确定团队中哪些人承担哪些工作、负担什么样的责任。同时建立起完善的准入进制和退出机制,要以文件形式约定好团队成员的退出条件和后期股权转让、增股等情况下的团队成员运作方式。

(二)制定员工激励方法

因创业团队中交织的各种利益关系,需要新创企业不定期出台几款激励团队成员积极向上的规则,通过激发团队成员的工作积极性,从而提高整个团队的工作效率。最核心的是让团队目标成为最大的激励,或者通过合理的薪水激励、职位晋升激励、认可激励或适度的压力激励等在不同程度上发挥作用。

案例 3-5

猎狗的故事

一条猎狗将兔子赶出了窝,一直追赶它,追了很久都没有追到。牧羊狗看到了,讥笑猎狗说:"虽然它小,反而比你跑得快得多。"猎狗回答说:"我们两个的跑是完全不同的！我仅仅是为了一顿饭，而它却是为了性命而跑。"这话被猎人听到了，猎人想：猎狗说得对呀，如果想让猎狗帮我抓到更多猎物，得想个好法子。于是，猎人又买来几条狗，规定凡是能够在打猎中捉到兔子的，就可以得到几根骨头，追不到的就没有骨头吃。这一招果然有用，猎狗们纷纷去努力追兔子，因为谁都不愿意看着别人有骨头吃，自己没得吃。

就这样过了一段时间，问题又出现了。大兔子非常难捉，小兔子好捉，但捉到大兔子得到的奖赏和捉到小兔子得到的奖赏差不多。猎狗们发现了这个窍门，专门去捉小兔子。猎人对猎狗说："最近你们捉到的兔子越来越小，这是为什么呢？"猎狗们说："反正奖赏也没有什么太大的区别，为什么要费那么大的劲去捉大兔子呢？"

猎人经过思考后，决定不再将分得骨头的数量与是否捉到兔子挂钩，而是采用每隔一段时间就统计一次猎狗捉到兔子的总重量，按照总重量来评价猎狗在这一段时间的待遇。于是，猎狗们捉到兔子的数量和重量都增加了，猎人很开心。

但是过了一段时间，猎人又发现，猎狗们捉到的兔子变少了，而且越有经验的猎狗，捉兔子下降得就越厉害。于是猎人又去问猎狗，猎狗说："我们把最好的青春都奉献给了您，主人。但是我们会慢慢变老，当我们捉不到兔子的时候，您还会给我们骨头吃吗？"

于是，猎人做了论功行赏的决定：分析与汇总了所有猎狗捉到兔子的数量与重量，规定如果捉到的兔子超过一定数量后，即便捉不到兔子，每顿饭也可以得到一定数量的骨头。猎狗们都很高兴，大家都努力去达到猎人规定的数量。

一段时间后，终于有一些猎狗达到了猎人规定的数量。这时，其中有一只猎狗说："我们这么努力，只得到几根骨头，而我们捉到的猎物远远超过了这几根骨头，我们为什么不能给自己捉兔子呢？"于是，有些猎狗离开了猎人，自己捉兔子去了……

思考题：分析激励失效的原因，并总结设置有效激励的方法有哪些。

（三）建立绩效考核体系

根据新创企业中各个岗位的情况，并结合市场的情况和团队成员整体的情况设计量化指标，如工作能力、月度/季度目标完成度、工作配合度等，选择较为合理的考核方法，尤其要对主要的团队成员在合作能力、沟通能力、实施能力等方面进行绩效考核。

（四）营造优胜劣汰的文化氛围

在新创企业中树立危机意识，营造竞争和积极向上的团队文化，对于在绩效考核中长期落后仍无改观或者不能满足工作要求的团队成员，经过一帮一或再学习后仍没有提高的，就要采用降薪降级处置，甚至开除，以保持创业团队的整体战斗力。继续在团队中营造"比学赶帮超"的良好氛围，鼓励人人争先。

（五）持续、系统的教育培训制度

"人不学不知义"，新创企业面对目标市场日新月异的持续性变化，须要求团队成员要通过持续的、系统的教学培训制度来提高知识技能。只有这样，才能最大限度地保证团队整体的创新力处于较高水平。

三、创业团队的风险类型及防范

每当说到创业风险，大多数都会联想为创业困难、亏损，甚至是创业失败。但众所周知，创业本身就是充满风险的过程，不管是在创业构思阶段还是在发展阶段，都一定会存在变数和不确定性，因此说风险是必然存在的。只有充分地了解风险是什么，有效地规避风险，才能逐步实现创业成功。

对于创业风险，学术界尚无完全一致的定义。一般认为，创业风险即为创业者及其创业团队在创业过程中遇到的风险，常表现为创业团队价值观的差异性、创业资源的供需不匹配、偏离或未能实现创业既定目标的可能性。

在前面章节讲述的蒂蒙斯创业模型的三要素（详见项目一）中，机会是创业过程的核心驱动力，创业者及其团队是主导者，资源是创业成功的保证。机会和资源都需要创业者及其团队识别并把握，因此三要素中，最重要的还是创业团队，所以要重点考虑创业团队与创业风险之间的关系。由于团队成员的生活环境、学习背景等不尽相同，再加上创业途中会遭遇诸多诱惑，都会给创业团队的凝聚力带来严峻的考验。

现代企业越来越重视团队的力量，一个优秀的创业团队能使新创企业运营良好，随着团队成员的力量越大，团队成员的风险就越大。一旦创业团队中核心成员因某些重要问题产生分歧，引起团队成员的变化，势必影响团队的整体发展，进而产生创业风险，极有可能对企业造成强烈冲击。因此，识别创业团队的风险类型是降低创业风险的重要方法之一。

（一）创业团队的风险类型

从创业团队可能遇到的风险情况来看，将风险类型可分为个性冲突、分配不公、方向不明、丧失初心和挫折打击五种。

1. 个性冲突

在组建创业团队时，选拔团队成员的侧重点在于创业资源和创业兴趣，但团队成员的脾气秉性也是影响创业幸福感的重要因素之一。众所周知，创业风险很大，困难很多，挑战很难，每一次遇到不同程度的创业压力时，团队成员很容易暴露出自己的性格缺点，甚至在很多场合会爆发吵架、冷战等个性冲突，久而久之，"一家人"不再像一家人，创业团队就和平解散了。

2. 分配不公

"不患贫而患不均，不患寡而患不安"。团队成员在创业初期都是共过患难的，彼此都是惺惺相惜的，但随着创业收益的增加，越来越多不透明的"好处"浮出水面，这些"好处"原本应该充公，但是团队成员本着"主人翁"的想法就收为己用了。此外，由于在创业初期，对于后期分配、股份追加或者撤资等情况未明确规定，出现分配不公的情况，也会引发创业团队遭受巨大风险。

3. 方向不明

每家企业在创立之初都有自己的主业，但创业过程中接触越来越多的人、事、物，从而导致创业团队不断扩充业务领域，造成发展方向不明，具体如下。

花心——新创企业有了可观的创业收益后，不再专注于主业，不再像以前那样辛苦，想找点轻松又赚钱的项目，想法是好的，但是发展方向未考虑企业的经营能力和企业实力，往往会导致创业失败。

多动——新创企业觉得船小好调头，就经常改变经营目标。例如2020年新冠肺炎疫情暴发，口罩货源紧缺，团队成员就加紧生产口罩；后来发现酒精免洗洗手液更符合市场发展趋势，就改生产免洗洗手液。这并不是产品的系列化，而是削弱了企业的专业性和品牌专注度，使创业团队处在风险的风口浪尖上。

外强中干——新创企业有了可观的创业收益后，肆意扩张，虽有跨界发展的态势，但主副业不分，造成拆了东墙补西墙的情况，听起来团队创业很成功，但大都是打肿脸充胖子。

4. 丧失初心

在创业初期，大多数团队成员都能做到开源节流、勤俭节约。但是有了可观的创业收益后，有些团队成员就觉得多花一点也无所谓，苦尽甘来，"多年媳妇熬成婆"，开始挥霍浪费，从而造成虽然企业在挣钱，但最终利润却越来越少的局面。

此外，当新创企业初具规模、小有成就时，团队成员追求财富的欲望膨胀，甚至部分团队成员会有好大喜功的倾向，一度追求知名度、市场占有率，而不考虑稳中有升。这种好大喜功的畸形心态，很可能会使得新创企业遭受灭顶之灾。

5. 挫折打击

新创企业之所以在创业浪潮中勇往直前，是因为团队成员具有不怕苦、不怕累的创业精神。但在创业中，所遇到的困难和挫折是无法预料的，例如资金链断裂、产品质量问题、市场不景气等，在这些挫折面前，团队成员可能会心灰意冷，停滞不前，就地解散团队，甚至还未到山穷水尽之时，就有团队成员按捺不住外部的诱惑，从而导致新创企业遭受巨大风险，可能造成致命打击。

（二）创业风险的防范

创业不可能没有风险，特别是大学生创业团队在资源和经验欠缺的情况下，在创业过程中遭遇创业风险是必然的。风险固然可怕，但每一次遭遇风险的过程也是不断克服困难、面对风险并妥善处理风险的全过程。因此，在日常生活中要培养创业团队对风险有相对充分的认知和敏锐的观察，可以从以下三个方面入手。

1. 充分认识＋科学分析

目前，我国实施的是积极的创业就业政策，对各类创业团队采取鼓励措施，如自主创业税费减免、小额担保贷款，甚至在各类技术或者培训等方面，尤其对大学生创业团队提供了一大批鼓励政策，为创业营造了最适宜的环境，因此创业者要对创业环境有充分认识，采用科学合理的方法对创业环境进行评估，对国家的政策导向、宏观经济环境、行业扶持力度、人口消费偏好等问题进行全面、系统、理性的分析和评估，以便能及时识别出在创业过程中可能遇到的各类风险，进而做好应对。

2. 敏锐洞察＋理性预测

万事万物都遵循一定的发展规律，同时事物之间是相互联系的，甚至还会产生"蝴蝶效应"，因此，在创业过程中，可以通过观察团队遇到的变化而预测可能存在的潜在风险。创业团队成员还可以尽可能利用知识、经验和资源，通过科学的方法对潜在风险的类型以及不利影响等进行敏锐洞察和预测，做到心中有数，并做好相应预案。

3. 镇定应对＋合理管控

由于风险的不可规避，经过充分认识、科学分析、敏锐洞察后，创业团队虽然根据理性预测作出了应对措施，但是实际直面风险时，不仅仅要迅速查看风险预案是否符合风险要求，更要保持镇定，一旦发现预案与风险之间存在差距，便根据实际情况调整风险应对方案，甚至设计出一套更适合应对风险的及时性措施，以便尽可能降低创业团队的损失。

拓展阅读

从"中国式合伙"看小米团队

对于创业者来说，合伙创业是最常见的创业方式。哥们式合伙，仇人式散伙，合伙无规则无信用，核心圈层的股东神仙打架，团队很难合心合力，组织命运要么昙花一现，要么生死飘摇。

小米的合伙制创新，是基于新商业文明规则，从而回归企业本质的变革与创新。通过对企业的战略，组织与人的关系进行系统的变革与创新，通过优化组织内部环境，真正能凝聚一批有追求、有意愿、有能力的人抱团打天下，让员工变成"合伙人股东"，把小米的事业变成大家共同的事业。

根据小米"合伙"的成功经验，我们可以将合伙制的创新，即新"中国式合伙"的主要特点归纳为以下五点。

1. 老大有胸怀

早间，有过很多的媒体解读与猜测，甚至有"专家"推测雷军持有公司将近80%的股份，并据此预测雷军是中国未来首富。这也符合很多人对雷军持有股份的预期。

但实际情况是，雷军一开始只持有公司39.6%股份，加上后来用真金白银投资购买的股票与上市前股权激励增发的股票，雷军在上市前持有公司约31%股份（不考虑股权激励后稀释)。雷军一开始只拿39.6%股份,这给未来优秀人才进入预留了大量空间与余地。

2. 团队有参与感

雷军认为,"创业的过程就是拿百分之百的梦想去跟资金分享、跟最优秀的工程师分享、跟最好的市场分享、跟最好的资源分享。创业就是拼图,是分享百分之百梦想的过程"。

(1) 创业合伙人股东:"真正"的合伙。

①创始合伙人是"老二+老三",不是"小二+小三"。

如果在一个公司里,老大拿着90%的股份,剩下三四个人,每个人拿一两个点,这家公司基本做不大。因为这时候那三四个人的心态不是老二、老三,而只是"小二""小三"。

小米有"本土+海派"混搭的8人合伙人团队,除雷军之外其他合伙人最开始总共持有小米45.4%股权。其中,林斌是小米曾任总裁,持有25.4%股份。黎万强是雷军前同事,持有小米7%股份。合伙人最低也拿了6%股份。这是保证小米合伙人团队保持长期稳定的基础。

②合伙人的AB身份。

小米创业合伙人都有AB身份,即"创业者+投资人"。雷军当时对合伙人林斌说,如果你真正热爱一件事并且真正想清楚以后,投资什么都不如投资你自己。林斌一开始有犹豫,但最后还是把在微软与谷歌干了15年获得的股票都卖了,换成了小米的股票。大家都在用真金白银参与到小米事业中,与小米共荣共损。

这就是创业投名状。这次,也许会成为他们一辈子最成功的一次投资。

(2) 事业合伙人股东:参与感。

事情不是做得越多越好,重要事情做对一件就好。

小米的高管与员工,有的通过股权投资获得公司股票,有的通过股权激励获得公司股票。

小米早期有个从微软过来的工程师,对雷军说"我在微软干了6年,攒了五六十万,买不起房子,也不想买车,炒股票嫌麻烦。我天天在小米干,我对小米有信心,我能不能投资小米呀"。

小米一开始就预留了15%员工激励股权池,后来由于公司业务与人员快速扩张又加大了期权池。对于后期加入的员工,公司会给到员工三个不同选择:第一,正常市场行情的现金工资;第二,2/3的工资,然后拿一部分股票;第三,1/3的工资,然后拿更多的股票。

结果,有10%的人选择了第一种和第三种工资形式,有80%的人选择了第二种。

这种组合选择方式,一是理解每个员工对公司不确定未来看好或不看好,也理解每个人养房养车养娃面临的不同生活成本与生活压力;二是给了员工自愿选择权,不强制配股;三是愿赌服输,赚了皆大欢喜,赔了无怨无悔。每个人都为自己的自愿选择负责。

这样既缓解了员工短期的生活压力,又可以激发团队继续长期奋斗。

通过这种方式,一方面减轻了公司平时的资金压力,另一方面也让选择股票的员工获得了高额收益回报。

3. 进入有规则

小米联合创始人黎万强提到,"我看了很多公司,他只跟你说有期权,都是到了临近上市的时候,才跟你说你的期权是多少。但雷总给我们合伙人、核心员工一进来就讲明白,把很多事情都摆到台面上"。

股东一开始进入就有清晰明确的规则,包括限制性股权/期权如何成熟,退出如何处理,并通过法律文件落地到位,而不是空头承诺。"有恒产才有恒心"。这样可以解除团队后顾之忧,全力以赴投入创业。

4. 退出有信用

在创业初期,大部分合伙人都是奔着"志同道合、同甘共苦、全力以赴、白头偕老"参与创业的,但是,由于主观或客观原因,过错或非过错原因,合伙人有进有出也是创业中正常的一部分。

如何处理退出合伙人的权益?实践中有不同做法,有的约定回购,有的约定附条件保留,有的约定综合考虑离职原因与历史贡献由公司保留回购主动权。

事先互相认可并达成共识的一纸协议,胜过事后的一箩筐道理,好聚好散。

与小米类似,"腾讯五虎"也已经有"四虎"退出日常经营岗位,第二代经营团队刘炽平与张小龙已经实现平稳过渡。

在创业10周年,阿里巴巴"十八罗汉"也从公司集体辞职重新竞聘上岗,公司从第一个创业10年的"创始人时代"进入第二个创业10年的"合伙人时代","十八罗汉"只剩下6人还在合伙人团队,大量新鲜血液进入阿里合伙人团队。

创业元老们光荣历史贡献被认可,新鲜血液们有活力、有动力继往开来推动公司滚滚向前。基业长青,互相成就。

相比兔死狗烹、卸磨杀驴的方式,有规则有信用地退出与新老股东共赢的动态调整,这何尝不是一种新的组织生产关系与新商业文明。

(材料来源:互联网 https://www.sohu.com/a/352214105_120108618)

实践训练

通过访谈、调查你身边的大学生创业团队,看看他们的团队角色分工,并了解他们都具备哪些创业素质能力。

项目小结

项目四 创业模式

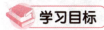

学习目标

(1) 掌握创业模式的内涵。
(2) 熟悉创业模式的类型。
(3) 了解每种创业模式类型的优缺点。

思政联结

习近平总书记给第三届中国"互联网+"大学生创新创业大赛"青年红色筑梦之旅"的大学生的回信

实现全面建成小康社会奋斗目标,实现社会主义现代化,实现中华民族伟大复兴,需要一批又一批德才兼备的有为人才为之奋斗。艰难困苦,玉汝于成。今天,我们比历史上任何时期都更接近实现中华民族伟大复兴的光辉目标。

祖国的青年一代有理想、有追求、有担当,实现中华民族伟大复兴就有源源不断的青春力量。希望你们扎根中国大地了解国情民情,在创新创业中增长智慧才干,在艰苦奋斗中锤炼意志品质,在亿万人民为实现中国梦而进行的伟大奋斗中实现人生价值,用青春书写无愧于时代、无愧于历史的华彩篇章。

习近平

2017 年 8 月 15 日

习总书记提出,创新始终是一个国家、一个民族发展的重要力量,也始终是推动人类社会进步的重要力量,惟创新者进,惟创新者强,惟创新者胜。党和国家领导人十分重视我国自主创新能力的提高,把提高整体国际竞争力当作中华民族生存和发展的头等大事来抓,说明了其重要性。如今,中国开始由中国制造逐渐转向中国创造,实现这一目标的基础,是需要建立创新型国家,需要培养大量的创新型人才。中国革命的先行者孙中山先生曾说:"青年强则国家强。"学生强,则中国旺,中国的希望在青年,青年的希望在学生。如今的中国迫切需要具有创新能力、观察事物能力、发现事物以及解决能力的大学生,而现在的中国市场,也迫切需要能说、能写、能做、能设计、能创新的一大批创新型的人才。

大学生的奶茶店

大学生小刘刚从部队退伍复学，得到了一笔不小的退伍金，该拿这笔钱怎么用呢？小刘决定，要自主创业，用这笔钱赚到人生的第一桶金。思来想去，他认为现在奶茶生意很火爆，不如在校园里投资一家奶茶店，成本低、门槛也不高，学业和创业可以两手抓。经过市场调研和考察，小刘发现，校园里竞争对手有几家平价饮品店，如蜜雪冰城、七分芒、吾饮良品，都集中在校园新食堂，而老食堂则没有饮品店。于是他将经营地点定在了校园的老食堂。可令他为难的是，他考察的几家奶茶店的加盟费都非常高昂，远远超过他持有的资金，如果要加盟，就必须向亲友筹借。但加盟商可以提供技术指导、市场评估、盈亏分析、店面设计以及生产机器、配方等的支持，非常省心，并且有品牌效应，收入预期较好。如果不加盟，自己寻找或学习奶茶生产技术和售卖方法，可以省下一大笔加盟费，但前期需要投入大量的时间、精力在开店准备上，前期投入小，但风险较大。小刘一时间难以抉择。

思考题：你觉得大学生小刘应该如何选择？为什么？

创业市场商机无限，有机遇也有风险，对于资金、经验、能力有限的大学生创业者来说，并非"遍地黄金"，大学生创业要根据自身特点，找准"落脚点"，才能闯出一片适合自己的新天地。

任务一　创业模式概述

创业模式是指创业者为了保障自身的创业理想与权益，而对各种创业要素的合理搭配。大学生创业模式，是大学生为达成其创业目标而立足自身基础整合各种有利因素而成的一种终端组合。创业者自身资源禀赋以及外部商业机会均存在显著差异，创业者创业的组织模式、进入行业以及战略路径选择的不同，形成了内部资源与商业机会结合的不同方式，最终形成不同的产品、服务和信息流体系，由此便构成特定的创业模式。

大学生创业受到不同的内外部制约因素的影响。内部因素包括创业者特质和内在资源禀赋、创业机会识别能力、整合资源能力、商业化运作能力等。这些能力的强弱都会影响创业者的倾向和创业方向。外部因素包括创业门槛、创业政策支持强度、资金可获得性、环境友好性、发展的持续性等。外部制约因素也会影响创业者的倾向和创业方向。

案例 4-1

短命的街头小吃品牌

说起土掉渣烧饼相信不少人都不会陌生，曾经这种被称之为中国式披萨的烧饼也是风靡过全国的，不过土掉渣烧饼也只是在一段时间内比较受欢迎而已，当时的一时火爆造成了许多人开始加盟这一品牌,但是好景不长,一段时间后,土掉渣烧饼的市场逐渐萎缩,导致不少经营商家倒闭。

为什么土掉渣烧饼会倒闭？从2006年夏天开始,一股土掉渣烧饼热卖的旋风从西刮到东,横扫了重庆、武汉、杭州、宁波等近半个中国的数十个城市。一时间,这种被称作中国式比萨的风味小吃引发了争购热潮,几乎每个小小的店铺前都排起长队。加盟创业者非常看好这一品牌,甚至认为是"中国街头的麦当劳",纷纷加入创业行业。

然而,好景不长,仅时隔数月,在杭州、宁波等地土掉渣烧饼店已是门庭冷落,其加盟方式在一些地方甚至被指为是传销变种。其一时火爆,是商家通过差异化办法开拓出一片细分市场。这种土得掉渣却带着浓厚乡土气息的烧饼,在口味上与通常的烧饼不一样,引起人们尝鲜的兴趣。只开一个窗口,等候的顾客就代表人气,人气有着连环的吸引力,进而激发了人们的消费欲望,使烧饼店门前的顾客队列越来越长,生意也随之得以相对持续火爆。但是,当人们吃了第一口烧饼,感觉到不过如此而已,在满足好奇心以后,就不会再去买第二个,这样市场就会逐步缩水。加之,土掉渣品牌商只是转让技术,不注重对加盟商进行经营上的严格管理、规范和监督。这样,一旦加盟商出现问题,负面效应就会波及到所有店面乃至整个品牌。细心分析近几年流行的小吃,从鸭颈王到巴比馒头,再到土家掉渣烧饼,无不走了这么一条道路:一炮走红,一哄而上,一塌糊涂,一哄而散。

麦当劳、肯德基屡创特许加盟商业神话,给我们有益启示。他们将小小一块炸鸡做成知名的世界品牌,奥秘恐怕不在于炸鸡的味道,而在于管理的标准化,在于对品牌精益求精、一丝不苟的经营。譬如,洋快餐在发展连锁加盟时不仅要考察选址、加盟者资质,还要考虑到当地的市场密度,并保密配方,从管理到技术给予分店指导,保证了整个品牌的有序发展。土家掉渣烧饼要想真正成为中国式比萨,需要商家借鉴肯德基、麦当劳的经验教训,精心经营品牌,提高现代管理和营销水平。

(资料来源:https://www.66152.com/article/202104/68974.html)

任务二　大学生创业模式的类型

大学生在创业之初,先问自己几个问题:我是否计划用在校的几年时间进行创业？我的个人精力可否顾全学习与创业？我想创业是因为生活的压力,还是为实现自己的理想？我是否有创业成为大型企业的明确目标,还是走一步看一步？我是靠勤奋与努力创业,还是依赖我所掌握的知识技能优势？我是否有可利用的人脉优势帮助我创办企业,还是发现了难得一遇且适合自己的商机？单枪匹马的创业更适合我,还是团队创业更适合我？

下面,我们就一起来学习六种大学生常见的创业模式。

一、自创型

创业最基础、最典型的模式就是创办一个全新企业,这是你运用自己的创意,并将它发展成一个可以盈利的、成长性的企业。当你办理完新企业工商登记注册时,你就拥有了自己的公司,成为自己的老板,你的创业也就真正开始了。与其他模式相比,白手起家,从无到有,创办新企业面临的工作会更多,比如进行工商登记注册、选择合适的商业模式、资产的管理方式、企业的选址、团队组建等。虽然面临的问题多,但也意味着你将会亲力亲为每一个细节,获得更大的学习成长机会。毕竟,作为商人,每一个细小的经营细节若没有亲自把关,都会成为风险所在。因此,创办新企业的成就感是其他创业模式无法比拟的。

自创型创业模式的优点是自主性较强,没有人员和债务的包袱,可以轻装上阵;缺点是前期资源投入较大。

案例 4-2

自己当老板——"罗小馒"红糖馒头

相信很多云南人都知道甚至尝过"罗小馒红糖馒头",这个蒸好后会自然"开花"的养生红糖馒头受到很多消费者的喜欢。然而,很多人不知道,它的创始人竟是一位 90 后小伙——罗三长。

罗三长出生于江西赣州。2008 年,父亲的去世,让他不得不担起家庭重担,但是学业不能荒废。于是,在高中时期,他就走上了边学习边创业的艰苦之路。最初他成立了一家劳务派遣公司,利用假期带队外出东莞打工,历经几次挫折后,积累了社会经验及创业经验;还在新东方学习过烹饪,拿到了新东方二级厨师证,这为之后创立"罗小馒红糖馒头"品牌打下了坚实的基础。

2014 年,罗三长被云南大学滇池学院录取。换了地方换了环境,之前高中时期打下的创业基础施展不开。在不影响学业的情况下,他只能另谋出路。他在学校食堂盘下一家店,开创了水果盖饭,一经推出,就受到同学们的喜爱。但新奇劲一过,生意慢慢下滑,这让罗三长不得不重新审视自己的创业规划。罗三长考虑到学校里的学生都是来自全国各地,能符合大众口味的吃食当中最普遍的是馒头。然而大家平时吃的大部分是白馒头,没有特点,毫无竞争力。经过市场调查他发现,沿海一带包括台湾,爱吃甜食,会在馒头里加糖,有的加白砂糖,有的加红糖。于是,他开始自己研究做红糖馒头,但始终不对味。2015 年的暑假,他决定去台湾"取经",在学习到台湾制作红糖馒头的技术后,他自己又创新配方,经过 100 多次的试验,终于做出适合大多数年轻人口味的红糖馒头。2015 年 11 月,首家"罗小馒红糖馒头"店在云南大学滇池学院正式开业。

二、大赛型

大赛型创业即利用各种商业创业大赛获得资金和商业平台，完成创业的起航。大赛型创业的最大优势，就是在校园中就可以参与比赛、获得各级培训资源、教师的指导，不仅能够最大限度地避免创业与学习生活的冲突，还有益于学业和个人的发展，即使已经走出校园，一般来说，毕业5年内的学生仍然具有参赛资格。同时，在校期间的创新创业大赛，大都是官方主办，渠道正规，且邀请的企业家、投资人都愿意为青年创业者提供建议或帮助，甚至投资。可以说，大赛型创业模式失败成本低，能节约创业时间，还能够快速为创业累积经验，是最适合大学生的一种创业模式。

目前国内最主要的创新创业类大赛主要有挑战杯、互联网＋等比赛，举办至今无数大学生创业项目脱颖而出，被称为大学生的创业孵化器。在这些比赛中，创业者们可以寻找指导教师，和志同道合的伙伴组建创业团队，学习并实践整个创业初期事务，熟悉创业程序，灵活运用创业知识，积累创业经验。对于创新程度高，可应用性强的项目，还能够利用大赛平台得到融资。对于专业知识程度高的大学生是一种利好的创业模式。

大赛型创业模式的优点是平台正规，与学生专业结合，国家政策支持力度大；缺点是需要长时间培育，不能立刻产生回报。

案例 4-3

从校园走向全国的生意经——"罗小馒"故事后记

"罗小馒"品牌在校园受到同学们的认可后，创始人罗三长萌生了一个想法：参加学校每年一次的创新创业大赛。这样既可以得到专业指导，又可以把校园中的"小打小闹"，借助专业平台，变成真正的"生意经"。

2017年，经过省赛、国赛，"罗小馒红糖馒头"项目在第三届"互联网＋"大学生创新创业大赛中获全国金奖。罗三长介绍："我们之所以能打败科技项目、文化项目，是因为我们用了互联网产品思维和工匠精神去做。考虑的不是如何卖出去最多，而是怎么让消费者喜欢。"通过创业大赛，罗三长的红糖馒头渐渐有了名气，"罗小馒红糖馒头"店开进了云南省多所大学。目前，云南省内外的自营店和加盟店近200家，直接带动了千余名大学生、下岗职工就业。

"我做的不仅仅是馒头，而是有温度的馒头。"罗三长说，他经常到各所高校免费给大学生讲创新创业课程，想通过自己的经历及社会资源，帮助想要创业的大学生们。罗三长介绍，目前"互联网＋"大学生创新创业大赛中金奖项目有100多项，但真正能拿到投资、能落地的项目却很少，难以实现经济效益和社会效益。为了能帮助这些项目"活"起来，并且"活"下去，就需要一个平台，一个能找项目、找投资的平台。而罗三长和相关协会正在做的就是这件事，他不仅仅要做大学生创业扶贫，他还将成立"罗小馒奖学金"，用于支持像他一样的贫困学生上学。

罗小馒红糖馒头项目视频

案例 4-4

"苯并恶嗪"的中国故事

"苯并恶嗪。"这几天,第四届中国"互联网+"大学生创新创业大赛的路演中,西南石油大学博士生、科宜高分子项目负责人邢云亮举着手机,向很多人"科普"了这一名词。这个国产手机电路板都会用到的材料,在20世纪90年代就已经被她的老师、四川大学高分子科学与工程学院教授顾宜研究出来,但是多年来一直尘封在实验室中。

邢云亮告诉中国青年报·中青在线记者,目前高端电子材料领域使用的新材料大多是国外发明的,但是苯并恶嗪却是地地道道的中国货。邢云亮表示,尽管苯并恶嗪应用场景广泛,但一开始国内的厂商并不感兴趣,让其爆红的却是美国苹果公司。因为人们发现苹果手机里使用了苯并恶嗪,国内公司才开始跟进。她的项目凭借中国制造与中国技术,借助于"互联网+"大赛,让投资人和专家学者产生了浓厚的兴趣。

三、网络型

现在网络型创业,已经成为一个极具吸引力的创业模式,很多在校大学生利用课余时间在网上开店,不仅为将来创业道路打下基础,也赚到了人生的第一桶金。

网络型创业模式之所以广受创业者追捧,是因为它的特点非常适合刚接触创业、资金不多、希望快速回本的创业新手。

第一,启动资金少。对于一项线下创业项目来说,场地租金是一笔非常大的开销,而网络创业将这前期投入节省了下来,只收取极低的租金或免费就能够在网上开店,收取少量的商品上架与交易费用。另外,网络创业能够根据顾客的订单去进货,不像线下商店需要支付囤货、仓储的费用。此外,网络创业更为创业者省下了店面的日常管理维护、水电开销,大大降低了创业成本。

第二,网络创业经营方式灵活。对网络创业来说,没有"下班"的概念,虽不需要人员时时看守店面,却需要创业者及时对浏览者或顾客的消息予以回复。随着移动互联网的发展,很多操作都可以由创业者在手机端完成,更便于虚拟店面的运营管理。另外,由于虚拟店面按照顾客订单进货销售,无需大量囤货,因此可以随时转换经营其他商品,或为店铺"改头换面",无需太多成本,可以说是进退自由。

第三,网络是没有边界的。线下实体店的顾客群体有地域限制,但在网上,你的产品可以借由发达的物流网络销往全国甚至全球各地,即使是小本买卖也可以做成跨境电商。网络的发达使得顾客的范围大大扩展了,也增加了创业成功的可能性。

网络型创业模式优点是启动资金少,经营方式灵活,客户不受地域限制;缺点是借助于电商平台,规模受到了限制。

案例 4-5

小本生意做成的大买卖

武汉铁路技术学院毕业生小槿是一个热衷网购、热爱时尚的小姑娘。在校时，她和多数女生一样，喜欢各式各样不同风格的手机壳，换一个新手机壳就如同换了一部新手机，带来了新鲜感。她发现，身边的同学也都和她一样，愿意花一杯奶茶的钱，为手机换一件新衣，也换一个好心情。于是，她来到武汉手机大市场——广埠屯，多方比较，寻找到了合适的供货商，在淘宝开了自己的手机壳贩售店。因为小槿独特的审美眼光和选品水准，形成了独特的店铺风格，吸引了许多年轻消费者，每月纯利可达到 5000 元左右。小槿又找到了湖北美术学院的同学，增加了"来图定制"业务，根据消费者提供的照片设计出精美的个性化手机壳，在方寸间玩出了新花样。网店的便利性让小槿得以利用课余时间和休闲时间经营，自己不仅是店主也是客服，赚取了人生中第一桶金。

20 万大学生创业"开网店" 淘宝成首选平台

中国财富网讯：根据教育部的统计，2020 年，全国普通高校毕业生 874 万人，较去年增加 40 万人。《中国大学生创业报告》数据显示，2019 年有超过 75% 的受访在校大学生具有创业意愿。在今年就业新形势下，最近，教育部也鼓励高校毕业生自主创业，并首次明确把"开网店"纳入就业统计指标。

为什么是淘宝？低门槛、商业基础设施完善，它正在成为大学生创业的起点。1 年卖 1 个亿，一般人连想都不敢想，而生于 1997 年的成都妹子张静雯，在淘宝上不声不响地做到了。2016 年，还在上大学的张静雯创立了淘宝汉服店"兰若庭"，第一年销售额就过了 100 万元，随后业绩年年飙升。如今，她淘宝店 1 年的销售额超过 1 亿元，是淘宝上汉服行业的销量 NO.1，还升级开了一家天猫店。

张静雯表示，作为一个"视觉控"，在第一眼看到汉服时，就心动了好久。后来，担任学校汉服社社长的她，在大三时冒出了一个想法："创业开家汉服店。"她花几百块钱买缝纫机做汉服，并花光奖学金找师傅批量制作，结果没有辜负她的努力：第一批 5 款汉服在淘宝上线，没花一分钱推广，就卖出了 1000 多件。张静雯说，之所以选择开淘宝店，是因为淘宝上年轻人够多，"只要做出好看好玩的东西，一定会被人发现。"今年淘宝造物节，她的店里还上新了一款可以穿着跑步的运动汉服。

数据显示，淘宝上每天都会诞生 1000 多个新奇"鬼点子"，包括汉服在内，各种小众文化、圈层都在淘宝上聚集起来。从澳大利亚回国开淘宝店的 95 后大学生黄斓曦，做了一款宠物专属奶茶，让猫猫狗狗也能体验人类的快乐，一上新就被喵星人和汪星人"爱"上了，现在店铺每个月销售额超过 40 万元。

刚毕业的大学生是怎么想的？00后的大学生长沙小伙胡为有发言权："今年就业难,开淘宝店创个业试一试。"马上大四的他开了个淘宝店卖生活家具,刚过3个月,月销售额近2万元,给了他毕业后继续做淘宝的勇气。

更多95后的中国大学生正把淘宝作为创业的首选平台。"我们正在迎来淘宝二次创业的高峰。"淘宝行业负责人张凯夫说,自从疫情以来,淘宝开店的人越来越多,每天有4万人涌入淘宝创业,而这些店主的平均年龄只有25岁。做直播、发短视频、3D购物……越来越丰富的淘宝,帮助这些年轻人找到了最好的自我展示的方式。

（资料来源：https://baijiahao.baidu.com/s? id=1674091004537840362％wfr=spider&for=pc）

四、代理经销型

代理经销型创业属于依附型创业,用通俗的话说,就是广告语"没有中间商赚差价"中的"中间商"。他们是在生产者与消费者之间参与商品交易业务,促使买卖行为实现的主体。

代理经销需要创业者专注于产品的市场营销,通过销售别人的产品来进行的一种创业。这也是初创企业广泛选择的一种创业模式。代理经销又可以分为经销商和代销商两种方式,下面来学习这两者的区别。

经销商：经销商和供货商是买家与卖家的关系。经销商通过从供货商进货,然后转手卖出,赚取中间利润差价盈利。经销商经营某种产品,会以自己的名义与供货商(厂家)签订销售合同,并预付一定的保证金,进货价随着批量购买的多少进行优惠,购进货物,取得商品的所有权,在规定的区域内,以自己的名义转售。此时产品的销售价格和销售策略都由经销商自行决定,厂家只负责提供产品,销售情况的好坏都由经销商负责。因此,经销商自担风险,自负盈亏,即风险较大,利润也较大。

代理商：代理商与供货商(厂家)之间是代理的关系。供货商(厂家)授予代理商"销售商品的代理权",代表上游企业收集订单、销售商品及办理销售有关事务,货物的所有权属于供货商(厂家),而不是代理商自己。代理商则靠供货商(厂家)给予的佣金盈利。厂家专注生产,代理商专注销售,强强联合扩大收益。汽车销售、手机销售、房产中介,甚至朋友圈中的"微商"都是采取这样的模式。

代理经销型创业模式的优点是不需要创业者开发、设计产品,只需要将精力放在市场营销、推广产品的问题上；缺点是自主性较低,不利于创新性发挥。

经销商和代理商最大的不同是什么？

正因为这个最大的本质区别,经销模式与代理模式有以下几个特点:

(1) 经销商"善变",代理商"不变":经销商随市场调控价格,代理商无权改变价格。因为经销商在商品的销售方式和定价上拥有自主权,可以加价或降价销售,如商品需求量大而货源少时,经销商可以自行提价,赚取更多利润。代理商没有太多的经营压力,必须按供货商价格售卖,只赚取提成。

(2) 经销商"花心",代理商"专一":经销商可以多品牌经营,而代理商一般只能代理单个品牌。对于同类商品,比如卫浴用品,一个经销商可以经营多个品牌,如九牧、TOTO、科勒,为的就是占有当地市场。但代理商就只能代理单个品牌。

(3) 经销商"长情",代理商"简爱":经销商需要为商品提供附加服务,而代理商的职能相对有限。经销商为了让商品更好地售卖出去,需要提供很多配套的服务,这也是消费者所看重的核心价值。比如售卖家具产品时,商品的配送、安装、保养、维修等。而代理商一般不提供服务,甚至对于商品的质量都不予保障,全由供货商(厂家)承担。

案例 4-6

被炒出天价的华为

2020年9月15日,美国对华为的新禁令正式生效。在此之后,台积电、高通、三星及SK海力士、美光等主要元器件厂商将不再供应芯片给华为。这意味着,华为可能再也买不到利用美国技术生产的芯片、存储器。面对美国的"卡脖子"政策,华为芯片断供危机开始发酵。华为消费者业务CEO余承东首次承认"麒麟9000将成为麒麟高端系列的绝唱"。也就是说,麒麟系列芯片受到美国芯片禁令的影响,将彻底无法设计、生产。

这一事件也导致了2020年下半年,华为手机价格在市场上出现了短时间的波动。华为官方直销渠道因为芯片紧缺,对于部分产品采取了每日限量发售政策,一些经销商开始大量囤货,抬高物价:先是囤货造成市场资源短缺的假象,然后再高价出售手机,形成了极大的溢价现象。由消费者反映,在华为官方渠道购买手机,HUAWEI Mate 40根本就是一机难求,而其他的经销店则溢价700~800元,全部都是次日达、现货充足,也有人直言HUAWEI Mate 40 Pro甚至有加价四五千的商家。

小贴士

各位同学一定要注意:代理商如果不以实物贸易为主体,而以"人拉人"赚取人头费的方式推进业务,就是违法的传销,就是诈骗。同学们在创业时,一定要注意甄别,以防掉入精心设计的陷阱。

中国芯片技术和产业的短板最终还是需要中国人踏实创新来解决

"不停止、不暂停、一起努力!"2020华为开发者大会上,华为以这样的开场白透露出意味深长的信息。

时间回到2019年5月16日,美国商务部以国家安全为由,将华为及其70家附属公司列入管制"实体名单",禁止美国企业向华为出售相关技术和产品。封杀令一出,世界哗然。时隔一年,2020年5月15日,美国商务部发布公告,严格限制华为使用美国技术和软件在美国境外设计和制造半导体。而就在3个月后,美国政府再次发布新禁令,对华为的打压继续升级。此次禁令的核心在于,任何使用美国软件或美国制造设备为华为生产产品的行为都是被禁止的,都需要获得许可证。

新禁令切断了华为寻求与非美企供应商合作的道路,进一步封锁了华为获得芯片的可能性。自家设计的不给造,别人生产的不给买,直接把华为逼入了"无芯可用"的困境。

"因为没有中国芯片制造业能支持,我们面临着没有芯片可用的问题。"2020华为开发者大会上,华为消费者业务CEO余承东坦言,"现在唯一的问题是生产,华为没有办法生产。中国企业在全球化过程中只做了设计,这也是教训。"

正是由于没有独立的芯片制造,华为才显得如此的被动。为何芯片如此重要,我们为什么不能制造高端芯片呢?

芯片作为智能电器的核心部件,一直充当着"大脑"的角色。从电脑、手机,到汽车、无人机,再到人工智能、脑机接口等,芯片可谓无所不在。芯片体积微小,制造却极其复杂,这包括一个庞大而复杂的产业链,整体上可以分为设计、制造、封装、测试四大环节。在封装、测试方面,中国已经处于世界领先地位。依托庞大的下游市场,中国近年来在芯片设计领域同样发展迅速。然而,设计电子芯片必需的软件EDA则被3家美国公司Synopsys、Cadence、Mentor高度垄断。据统计,这3家公司共计垄断95%以上的中国芯片设计市场,而中国最大的EDA厂商只占1%的市场份额。

对于目前中国的芯片困境,中国工程院院士邬贺铨表示:"我国芯片受制于人,其中最大的原因是我们的工业基础——包括精密制造、精细化工、精密材料等方面的落后。"

芯片这一劫数,渡得过是"机",过不了则"危"。此前,为了应对美国对华为的技术打压和封锁,华为已经悄然启动了一项名为"南泥湾"的项目。该项目意在制造终端产品的过程中,规避应用美国技术,以加速实现供应链的"去美国化"。该知情人士还透露,华为之所以用"南泥湾"命名这个项目,背后的深意在于"希望在困境期间,实现生产自给自足"。目前,华为"去美国化"已经取得了一定进展。据介绍,去年美国宣布制裁以后,华为发布的首款旗舰手机器件国产率不到30%,而2020年发布的P40旗舰机,器件国产率已超过86%。在被制裁期间,华为已完成从推出鸿蒙OS迭代至鸿蒙OS 2.0,HMS(Huawei Mobile Service)成长为全球第三大移动应用生态的转变。

"曾经,我们在很多方面,希望能够用更省事的办法解决问题,所谓'造不如买,买不如租'。实践证明,核心技术是买不来的。中国芯片技术和产业的'短板'最终还是需要中国人踏实创新来解决。"中国工程院院士、中国科学院计算技术研究所研究员倪光南表示,从这个意义上来说,华为事件是全民的"警醒剂"。

2020年起,在美国的多项对华制约政策背景下,我国加快了发展自有核心技术的脚步。过去,只有航空航天、超级计算机、高铁、卫星导航系统等使用"中国芯";现在,手机、笔记本电脑、智能穿戴设备等,也已经部分使用国产芯片。实践证明,关键核心技术是买不来、讨不来的。只有把关键核心技术掌握在自己手中,才能从根本上保障国家经济安全、国防安全和其他安全。眼下,中国芯片产业正在进行一场没有硝烟的战争,这一仗的胜负,要放在十年乃至更长时间来评估。

我们不要怀疑华为战胜困难的决心,而且也不要低估了中国科学家的能力和韧劲。对于华为来说,这毫无疑问是痛苦而艰难的时刻,但这或许也将成为华为,乃至整个中国芯片产业涅槃的开端。

(资料来源:http://www.ccdi.gov.cn/yaowen/202009/t20200916_225696.html)

五、加盟型

特许经营中有两个角色需要大家了解,一个是"特许人",即拥有商标、商号、产品专利技术、经营模式等的企业,也就是依附的对象。而依附型企业的创业者则是依附者,被称为受许人/被特许人/加盟者。特许经营的模式就是特许人将所拥有的资源以合同的形式授予被特许人,被特许人按照合同在特许人的统一模式下从事经营活动,同时向特许人支付相应费用的一种模式。

这种经营模式对依附者的优势在于:一是分享了特许者的品牌效应,节约了加盟者建立品牌的时间成本和相应投入,收获了稳定客源;二是可以直接获得特许人已经成熟的经营管理经验、操作流程等,提高了专业服务能力和水平;三是得以收益最大化,从特许人处大批订购产品原材料等,能够获得最优价格。

当然,特许经营的好处是相互的。对于特许人来说,看似是持续不断的协助加盟商提高了创业成功的可能性,实际上,特许人企业经营的财政风险也被大大降低了,每一处的加盟店都是由加盟者自行投资,自负盈亏,使得特许人的投资成本和风险都降低了;另外,特许人通过这种独特的创业模式,使得特许和受许双方成为利益共同体,相当于利用别人的资源扩大了自己品牌的影响力,让自己的事业得到了发展;其三,特许人资金利用率得到了提高,不再需要大笔资金投入在门店经营中,从而使得他们得以集中资源投入到更能够盈利的项目上。

因此,整体来看,特许经营就像一张网络,让特许人最大程度地将加盟商串联起来,成为利益共同体,实现利益最大化。这个网络是基于某个初始地点建立的成功企业,然后在其他地方进行连锁扩张,每个地点的门店都使用统一的公司名称、运营系统、采购程序、操作标准、管理系统,每个门店都共享品牌广告宣传的好处,并获得不同级别和类型的特许支持。

加盟型创业模式优点是在一定程度上规避了市场竞争压力,能得到稳定的供销渠道;缺点是自主性较低,不利于创新性发挥。

案例 4-7

"7-11"便利店模式

"7-11"便利店公司是世界上最大的便利店特许经营组织,自1992年底,该公司在全世界22个国家和地区拥有13590个分店。在我国深圳,该公司自1992年起就开始以自营的方式开展业务,并以出售区域特许权的方式在中国开展特许业务。

1. 为分店着想的特许制度

"7-11"便利店的店铺营业面积按总部统一规定,基本上为100平方米。商店的商品构成为食品75%,杂志、日用品25%。商店的商圈为300米,经营种类达300种,都是比较畅销的商品。另外总部每月要向分店推荐80个新品种,使经营的品种经常更换,能给顾客以新鲜感。商店内部的陈列布局由总部统一规定、设计。商店的建设管理遵循4项原则:①必须商品齐全;②实行限度管理;③店内保持清洁明快;④服务亲切周到。这4项原则就是"7-11"便利店成功的秘诀。

"7-11"便利店公司成功的特许制度包括以下内容:

(1) 培训受许人及其员工。"7-11"便利店公司为了使受许人适应最初的经营,消除他们的不安和疑虑,在新的特许分店开业之前,对受许人实行课堂训练和商店训练,使其掌握POS系统的使用方法,以及接待顾客的技巧和商店的经营技术等。另外总部还应店主的要求为提高员工、临时工的业务经营能力,围绕商店运营、商品管理、接待顾客等内容集中进行短期的基础训练。

(2) 合理进行利润分配。毛利分配的原则是总部将毛利额的57%分给24小时营业分店,16小时营业的为35%,其余为总部所得。商店开业5年后,根据其经营的实际情况,还可以按成绩增加1%~3%,对分店实行奖励。如果毛利率达不到预定计划,分支店可以保证得到一个最低限度的毛利额,以保证其收入。

(3) 给予多项指导。总部对分店进行开业前的市场调查工作,并从经营技巧培训、人才的招募与选拔、设备采购、配货等方面对分店给予支持。总部还指导分店的日常经营、财会事务等工作,并负责向分店提供各种现代化的信息设备及材料。

2. 加入"7-11"体系的程序

(1) 公司接待潜在受许人:负责接待的总部人员,为了能使来访者成为受许人,向他们仔细介绍公司特许权的情况,并与之认真协商。

(2) 介绍"7-11"便利店的详细情况:包括:调查店址,为确定能否作为分店的经营场所,总部要进行商圈、市场等方面的详尽调查,并将搜集的数据认真加以分析、研究;说明特许合同的内容,就特许权的各项内容和规定逐条解释说明;签订特许合同,在申请人充分了解了业务内容和合同内容,并决定加入后,正式签订合同。

(3) 商圈的设计与装修:设计部门详细研究了顾客的经营对策后,设计商店装修方案。

(4) 签订建筑承包合同：商店设计完成后，总部负责介绍建筑施工公司，并负责签订建筑承包合同，同时协助进行融资。

(5) 准备开业：在施工的同时，订购各种设备和柜台，并进行店内布局设计和促销准备工作。

(6) 店主培训：就开业所必需的准备事项、计算机系统的操作管理、商店运营技巧等，对店主进行培训指导，使其真正掌握。

(7) 开业前的商品进货及陈列：总部有关人员会亲临商店，选择供应商提供供货信息，传授陈列技巧。

(8) 交钥匙：在开业前一天，将商店的钥匙与竣工证书一同交给店主。

(9) 开业：将开业的广告宣传品通过各种途径发放。

(10) 开启信息系统：连通商店的计算机终端与总部的主机，指导支持商店的运营。

(11) 现场支持人员对各分店进行巡回指导：及时对巡回过程中发现的分店经营中可能出现的问题进行协助解决。

六、收购型

自主创业，有时候不必从零做起，可以通过收购一家正在运营的企业来完成。该企业可以是赢利的，也可以是不赢利的。

当你选择收购一家目前赢利的企业时，应该关心预收购的这家企业的持续赢利能力，以及与该企业赢利记录具有紧密联系的购买出价。对一家赢利企业价值进行评估的方法一般是：基于过去三年的利润和今年的折扣现值，设想今后三年的利润。这种方法意味着期望三年内回收投资。

你也可以选择收购一家目前运营不好的企业。不过，选择收购目前亏损的企业具有很大的风险，但是，与风险相对应，如果做得成功，可能获得更好的回报。另外，选择收购目前亏损企业的前提是，相信自己已经发现了企业的问题，并且相信自己可以通过知识和智慧扭亏为盈。

收购企业时，谈判中的出价取决于这些资产对你来说所意味的价值。除了资产价值之外，还要对存货按其成本大小（不是零售价格）和流通性来购买。可将存货划分成易销存货、滞销存货、死货三类。首先，不应为他人的错误（如死货）而付款；对于滞销存货，可按其成本的 50% 出价；而对易销存货，可按其成本出价。

还需要注意的是，当你决定收购一家企业时，实际上是在假设你准备接手承担该企业对现有客户的责任。

收购型创业模式的优点是节省创办新企业的时间和精力；缺点是前期需要大量资金投入，风险与收购对象的经营状况有直接关系。

案例 4-8

蛇吞象——经典的小公司收购大公司案例

从 2019 年 11 月 5 日提出第一次收购开始，施乐公司以现金加股票的方式至少四次向惠普提出收购，并且价码一次比一次高。最后的一次就是在 2020 年 3 月 6 日，同样的结果再次发生：惠普拒绝了施乐的收购邀约，这次施乐的出价达到了 350 亿美元，惠普的拒绝理由仍然是公司价值被低估。

施乐为什么要执着于收购比自己体量大这么多的一家公司呢？根本原因是为了自己公司的进一步发展，主要基于两个方面：惠普打印机业务的营收、整体营收、19 年第四财季盈利各个方面低于预期；施乐想通过合并节省开销、增加利润率，最终改善经营状况。

问题是，惠普市值为施乐市值的 4.5 倍还多（前者 308.74 亿美元，而后者只有 67.37 亿美元），收购比自己规模大的多得多的公司，有可能吗？

吃瓜群众会认为施乐是痴人说梦。可在专业人士看来，这事儿虽然很难，但也并不是不可能。毕竟"蛇吞象"这种案例发生过很多。

吉利收购沃尔沃

说到吉利汽车集团，想必同学们都耳熟能详了，近些年来，吉利汽车越做越大，越做越强，已经连续七年跻身世界 500 强企业名单，是我国当之无愧的第一民营车企，这对于 1997 年创办，而在当时还是名不见经传的小车企而言，无疑是一段神话。

2010 年是吉利汽车集团转折的一年，这要从吉利当年用 18 亿美元收购了沃尔沃说起，18 亿美元当时对于相对来说还是小企业的吉利来说简直是个大数字，而 10 年过去了，现在吉利赚了多少钱呢？

当年瑞典著名豪车品牌沃尔沃由于在本土效益不好，进而归到了美国汽车巨头福特公司的旗下，但是惨淡的销售状况并没有改善，而且还越来越严重，市场占有率严重缩水，最后福特公司没有办法决定抛售沃尔沃。这时在中国还是小车企的吉利集团看到了这个契机，最终经过几轮协商，双方拍板定下吉利集团以 16 亿美元现金和 2 亿美元的银行票据来完成对沃尔沃的收购，即便是这 18 亿美元，吉利集团当时也是绞尽了脑汁才凑够的。2010 年 8 月，吉利正式完成了对福特旗下沃尔沃轿车的完全收购，当时沃尔沃的年销售额为 147 亿美元，而吉利的销售额仅为 42.9 亿人民币，折合 6 亿美元左右，要知道，当年沃尔沃的亏损就是 16.9 亿美元，比吉利两年的总收入都多。

而如今，收购沃尔沃之后，吉利汽车集团真所谓"开挂了"，相继推出了吉利自由舰、远景、帝豪、星越等品牌，一举变成了中国第一大民营车企，销售量一路飙升，而其旗下品牌沃尔沃也在吉利的带动下，在国内和国际上卖的也越来越好，影响力不断加大。当初，吉利收购沃尔沃花了 18 亿美元，而现在的沃尔沃市值已高达 180 亿美元。吉利集团的市值也比当时翻了将近 52 倍，真的可以说是段神话了。

> 对吉利来说，这次"蛇吞象"收购案可以用两个字概括：血赚！而对福特来说也是两个字：赔惨！
>
> （资料来源：https://baijiahao.baidu.com/s?id=16608418579366048884％wfr=spider&for=pc；https://baijiahao.baidu.com/s?id=16605262603014186886％wfr=spider&for=pc）

七、创业模式的选择

大学生创业者该如何选择创业模式呢？创业模式是对于各种创业要素的分配组合，按照自己目前具备的知识技能、结合自己兴趣爱好、发挥自己的特长优势、寻找一个合适自己的机会，才能组建一个团队、募集相应资金，选择真正适合自己的创业模式。因此，在选择创业模式时，有必要对以下几个要素进行评估：

（一）创业时间

大学生在校的时间是有限的，对于高职学院学生来说，从入学到毕业的三年仿佛如同白驹过隙，很快就会走向社会。这三年，同学们在校园中会有学习、娱乐、恋爱、社会实践、岗前实习等重要活动，每一项都要花费大量时间与精力。而创业对于大学生而言，更是一份珍贵的事业，需要创业者的高度参与，尤其是在初创期，将要投入极大的时间成本。若学业紧张，创业时间不够充裕，那么应首先考虑与学业相结合的大赛型创业模式，其次可以选择网络型创业，时间灵活，形式自由。

（二）知识技术

在校期间，学生的主责主业还是专业知识的学习，若大学生对于本专业知识有充分了解、熟练掌握，就可以考虑将书本知识运用到现实生活，进行发明创造甚至创业。对于这类创业者，大赛型创业尤为合适，原因有三：一是有专业老师指导，既能够在实践中钻研知识，又能够将理论运用于生活，学以致用；二是有各类平台，能在"赛中学，赛中进"；三是能获得政策支持和资金支持。

（三）创业资金

一般来说，创业所需资金有自筹、众筹等方式。简单而言，若初始资金在十万以内，尽量考虑低投资、短期能够产生收益、低风险的模式，如大赛型、网络型、加盟型、自创型的小微企业。若启动资金较多，则可以考虑投资相对较多，回收期相对长，回报率较高的模式。

（四）创业动机

创业动机对创业模式的选择有深远的影响，创业动机可以分为主动创业和被动创业。主动创业者发现商机时，能及时把握，并作出恰当的创业选择。在创业过程中更偏向创新思维，充满挑战，也更容易获得回报。被动创业者的创业原因往往与个人生存环境、经济状况、家庭成员有直接关联,其创业行业可以与自己所学专业毫不相干,比如开餐馆、零售店等。这类创业大学生主要考虑到:一是自己的专业不利于创业;二是家庭环境不宽裕,需要自己通过创业支持家庭或独善其身;三是刚毕业,一时找不到合适的工作,必须通过创业谋生。

案例 4-9

从被动创业到做大做强的"云燕幼儿园"

李琼于1985年高中毕业后成为一名幼儿教师。她很好学,利用业余时间读完全部幼儿师范课程,拿到专科学历,又自学了经济管理本科。在幼儿园任职期间,她长期担任班主任,带过小、中、大班,是名热爱幼教事业的合格教师。她的人生轨迹在2002年发生了大变化,企业改制后她离开了熟悉的岗位。

下岗后干什么?李琼一度很迷茫,但她知道多学点本领是最重要的,她自学了会计知识,拿到证书后又学了服装剪裁等技能,她觉得多个技能多条路。就在此时,社区有个闲置了一年多的幼儿园需要人经营,李琼感到这是自己最想要的工作。当时幼儿园经一年多闲置已经破败不堪,重新建园需要大笔资金,她立马从亲朋处筹集了7万元资金,并投入创建了"宝宝乐园",她装潢了房屋,购置了大型玩具,按照高标准筹办生活教学设施,又聘用了原幼儿园三名同事当老师。牌子挂出来了,但家长对她不了解,不愿将孩子送来,李琼只能挨家挨户上门走访,向家长介绍,当年开园时只招到了20名小朋友。创业起步难,由于招生不足,资金周转不灵,开始的几个月给教师们发工资的钱还需父母退休金支持。李琼凭着一颗爱心坚韧的前进,口碑效应很快地显现了。半年后入园小朋友达60多名,幼儿园开始盈利。2004年李琼创办了第二所幼儿园"云燕幼儿园",很快也满员了。

2008年幕府西路一处千户居民的小区落成,小区配套了一所2800平方米的幼儿园,李琼在政府创业贷款的支持下投入近200万元资金,创办了她的旗舰园——"海燕幼儿园",这是南京市一所高水平的民营幼儿园,走进海燕幼儿园室外活动室,地面上铺着塑胶,有跑道、游乐器械。室内有9个标准化教室。李琼还投资设立了幼儿音体室、绘画室、幼儿图书馆、科学发现室和鼓励幼儿动手的"蒙台梭利"教学室。海燕幼儿园以文艺教育为特色,被评为江苏省唯一一家"幼儿戏曲基地"。经过五年发展,李琼拥有了三所幼儿园,在园儿童有5000多人,有50多名教职工,创业时的三名老师都挑起了重担。更重要的是她注重培养年轻人,20多名专职教师全是幼儿师范专业毕业的,目前业余时间都在南京师范大学读本科。

【**案例点评**】作为一名创业者,在创业过程中是不断成长的,很多创业者在资金不足、经验不足的情况下,选择了生存导向的创业模式。当企业经过成长期,创业者通过项目积累了人脉、资金等资源后,也逐渐学会了识别创业机会,此时转变为发展导向创业的道路,最终获得创业成功。先"生存"再摸索"机会"也不失为一种好的方法。

(五)创业产业

一些特定的产业与创业模式有对应的关系。比如零售业更适合网络型创业;高新科技企业则可以先通过大赛型创业试水;餐饮业可以考虑通过加盟型或代理经销型提高创业的成功率;服务业则相对自由,可以依据资金的多少等因素选择自创等模式。

> **拓展阅读**
>
> **近年被看好的九大产业趋势**
>
> 1. 互联网行业
>
> 近几年,互联网行业正在逐渐撼动传统行业,而它们巨大的吸金能量和对人才的巨大需求和渴望,也使得这两年互联网企业的涨薪速度曲线几近陡直向上。互联网行业相对传统行业来说,是一个新兴的业态,因此对于资历、关系网络甚至学历的要求都没有那么高,能者居上。且对比传统行业来说,机会更多。但该产业形势瞬息万变,且有许多子行业,如互联网基础服务(搜索、新闻、信息聚合等)、互联网商务(企业信息化、电子商务、线上交易、网络教育等)、互联网社交娱乐(即时通信、影音流媒体、网络游戏、网络社区等)、互联网媒体(网络广告、传统媒体网络版、自媒体等)、互联网共享经济(互联网与传统服务业的交叉行业)等,风险与机遇并存。
>
> 2. 教育培训行业
>
> 教育是立国之本,我国人口基数巨大,二胎政策颁布,教育适龄儿童人数也逐年增多,教育需求逐年递增。教育行业从来都是一个拥有巨大前景的行业。但因为教育培训的门槛看起来不高,使得涌入的创业者越来越多,竞争压力也随之加剧。近年由于疫情影响,在线教育因其不受时间、空间、地点条件的独特优势,成为了教育行业、互联网行业的风口。未来,教育行业还会细分市场,对于受教育者的年龄、培训内容、培训类别,将会有更多子行业出现,带来新的机会。
>
> 3. 农业
>
> 农业是我国传统行业的代表,提起农业,同学们总会联想起相对落后的生产方式。但随着2020年国家全面决战脱贫攻坚,开始新农村、新郊区的建设,带动了农民的需求和农村市场的兴旺,带动了大批农民工返乡和大学生返乡创业。由于政策的倾斜,加上创业成本不高,劳动力逐渐回流,自然资源丰富,使得农村创业形成了一股热潮。
>
> 4. 旅游业
>
> 虽然经历2020年新冠肺炎疫情的打击,但旅游业仍然是近几年来最具发展前景的行业之一,这是因为我国经济发展水平不断提高,居民人均收入水平也在不断提高。习近平总书记在十九大报告中提到,我国社会主要矛盾已经转化为人民日益增长的美好生活需要和不平衡不充分的发展之间的矛盾。这说明,我们的日子越来越好,吃饱了肚子,就会产生更多的精神文化需要。"走出去看看"就成了居民的普遍需求。目前互

联网的兴起，也使传统旅游业开始转型，网经社的数据显示，2019年在线旅游市场交易规模约10059亿元，相比2018年的8750亿元增加了14.96%。而2015年，这个数据仅为4127亿元。由此可见，未来旅游业借由互联网的力量，还会实现持续的增长，与其相关的互联网营销、旅游体验师等，也会有更大的发展空间。

5. 文化娱乐业

文化娱乐业的发展与旅游业一样，依托的是国家经济及居民生活水平的提高。曾经一部影视剧需要投入大量成本才能收获利益，如今小制作网剧也能够实现迅速回本获利。文化娱乐业与网络经济的相融发展，使得文化娱乐业这块"蛋糕"越做越大。随着人们价值观的多元化，对文化娱乐的需求也越来越多元化，催生出"圈层文化""粉丝效应"等现象，这也促使着文娱产业将蛋糕越切越多，前景无量。

6. 生物医药业

生物医药业的发展与国家战略息息相关。该行业自成为国家战略新兴产业起，国家就进行了大量的资金投入与政策倾斜。制药技术将成为未来创新发展的主要动力。目前在全球生物医药领域，美国在技术水平和投资上的一国超强局面短期内还无法改变，大量专利非一朝一夕所能追赶。这无疑将使得未来一段时间内国内相关领域对医药研发师，特别是高端医药研发师的需求会持续旺盛。

7. 健康管理业

若说生物医药业聚焦高新科技、理论，不能成为初创企业的首选，那么与之相关且易于创业的，则是健康管理业。相关数据表明，中国亚健康人群已经超过75%，与营养相关的慢性病，如脂肪肝、糖尿病、高血压病、心脑血管病、肿瘤等已占死亡原因的80%，人们的健康需求已由传统、单一的医疗治疗型，向疾病预防型、保健型和健康促进型转变。社会各阶层的健康需求持续不断提升，健康管理师这一职业也由此应运而生。相比于对健康管理的旺盛需求，市场上提供的服务还不饱和，目前我国专业健康管理方面的从业人员仅有10万人左右，从这两个数据对比来看，中国在健康管理领域的服务是非常缺乏的。

8. 老年用品与服务业

目前我国老年用品和服务的市场需求为每年6000亿元，但目前每年为老年人提供的产品与服务则不足1000亿元，供需之间的巨大差距让老龄产业"商机无限"。目前专注于此的企业较少，该市场有待开发。

9. 智能家居行业

移动通信技术的迅猛发展，使人们真正开始步入"万物互联"的时代，而智能家居这种基于"物联网"应用技术的行业，也随着用户群的膨胀而发展着。目前，中国智能家居市场已形成新的战事格局：以格力、海尔、美的等为代表的传统电器厂商阵营；以华为、小米等为代表的通信、手机、智能硬件厂商阵营；以BAT为代表的互联网平台阵营；还有主推智能家居概念的智能家居系统和智能家居硬件初创公司阵营等。智能家居在未来的中国，可能拥有数以亿计的年轻用户，市场潜力巨大。

任务三　大学生微创业案例评述

微创业模式的提出最早出现于2011年1月发起的一项"中国互联网微创业计划"，该计划首次提出了比较完整的关于微创业的运营模式，并推出了所有项目与互联网、移动互联网等先进技术和营销手段相结合以实现成效最大化的"微创业"原则。

微创业是指用微小的成本进行创业，或者在细微的领域进行创业，也可以是利用微平台或者网络平台进行新项目开发的创业活动。由于微创业投资微小、见效快、可批量复制或拓展，是改变当前大学生就业难状况的一个有益的探索与尝试。

下面从以下几个大学生微创业的实践与案例评述中给大家一些借鉴与启示。

案例一：男生大二开公司月入30万

大一时因家境贫困而申请国家助学贷款；大二时自己开公司，一年就挣够了四年学费；大三时每月净入两三万。中南财经政法大学金融学院保险专业2010级学生吴新宇因此成了校园里的创业偶像。

2012年年初，正在读大二的吴新宇发现众多同学常去华科票务（一个由华中科技大学创办的为在校大学生代购各种门票的平台）订票时，便萌发了创办"财大票务"的想法。

2012年3月，吴新宇和一位同学合伙开办了"财大票务"实体店，负责出售演唱会门票、东湖年票等，同时也代购开学新生用品、代理假日出游等。为扩大知名度，他建立了"财大票务"的人人主页，通过人人、微博进行业务宣传，如今，他的营销点已遍布全校。

除了"财大票务"，吴新宇还是一名"代理帝"：代卖联通卡，代理环球雅思、新东方、新航道等。由于逐渐建立的广泛的交际圈和灵活的头脑，他为这些机构赢取了可观的销售额。现在，吴新宇每月营业额能达到二三十万，利润两三万。

【案例评述】这是一个典型的大学生在校内自创的小微企业，在收获了稳定的客户群体后，又增加了代理经销型创业，是一种复合型创业模式。吴同学的创业地点在校园内，门店租金相对低廉，目标客户为在校生，资金投入小，业务也相对简单，具有投入少，体量小，资金回收期短的特点。适合在校创业的项目还有校园照相馆、打印店、电子产品维修、服装租赁、家教培训等，这些服务行业都可以采用自创实体店经营的模式。

案例二：通过大赛，一项专利卖了26.8万

2012年4月18日，永康市职业技术学校学生徐丰平推着他发明的安全健身滑板车，在校园里掌握平衡性。别看这辆滑板车貌不惊人，它可是永康市职业技术学校学生发明成果直接走向市场的首个成功案例。这一发明成果被浙江博特休闲用品有限公司看中，出资26.8万元买断了滑板车的全套技术。

徐丰平所在的数控导生班是一个尖子班，这个班的学生在学校里有着许多"特权"：他们有自己的实验室和教材，可以自己动手操作各种器材，在创新创业课上，老师积极鼓励他们把自己的想法变成小发明、小创造。徐丰平平日话不多，但挺会动脑筋。小时候，他喜欢拆玩具，初中开始拆MP3、收音机，有些是坏了想自己修好，有些就是想看看里面的构造。有

一次，他在永康华溪边散步，看见不少小朋友在玩脚蹬式滑板车，如果用力过猛，就会失去平衡而摔倒。他就想，能不能创造一种脚蹬、手摇都可以控制前行，还可以自由控制车速的滑板车？

回学校后，他就一直在琢磨这个问题，并把想法告诉了老师赵强。老师听了，觉得非常好，就鼓励他自己动手把滑板车做出来。徐丰平熟悉滑板车的构造，现在又有了老师的支持，兴趣更浓厚了。在老师的指导下，徐丰平买来材料，动手按设计图纸制造新式滑板车。2011年12月，改良过的滑板车基本达到预期效果。平衡及转弯的功能都交给支架的PU球来完成。制作成功后，让同学一试，手脚可以同时驱动，速度较快，一分钟最快可以跑七八十米。造价低，制成后售价不超过100元；车身轻，不到10公斤；特别是手脚并用，可以让全身得到锻炼，于是大家给它取名为"安全健身滑板车"。2011年年底，徐丰平带着这辆滑板车参加了金华市青少年科技创新大赛，获得一等奖。

【案例评述】创新竞赛是在紧密结合课堂教学的基础上，以竞赛的方法，激发学生理论联系实际和独立工作的能力，通过实践来发现问题、解决问题，增强学生学习和工作自信心的系列化活动。创新竞赛是一种有着常规教学不能及的特殊的创新教育功能，能培养学生对科学的浓厚兴趣，使其具备发展型的知识结构、开拓探究型的学习方法、追求科学发现百折不挠的心理品质的活动。创新竞赛在促进学科建设和课程改革，引导高校在教学改革中注重培养学生的创新能力、协作精神、动手能力，在倡导素质教育中提高学生对实际问题进行设计制作的能力等诸多方面有着日趋重要的推动作用。

案例三：做"互联网+水果定制"的大学生

郝建龙，2013级黑龙江大学信息管理学院电子商务专业本科生，是一个执著勤奋、充满激情和梦想的95后。考大学时，他的第一志愿就是电子商务专业，因为他的偶像是"天神级"的马云，梦想着自己有朝一日可以成为新一代的"网红"。在专业的学习中他十分努力，如饥似渴地获取电子商务的专业知识，同时利用业余时间经常参加社会企业开展的有关电子商务的讲座和交流活动。此外，他还积极参加学校KAB俱乐部组织的各种活动，结识了一批志同道合的小伙伴。2015年3月，刚上大二的他，和五个小伙伴一起创建了哈尔滨易卖电子商务有限公司，开发了基于移动终端的APP销售平台，并通过答辩入驻黑龙江大学学生科技文化创业园，立足校园学生市场定制性水果电商运营，开始创业之路。"缤纷水果季""女友专享盒""寝室特惠装"都是易卖推出的线上产品，线下小伙伴们整天忙碌在进货、加工、送达等产品服务环节，其全新的销售模式使团队短期内获得了成功。

随着订单的增多和辐射区域的扩大，郝建龙希望通过合作加盟的形式扩张到其他高校，以形成区域高校品牌影响力，但团队伙伴们的想法却不太一致，究其主要原因为：一是大家都有学业任务，时间相对有限；二是团队处于初创阶段，经营与管理体系尚不成熟；三是电子商务几乎不存在技术壁垒，很容易让他人模仿经营；四是相对而言资金也是一个瓶颈问题。如何有效地解决小伙伴们的顾虑，扩大销量和市场，郝建龙想到了创业计划。入园时他曾撰写过创业计划，并按计划完成了企业开办和前期经营，现在他又着手准备写新的创业计划，通过创业计划书的写作来达成易卖的创业目标，同时有效提升小伙伴们扩大经营的信心和勇气。

1. "送杨梅"的易卖市场调查

市场调查对易卖来说是一个屡试不爽的经营方式,这次为了做好新市场的开拓调查,郝建龙在说服小伙伴们后,决定在周边的几个高校再次进行尝试。适逢6月,南方的杨梅开始上市,而北方的孩子们对这个水果的印象还停留在果干,恰好长期合作的供应商有渠道弄到了一批新鲜且价格适宜的货品,郝建龙和小伙伴们精心准备杨梅的"迷你装盒"。在周边高校的市场中出售吗?不,他选择了赠送,并且制订了"动动手指下载易卖APP,完成问卷免费获得杨梅迷你装"的宣传海报。一经推出,获得了活动高校同学们的关注和支持,两天的时间,3000份价值1.2万元"迷你装盒"杨梅换回了3000份有效市场调查问卷,也换回了远远大于3000元的潜在消费顾客,并且在活动实施后的1周内周边高校新增客户达到了1726人。

在问卷内容设计中,不仅有对产品需求品类、价格、包装形式、送达方式的调研,更可喜的是设计了周预定、月预定的相应问题。通过统计整理,有26%的同学可接受"一次性付款100元,预定一周水果天天送"的销售方式;有10.67%的同学可接受"一次性付款408元,预定一月水果天天送"的销售方式。郝建龙和小伙伴们似乎看到了扩大销售范围后资金瓶颈问题解决的方案。

2. 郝建龙的创业计划

郝建龙和他的易卖团队在保证日常业务开展的情况下,着手准备易卖-校园连锁经营的创业计划了。首先,团队核心成员集思广益,分析目前易卖"互联网+定制水果"业务中的"痛点"问题,尤其是在供应商、分销渠道、产品加工、物流配送等环节中存在的各种问题;其次,通过"送杨梅"市场调查中获得的数据,进一步讨论如何通过校园活动、广告宣传进一步增加市场的开拓能力,并且准备成立专项的营销策划工作组,负责客户的"黏度"建设和业务信息反馈,筹划易卖APP软件的2.0版设计和上线;再次,认真地考虑易卖现有业务和新增业务之间的关系和合作加盟方式,希望吸引更多的小伙伴们加入,同时希望得到供应商等外围相关合作伙伴的支持;最后,易卖确定了以"互联网+"APP线上销售为主线、线下众筹模式为辅助的业务发展模式和短期、中期的企业工作目标。郝建龙和他的易卖团队对拓展线的市场有了充分的信心和期待,他们把所有明确的构思和统一达成的想法逐一地落实到创业计划的纸面上。

【案例评述】这位创业者是基于在校生的生活服务,选择了食品零售行业,通过网络创业模式实现创业。与开设校园实体店不同的是,网络创业不受限于经营地点,客户能够辐射整个校园的学生,而客户利用网络选购商品甚至享受送货上门的服务,更加便捷。郝建龙同学还利用后台数据精准地分析出消费习惯、不同季度客户的消费需求,迅速改良产品,提供更加优质的"个性化"定制服务。

案例四:结合专业特长的校园创业团队"语翼"

我是中国石油大学(华东)文学院俄语专业2011级本科生,与我的"语翼"团队打造的创新创业项目"在线班小语种网络教育平台"在大学生创业圈已是小有名气,它是基于B/S框架,实现云端访问,面向国内所有石油高等及专修学校及各大石油企业提供语言培训,支持师生在线视频授课、视频播放、资料下载、个人履历、游戏记忆、论坛帮助等专题栏目的网络教学平台,最终打造一个全新的"能互动,广交流,促发展"的小语种学习网站。

1. 创业的热情,催生创新的项目

创业,对于我这个俄语专业的普通学生来说,既是陌生的,又是新鲜的,而创业想法的萌生却是因为一次网络学习经历。我自己非常喜欢德语,就报名参加了一个德语的网络学习班,但是从一个初学者的角度来看,自己学起来却非常吃力。我发现,目前网络上小语种的教学普遍采用录播的方式,就是提前录制好视频,学员登录新网站打开视频进行学习,但是这种方式存在不能根据学员的接受能力进行授课、学员没有学习积极性、缺少师生实时互动、学习方法单一、枯燥等问题。后来,我在多贝网、粉笔网、早道日语等几家比较知名的语言学习网站上也发现了同样的问题。"为什么不能自己做一家网站,做到实时性的视频互动教学,保障语言学习的趣味性呢?"

说干就干的个性让我迅速行动起来,对于一直想要从事教育行业的我来说,创业给了我一次把理想和兴趣结合起来的机会,于是迅速对小语种学习网站投入了极大的热情。决定要放手开始做以后,我在记事本上密密麻麻写下了许多要准备的东西:团队成员、名称、网站建设、技术准备、运营方式等。

我首先找到学院里的几个同学,组成了一支简单的团队,取名为"语翼"。"语翼"既包含了创业的方向是语言类,也代表了团队的期望——让语言插上翅膀,让梦想自由翱翔。不久,一个简单的"在线班"学习平台也在团队成员的努力下建立起来了。就这样,我和我的团队从零做起,开始了我们的"创业之旅"。"一切都是摸着石头过河,只能边学边做"。

2. 创新的思路,促成创业的广路

当我们"语翼"准备大干一场的时候,事情却远没有想象中的简单,团队中的问题开始逐渐显现出来。专业知识的缺乏是刚刚起步的"语翼"遇到的最大难题。团队成员对财务和营销一窍不通,一份简单的财务报表和营销计划书都写不好,为了寻求专业上的帮助,我们首先找到石国卿、梅琳老师,并邀请他们作为创业计划的指导老师,通过老师的帮助和支持,财务管理和市场营销专业的同学也被吸引进来,加入了"语翼"的队伍。

"在线班"是一个网络教学平台,怎样建设网站成为创业路上的又一难题。网站在两位清华同学的帮助下进行了大规模的改进丰富,在原有视频互动教学的基础上,增加了单词记忆本、角色模拟、学习履历表、游戏记忆、论坛帮助等模块,"在线班"的不断发展距离我最初的设想越来越近了。

在教学上,为了保证教学质量,我们团队在各类网站上发布招聘信息,广发"求贤令"。为了对应聘的老师的授课能力进行考核,加深对他们的了解,我们把老师邀请到学校,对于授课方法、授课时间安排和工资等方方面面的问题都进行了沟通。最终,"语翼"团队选定西安外国语大学和山东师范大学的3名老师作为"在线班"的专职老师。就这样,原本只是文学院几个同学的"独立团",发展成为包括清华大学、我校文学院、经管学院、石工学院8名同学的"正规军";原本"寒酸"的小语种培训平台也发展成为一个成熟完备的学习网站;"研究生授课"的模式也转向规范化的"专业老师授课"。

3. 创新的理念模式,使我们走向全国

当"在线班"逐渐步入正轨时,我们却开始苦恼起来,因为当时我们处于创业的瓶颈期,

虽然发展平稳,但是我们团队想把眼光放得更长远,面向青岛市甚至是全国,在一个更广阔的平台上相信它会发展得更好。

为了寻求与实体公司的合作,学习先进的经营模式,"语翼"团队先是在百度上搜索了青岛市语言培训类公司的资料,记下公司地址和联系方式,然后一家一家的上门联系。那段时间吃了很多"闭门羹",一听说是大学生就不愿意见我们,通常一等就是几个小时。为了见到公司的经理,团队最常用的办法就是等公司下班后在门口"堵"住经理,即使是见到负责人说明来意以后,也就换来一句"回去等电话"后便杳无音讯了,我们的努力大多是石沉大海。就在项目停滞不前时,一次创业比赛把"在线班"的品牌推向了全国的舞台。在团委赵振华、杜文倩老师的介绍下,我带着我们团队的"在线班"参加了2013年英特尔清华大学生创新创业竞赛全球挑战赛。在七天的比赛时间里,"语翼"凭借着新颖的创业选题和广阔的发展空间引来众多专家学者和投资商的青睐,最终,"在线班——小语种网络教育平台"在众多创业项目中脱颖而出,取得全国第九名的优异成绩。

"通过这次'清华之旅'让更多的人了解我们的创新创业项目,也从比赛中的精品创业项目那里借鉴成功经验,学习先进的经营模式,这对'在线班'的完善发展有很大的帮助。"在结束了"清华之旅"后,比赛中结识的众多投资商向我们抛来了橄榄枝,为我们的网站提供资金支持。现如今,"在线班"经过短短一年的发展,每一学期都会为近700名来自全国的石油高等学校及石油企业白领提供语言培训服务,累计学员达到2000人,之前投入的成本已经全部收回,目前已经进入盈利阶段。

【案例评述】结合自身专业特长,使得创业变得简单了许多,选对了创业选题,将教育与网络创业结合在一起,"互联网+"教育的特点使得这项大学生在校创业项目的客户群体不只有在校生,利用网络的便利性,全国各地学习者都可以购买课程,享受服务。在这个案例故事中,大学生创业者通过搭建网站上传学习材料获得了初步成功后,参加了创新创业大赛,并吸引了评委和投资者的兴趣,得到了天使投资,做大做强。因此,这也是一个网络型与大赛型复合的创业模式。这也告诉我们,在创业的过程中,有时不一定只有一种创业模式,在时间关系上可以有先后,也可以同时选择多种。这是因为在创业的不同阶段,创业要素会发生改变,这就要求创业者依据新的形势采取新的措施。

案例五:自立门户——"玩"出来的游戏设计公司

2013年3月11日,《福布斯》中文版推出"中国30位30岁以下创业者"名单,27岁的黄恺凭借"三国杀"以北京游卡桌游首席设计师的身份位列第八。"三国杀"目前玩家群体覆盖3000万人左右,正版实体牌售出400多万套。

1. 大学:挂过科,失过恋,设计了"三国杀"

从小我就有兴趣做桌面游戏,念初中的时候常把卡牌放在书下,做会儿作业画会儿卡牌,那时候我用体育彩票的背面设计出第一套卡牌游戏模型,下课就跟同学们一起玩,还被班主任没收了。高考之后,那时的我很难描述自己以后想要做什么,报志愿时,看到"游戏设计"这个专业觉得已经很接近自己未来的期待,就去报考。后来,我被中国传媒大学游戏设计专业录取,成为这个专业第一届学生。本科专业可以学习自己喜欢的东西,我从小喜欢画画的爱好才得以保持下来。

不过，大一、大二学的东西比较枯燥，很多课不知道以后能用在什么地方，高等数学、线性代数常会让很多艺术类的学生崩溃。我也挂过科，好像是数学还是政治挂过一科，但后来补考过了。大二时通过网络了解到很多国外的游戏，才知道桌游的世界有这么大，于是开始不断地去学习，下课就把画好的牌拿出来给大家玩，那时候就有了"三国杀"的雏形。由于本身是游戏设计专业，设计游戏变得正大光明，也做得更专业了。

大学毕业之前，我失恋了，有一段时间常常一个人闷在屋子里，不想设计游戏，连毕业设计也不做。过了很长一段时间才慢慢放下，后面的四个月里一边做毕业设计一边画"三国杀"卡牌，真正走出来以后才觉得成就感十足。

2. 我们是"毕业生合伙人"

2006年10月，在读大二的我将手绘制作的"三国杀"放在淘宝网上售卖，没想到大受欢迎。这让我开始考虑自己的兴趣是不是要浪费在以后盲目地找工作上。这时，我在淘宝网遇到了杜彬。他是我的买家，也是清华的在读博士。当时，他的一个瑞典同学从国外带回很多桌游在同学圈里玩，他觉得挺新颖的，但他在国内能搜到的除了我在网上卖的几套手工制作的牌以外，其他都是老式的跳棋之类的游戏。

我们认为，年轻人对于娱乐的需求是多样化的，而我所做的新手游可以弥补市面上这一类目的空缺，是有潜力的创业项目。

2008年1月，我和杜彬即将毕业，我们向亲朋好友借了5万元，一起成立了全国首家桌游公司——游卡桌游，我担任首席设计师，他负责营销和市场，开始做起"三国杀"游戏。

关于我们创业的故事，其实最难的是开始，我们有着普通大学生创业者最大的焦虑：纠结要不要来做这个行业？因为我们是以开拓者的身份在做一个从来没有人涉足的领域。以公司化形态运作后各种麻烦接踵而至，我们都是新人，关于这个产业、宣传推广、市场公关都是一家家去跑，开发部门也是，每个人都要做很多份工作。氛围倒是其乐融融，大家也乐在其中，那是最有创业感觉的时候。

没想到这款以三国时期的故事为背景的卡牌类桌游，自2008年推向市场以来，大受欢迎，几乎成为桌面游戏的代名词。

2009年6月底，"三国杀"被移植至网游平台，2010年"三国杀"正版桌游售出，这款我当初上课"开小差"设计的游戏，一年内就卖出200多万套。"三国杀"迄今为止，创造了几千万的效益，并且随着"三国杀"品牌的发展，收益始终在持续增加。

3. 我想给人生留下更多可能性

"三国杀"的风靡我觉得是有很多原因的，第一，"杀人"游戏在国内非常流行而"三国杀"是"杀人"游戏的变体，以卡牌作为介质，具备更强的角色扮演感；第二，它和网络游戏的区别在于，大家必须面对面玩，这符合人的社交需求；第三，国内的网游市场相对成熟，"三国杀"online也是导致这个游戏知名度那么高的原因。

在创业时我们意识到，传统的游戏线下都是不挣钱的，大趋势都是线上和线下的结合。通过线上游戏打出知名度，同时根据玩家需求做一些线下才能实现的产品，比如线下实体游戏的专属武将，以维系一部分线下玩家的习惯，从商业利益出发做一些更有收藏价值的周边产品等。不能墨守成规，虽然是研发"桌游"，但不能拘泥于线下实体产品，必须顺应市场环境去做一些突破。在研发出"三国杀"实体卡牌游戏后,我们的研发重点就转向了网络游戏"三国杀"online以及APP等。

我们还发现,目前我国的游戏开发一直在吃老本,好像只能拿历史题材做文章,国内原创游戏,叫"三国"的几乎占据了一半以上,三国题材我是有点腻了,老拿它做文章好像有不思进取的感觉,总得需要一些更新鲜的血液融入这个行业,比如科幻题材、超现实主义题材。

我现在是开发部门的主监制,带领着几十人的开发团队,但我个人在渐渐淡出管理工作。我喜欢全身心地投入在创作这件事上,从前,我是个爱玩游戏的人,现在我的兴趣在于让更多人玩我设计的游戏。创业不是一件浪漫的事,但做自己喜欢的事很浪漫。

【案例评述】黄恺和他的公司属于典型的自创型创业,从他的创业经历可以看出,他和大多数同学们一样,是个游戏爱好者。不过不同的是,他将对游戏的热爱变成了事业。自创型创业模式的核心就是创意和团队,他和他的团队在自创的过程中,不断摸索、实验,积累了大量的一手经验,从大学毕业的创业小白迅速成长为大公司的"元老",甚至还"杀"进了福布斯。黄恺和他的团队瞄准了国内几乎一片空白的桌游市场,用完全创新的游戏角色和游戏故事,开拓出了独一无二的IP,拥有了核心竞争力。当"三国杀"风靡市场时,出现了许多"蹭IP"的盗版,苹果杀、星际杀、英雄杀等,但都昙花一现,无法撼动"三国杀"的市场占有率,这不单因为原创的品牌文化,也因为黄恺团队非常重视顺应时代潮流而进行的创新,将游戏开拓为线上线下相结合的发展模式,线上游戏交给盛大游戏公司运营,线下开发3V3面对面活动、周边产品、游戏卡牌拓展包等,将产品变为品牌文化,随消费者需求而改变,这是黄恺的成功之道。

案例六:彩云本草:学生返乡创业建合作社 带领村民种植中草药

1. 创业团队无时无刻不关注着中草药的长势

"虽然考上了大学,但想起家乡的落后与贫穷,总想着做点什么。"2013年高考,家住曲靖市会泽县雨碌乡铁厂村的赵庆早考上了云大滇池学院,虽然来到了大城市,但一想起老家地处乌蒙贫困山区,村民们靠产能低下的农作物种植养家糊口,作为村子里出来的第三个大学生,他觉得有义务让父老乡亲们从靠天吃饭的情形中走出来。

经过连连碰壁与不懈努力,他与一群有着创业梦想的大学生们一起注册成立了昆明痴香土科技有限公司,取得了"保水剂"专利使用权,返乡与农户建立合作社,带领当地农民走发展中药材种植的现代农业项目,让原先只能长出几角钱土豆与玉米的贫瘠土地,长出珍贵的中草药材。他带领乡父老们走上了脱贫致富的路子。

2. 困惑:"玉米土豆"主宰村子的命运

2010年云南遭遇百年一遇大旱,而赵庆早老家的村落,旱情使得农田龟裂,农民没法耕种,被迫离乡别井外出打工……经历过这些的赵庆早告诉记者,农村的生活艰苦,土地干旱贫瘠,唯一收获的就是玉米与土豆,这些传统农作物只能填饱肚子,还是在雨水充沛的情况下,如果遇天灾,村民们只能节衣缩食……为此,赵庆早一直找寻着改变家乡贫穷面貌,带领农民脱贫致富的方法。

看着家乡人民辛勤耕耘的土地颗粒无收，赵庆早的表哥刘玉贵，云南大学研究生，为解决农业土地用水问题，获得了在农林种植和无土栽培方面发挥节水、保水、保肥的作用的科研成果——GN700型保水剂。得知表哥成功研发了保水剂，赵庆早兴冲冲地找他商谈创业的可能，但现实却很残酷，没有资金、没有设备、没有收入，单凭一项科研成品来谈创业，有点痴人说梦。

3. 惊喜：土地较适宜种植中草药

杨永坤是赵庆早大学班长，为人热心，待人真诚。当他得知赵庆早苦于想改变家乡贫穷面貌，又因创业没有头绪而愁眉苦脸时，便主动找到赵庆早了解情况。随后，两人一拍即合。他们综合各方面的优势及不足后，一致将"反哺家乡"这个能够改变大多数人生活现状的项目，认定为具有很大的实施性与发掘潜力。经过与家人简单沟通，杨永坤决定将从大一起开的小店中赚来的钱"入伙"到项目中，因此他也成了赵庆早的第一个合伙投资人，如今俩人已经成为彼此信任的最佳拍档。

虽然有了投资人，有了表哥的"保水剂"专利技术，但种植普通低经济收入的作物，本质上依旧改变不了村民们的经济水平。显然，这是赵庆早团队（后团队更名为彩云本草）最需要思考的问题。

在一次偶然的家庭聚会中，赵庆早似乎找到了创业方向。在聚会中，有人提起以前到山沟里挖中草药去卖钱的事，赵庆早听后灵光一现：或许种植中药材，就是改变农民生活现状的"灵丹妙药"！当他将这个想法告诉杨永坤后，两人第一时间就找了农业专家，先对种植条件的可行性进行了分析。得知该村辖区范围是较适宜生长中草药的生长纬度后，他们激动得彻夜未眠。2015年12月，他们的创业团队在各方支持下，注册成立了昆明痴香土农业科技有限公司，"彩云本草创业项目"正式启动，一个基于保水剂应用的现代互联网农业项目拉开了创业帷幕。

4. 努力：五户村民同意试种白及

之后几个月，通过大量中药材种植试验，他们得出了利用保水剂技术可以缓解本地中药大范围种植时对于水分的要求，同时还能够提高中药材的产量和品质的结论。说干就干，经过申请专利使用等一系列流程后，彩云本草项目团队拿到了GN-700型土壤保水剂的核心技术与使用权，并与相关种植技术专家经过考察，定点了土质较为疏松、气候干燥、水分流失严重、可耕种荒地多的会泽县雨碌乡铁厂村搓落鱼村民小组，为第一个农村种植合作社的选址地点。

"祖祖辈辈都是种洋芋和玉米，中草药在这能长吗？"走访当地多家农户，吃了许多闭门羹之后，有5户村民点了头。最终，以各自持有5亩土地参与中草药的种植。

有了土地，创业团队与乌蒙山区农户成立了第一个农业合作社——会泽山绿种植专业合作社。该合作社属于团队自营基地，根据会泽当地的气候，在农科站技术人员的分析下，指导当地农民种植中药材白及。通过保水剂的应用，有效地改良了土壤、水资源不足等问题，合作社种植的白及产量比预期提高了百分之五十，当药材被医药公司以高出"土豆和玉米"很多倍的价格收购时，村民们笑了，赵庆早与创业团队的其他小伙伴也笑了。

5. 成效：中草药已让村民收入翻倍

为了帮助农民种植中药材，他们免费为村民们提供种苗和技术，哪怕遇到了资金周转不过来的情况，创业团队的小伙伴们仍每天四处奔波，寻找合伙人，寻找融资。在碰过无数壁后，昆明中友丰钰科技有限公司负责人了解到了彩云本草团队的创业项目，为这些大学生们坚持、不服输的那股劲所感动，当即表示与昆明痴香土农业科技有限公司合作，提供资金援助。

截至2016年初，彩云本草团队已经带领五户农村家庭包括16口人，成功组建了会泽山绿种植专业合作社，吸引三户家庭的青壮年返乡创业。赵庆早透露，白及属于周期性生长的药材，目前合作社盈利以蒲公英种植为主，中药材的收入分红已经让五户农民的家庭年均收入翻了好几倍，在得知自己的土地上能种出中草药，卖出好价钱时，不少外出打工的村民主动找上了赵庆早，表示愿意以土地入股的方式成立新的合作社。新合作社的筹建也已列入了公司下半年的发展计划当中。

在会泽山绿种植专业合作社成功运营的推动与中药材种植技术相对成熟的条件下，赵庆早决定让团队成员深入了解农村土地利用情况，组建"政府＋农户＋公司"发展战略。2016年5月20日至22日，彩云本草创业团队一行7人，扩大调研面积，走访了云南省曲靖会泽县乌蒙山区雨碌乡铁厂村委会，目的在于找出制约该地种植中草药村进一步发展的因素，为公司第二个合作社的组建打下基础。

"现在离成功还很遥远，坚信坚持就会胜利，理想和现实之间不变的是跋涉；暗淡与辉煌之间不变的是开拓。"回想这段时间以来的创业经历，赵庆早说，"有些事情不是看到希望才去坚持，而是坚持才看到希望。"

【案例评述】2020年，国家实现全面脱贫，正式拉开乡村振兴序幕，"乡村振兴"对于在城市窗明几净的教室中念书的你们来说，其实并不遥远，更不是一句口号。全国农村土地面积约占中国国土面积的58%，如何让在农村生活的乡亲们富起来，这一案例中的大学生创业者们给出了自己的答案，他们来自农村，心系家乡，用自己的专业知识，结合家乡地理条件、人口条件，走出了一条别出心裁的创业道路，正因为了解家乡，他们想的"办法"才发挥了真正的实效，让父辈们收入翻倍，也让跟他们同辈的外出打工者返乡走了这条"致富路"，解决了农村劳动力流失问题。这一创业项目，不仅让创业者富起来，更服务了社会发展，获得了2018年"互联网＋大赛——青年红色筑梦之旅"的大奖。

"青年红色筑梦之旅"活动是中国国际"互联网＋"大学生创新创业大赛的重要赛道，是为了鼓励青年学生扎根中国大地了解国情民情，接受革命传统教育，用创新创业成果服务乡村振兴战略，助力精准扶贫脱贫，走好新时代青年的新长征路。2017年8月15日，习近平总书记给大赛"青年红色筑梦之旅"大学生回信，深切勉励青年学子把激昂的青春梦融入伟大的中国梦，扎根中国大地了解国情民情，在创新创业中增长智慧才干，在艰苦奋斗中锤炼意志品质，在亿万人民为实现中国梦而进行的伟大奋斗中实现人生价值，用青春书写无愧于时代、无愧于历史的华彩篇章。关于"青年红色筑梦之旅"的更多详细内容，请看扩展阅读，希望大家能通过自己的聪明才智，造福家乡！

青年红色筑梦之旅介绍

(1)约上你的伙伴,做一次创业者访谈,讨论一些关于创业的话题。

(2)阅读书籍《乔布斯传》,思考你在乔布斯身上学到了什么。

(3)登录全国大学生创业服务网,进入大学生创业实训系统,利用地区政策,创办自己的企业。

 项目小结

思维导图

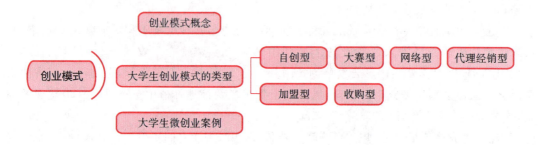

项目五
创业融资

📚 **学习目标**

(1) 了解创业融资的内涵。
(2) 熟悉创业融资的基本类型与途径。
(3) 掌握创业启动资金的预测。

📖 **思政联结**

李克强：提高金融服务实体经济水平 有效缓解企业融资难融资贵问题

2019年1月4日，中共中央政治局常委、国务院总理李克强到中国银行、中国工商银行、中国建设银行考察，并在银保监会主持召开座谈会。

李克强先后来到中行营业厅和工行、建行的普惠金融事业部，了解小微企业贷款规模、成本和便利情况，对他们瞄准小微企业融资难点、运用"互联网＋"等创新模式、增加小微企业贷款和降低成本予以肯定。李克强说，稳就业主要靠千千万万小微企业，小微企业发展离不开普惠金融支持。普惠金融是利国利民的大事业，前景无限。他勉励几家国有大型银行要带头为民营、小微企业提供细致周到的服务，借鉴国际经验，打造普惠金融金字招牌，促进市场主体活力的普遍增强，提振企业发展的信心。

座谈会上，人民银行、银保监会主要负责人作了汇报。李克强充分肯定金融系统广大员工贯彻党中央、国务院部署所做的卓有成效工作。他说，去年以来，面对复杂严峻形势，在以习近平同志为核心的党中央坚强领导下，我们坚持实施稳健的货币政策，不搞"大水漫灌"，运用定向降准等多种工具，适时预调微调，尤其是出台一系列针对性措施，着力解决小微企业融资难融资贵等问题，强监管、防风险取得阶段性成效，宏观杠杆率总体趋稳。今年经济发展面临新的下行压力和诸多挑战。要坚持以习近平新时代中国特色社会主义思想为指导，按照中央经济工作会议部署，坚持稳中求进工作总基调，保持宏观政策的连续性、稳定性，注重加强宏观政策逆周期调节，实行普惠性减税和结构性减税，适时运用好全面降准、定向降准和再贷款、再贴现等政策工具，加大对实体经济特别是民营、小微企业的支持,为保持经济平稳健康发展提供支撑。

李克强指出,金融服务实体经济,关键是要适应经济运行保持在合理区间、稳定就业的需要。只有经济好了,金融才能稳定和发展。要保持稳健的货币政策松紧适度、流动性合理充裕,着力疏通传导渠道,优化信贷结构,打通资金到达实体经济的"最后一公里"。要用更大力度解决融资难融资贵问题,着力做到小微企业贷款扩量降本,国有大型银行要带头。对遇到暂时困难的好企业也要给予合理支持,不能盲目抽贷断贷。坚决制止存贷挂钩等不合理行为。积极发展直接融资,促进资本市场健康发展。要把握好金融服务实体经济和防范化解风险的平衡,提高综合监管效能,坚决守住不发生系统性、区域性风险的底线。

李克强说,要确保落实支持普惠金融发展的相关政策,完善银行小微企业贷款考核办法,细化尽职免责规定,建立银行发展普惠金融的有效激励机制。加强金融与其他宏观政策协同配合,支持扩大有效投资、促进国内消费,提高金融服务实体经济水平。

(资料来源:中国共产党员新闻网. http://cpc.people.com.cn/n1/2019/0104/c64094-30505168.html.)

国务院办公厅:加强创新创业金融支持,着力破解融资难题

2020年7月30日,国务院办公厅印发《关于提升大众创业万众创新示范基地带动作用 进一步促改革稳就业强动能的实施意见》(以下简称《意见》)。

《意见》强调,加强创新创业金融支持,着力破解融资难题。深化金融服务创新创业示范,完善创新创业创投生态链。鼓励国家出资的创业投资引导基金、产业投资基金等与"双创"示范基地深度合作,加强新兴领域创业投资服务,提升项目路演、投融资对接、信息交流等市场化专业化服务水平。深化对外开放合作,构筑全球化创业重要节点。做强开放创业孵化载体,搭建多双边创业合作平台。推进全面创新改革试点,激发创新创业创造动力。探索完善包容创新监管机制,深化双创体制改革创新试点。创新促进科技成果转化机制。

(资料来源:中国政府网 http://www.gov.cn/zhengce/content/2020-07/30/content_5531274.htm)

案例导入

案例一:喜茶的融资成长之路

在最新出炉的"2020深圳创富百人榜"上,出现了一个29岁的年轻身影,他就是喜茶创始人聂云宸。聂云宸毕业于广东科学技术职业学院,19岁那年开始创业。2012年,这位90后创业者怀揣着20万元的启动资金,开了一家名为"皇茶"的店,也

就是喜茶的前身。

在随后的一年多里,聂云宸在江门陆陆续续开了三家门店,与大部分档口小老板一样,聂云宸一人身兼数职,但并没有为门店带来更多的收益。最惨的时候,店铺一天只有20元的营业额。

聂云宸开始意识到,产品质量和价格是王道,想要留住顾客只能靠不断改进产品。但没有口碑传播的助力,到哪里都是从零开始。2016年,可以说是聂云宸创业以来最具重要意义的一年。这一年,他重新注册了商标,将"皇茶"改名为"喜茶",开了第一家百平米的极简风门店,迅速走红,并获得由IDG资本和天使投资人何伯权的1亿元融资,彻底拉开了喜茶"狂奔"的序幕。这位90后创业者开创了中国新茶饮的时代。

从广东江门的江边小巷无人问津的小店,到遍布全球49个城市拥有超过500家门店,继而在各地遭资本争抢,喜茶仅用了短短四年。

成立至今,喜茶的背后有一众庞大的VC/PE。从2016年正式改名为"喜茶",这四年间,喜茶共经历过4轮融资。2016年获得过1亿元人民币的首轮融资,投资方为IDG资本,以及由饮料业巨头"乐百氏"创始人何伯权创办的今日投资。

随后,喜茶开始在全国扩张,在北上广等一线城市开店。2018年4月,喜茶再获4亿元人民币B轮融资,投资方为黑蚁资本、龙珠资本。其中,龙珠资本为美团点评旗下产业基金,龙珠资本创始合伙人朱拥华代表美团出任喜茶董事。

B轮融资后,喜茶完成了两件事情:一是上线外卖服务;二是进军海外市场。这一年,消费者可以通过线上软件享受喜茶外卖服务;同年11月,喜茶新加坡的第一家店正式开业。仅一周时间,喜茶就在狮城掀起了新一轮的疯狂排队的热潮。

紧接着2019年,喜茶又获得由腾讯、红杉资本领投的新一轮融资,投后估值达到90亿元。2020年3月,有媒体报道称喜茶即将完成新一轮融资,由高翎资本和蔻图资本联合领投,投后估值跳跃到了160亿元,暴涨近8倍。这也意味着,仅一年的时间,喜茶的估值同它的门店数量一起都翻了一番,成为当年估值最高的新式茶饮品牌。

案例二:怪兽充电的融资上市之路

蔡光渊今年38岁,于2005年从上海外国语大学管理信息系统专业毕业;毕业后加入了联合利华,干了7年,一直做到了全球品牌发展经理的岗位;2012年4月到2014年4月,他在特步工作,担任品类总监和营销副总裁;2014年5月到2016年5月,他担任新元素快速消费品业务部门的营销总监和主管;2016年6月到2016年12月,他担任优步上海的总经理以及优步中国的营销总监;2017年4月至5月,他创办了怪兽充电。目前持有公司6.6%的股份。

在怪兽充电构建的共享充电网络下,用户能够随取随用、随借随还,聚集了庞大的客群和很多商业伙伴。规模效应和网络效应造就了良性循环生态系统,为怪兽充电提供充足的发展动力。怪兽充电将自我定位为"科技消费公司",并欲以自有的物联网技术和大数据分析能力,支撑起一个庞大的线上线下网络。经过多年积累,怪兽充电已实现吃喝玩乐游的全场景覆盖,构建了生活消费、休闲娱乐、医疗服务、交通出行等生活场景下的共享充电网络。

截至2020年12月31日,怪兽充电的系统可实时监测并处理超过500万共享充电宝的数据,并与上海迪士尼度假区、乌镇景区、南京大牌档、避风塘、五芳斋等达成独家合作,业务边界不断扩充。

怪兽充电于2017年5月在上海成立,IPO(第一次公开募股)前,怪兽充电总募资额已超过10亿元。管理层合计持股14.7%,且拥有超级投票权。

其中,公司于2017年获得小米集团、高瓴资本、顺为资本等数千万元天使轮融资;同年7月完成亿元A轮融资;同年11月再次获得近2亿元的B轮融资;2019年4月获得3000万美元的B+轮融资;2019年12月获得来自软银亚洲、中银国际、高盛中国、云九资本、高瓴资本、顺为资本、尚城投资、干嘉伟的5亿元C轮融资。在D轮融资中,由阿里巴巴、CMC领投,凯雷(CGI)、高瓴资本、软银亚洲跟投,融资金额超过2亿美元。投资完成后,阿里巴巴成为其第一大股东。

据报道称,在机构股东中,阿里巴巴通过淘宝中国持股16.5%,为怪兽充电第一大股东;高瓴资本持股11.7%,顺为资本持股8.8%,软银亚洲持股7.7%,小米、新天域均持股7.5%,云九和CMC分别持股5.8%、5.4%。

2021年3月13日,被称为"三电一兽"之一的怪兽充电向美国证券交易委员会(SEC)递交招股文件,拟在纳斯达克挂牌上市。4月1日晚间21点30分,怪兽充电正式登陆纳斯达克。此次IPO共发行1765万股ADS(美国托存股份),发行价定为8.5美元/ADS,总发行规模为1.5亿美元。怪兽充电当天开盘价报10美元,较发行价8.5美元上涨17.64%,市值达27亿美元。

案例三:小米的融资上市之路

雷军最早期的创业是从大学的三色公司开始,然而由于初出茅庐,仅仅半年时间,雷军的第一次创业宣告失败。随后在1992年,22岁的雷军凭借自身在业界内的名气,成功加入了当时的互联网新兴企业——金山公司,这一做就是整整16个年头。在此期间,雷军完成了金山IPO上市工作。在金山工作16年之后,雷军功成身退,一跃成为天使投资人的角色。当时还成功投出了UC优视、多玩游戏网(欢聚时代)、拉卡拉、凡客诚品、乐淘等优秀企业。

2010年4月6日,雷军与林斌、周光平、刘德、黎万强、黄江吉和洪峰等14人在北京中关村保福寺桥银谷大厦创建的一家叫作小米的小公司正式开张。

2011年,移动互联网正处在飞速发展时期,而智能手机占尽了先机,成为众多互联网企业抢夺市场的重要方向。国内的安卓手机才刚刚起步,苹果推出了iphone4,HTC、三星、摩托罗拉等安卓手机大厂纷纷推出新品。但由于研发成本和经费的问题,大多数厂商产品定位都是面向高端市场人群,这也导致当时的智能手机价格普遍偏高。

小米凭借着高性价比成功杀出了重围。2011年8月16日小米1推出,从小米1开始,小米手机便以高配置、高性能、低价格等吸引用户。小米1公布价格只需1999元之后,顺势在全国范围内刮起了一阵"小米风"。开放第一轮购买后,在三个小时内

10万台库存一售而空。

小米靠着性价比的打法逐渐收获了大批忠实的"米粉"。但是到了2015年,问题终于出来了。单纯的性价比显然不能满足广大消费者的需求,小米的发展似乎遇到了瓶颈。

在2016年11月,小米高端机代表小米MIX一代出世,出色的工业设计,超高的屏占比,强劲的系统性能,一时之间成为众多"米粉"的首选设备。

在布局手机领域的同时,小米也将战略瞄准智能家居。通过APP将打通所有产品:电视机、空气净化器、摄像头、灯泡。截至目前,小米投资涉及数百个型号的产品,包括小米盒子、米家扫地机器人、米家电饭煲、小米空气净化器、智米落地扇及智能灯具。通过一台小米手机就可以掌控与你生活相关的多种设备,完全不需要其他第三方硬件。

2010年底,小米A轮4100万美元的融资,估值为2.5亿美元。投资方为晨兴创投、启明和IDG;到2011年底,小米B轮融资9000万美元,估值达到10亿美元,投资方包括启明、IDG、顺为基金、淡马锡、高通等;2012年中C轮融资,小米融资2.16亿美元,此时估值已达40亿美元。2013年9月,DST领投E轮融资,估值突破100亿美元;一年后,最新一轮融资,总融资额11亿美元,公司估值450亿美元。

2018年7月9日,小米正式在香港上市,成为2014年阿里巴巴赴美上市以来,上市规模最大的科技类公司,估值超千亿。

案例四:华为的内部融资之路

华为技术有限公司成立于1987年,总部位于广东省深圳市龙岗区,是全球领先的信息与通信技术(ICT)解决方案供应商。2013年,华为首超全球第一大电信设备商爱立信,排名《财富》世界500强第315位。华为的产品和解决方案已经应用于全球170多个国家,服务全球运营商50强中的45家及全球1/3的人口。

2019年5月,美国将华为列入"实体清单"。2020年5月,美国要求只要使用了美国的设备和技术,芯片企业就必须先得到美国许可才能向华为出售产品,还将华为和中兴通讯认定为"国家安全威胁",禁止美国国内电信运营商将政府补贴资金用于采购这两家中国企业的设备,并四处游说甚至威胁其他国家和地区,阻吓他们与华为在5G上的合作,美国领导人甚至公开承认自己劝说很多国家不要使用华为。

华为公司成立于1987年,注册资本2万元。1990年,华为第一次提出内部融资、员工持股的概念。基本做法是:凡是工作1年以上的员工均可以购买公司的股份;购买数量的多少取决于员工的级别(13~23级)、绩效、可持续贡献等,一般是公司在年底通知员工可以购买的股份数;员工以工资、年底奖金出资购买股份,资金不够的,公司协助贷款("个人助业贷款");购买价格为1元/股,与公司净资产不挂钩,员工购买股份后的主要收益来自公司分红,分红情况与公司效益挂钩。员工离职时,公司按照员工原来的购买价格即1元/股回购。2001年底,在总裁任正非的强力推行下,华为公司实行员工持股改革:新员工不再派发长期不变一元一股的股票,而老员工的股票也逐渐转化为期股,即所谓的"虚拟受限股"。虚拟受限股(下称"虚拟股"),是华为投资控股有限公司工会授予员工的一种特殊股票。每年,华为根据员工的工作水平和对公司的贡献,决定其获得的股份数。员工按照公司当年净资产价格购买虚拟股。拥有虚拟股的员工,可以获得一定比例的分红,以及虚拟股对应的公司净资产增值部分,但没有所有权、表决权,也不能转让和出售。在员工离开企业时,股票只能由华为投资控股有限公司工会回购。

经过10年的连续增发,华为虚拟股的总规模已达到惊人的98.61亿股,在华为公司内部,超过6.55万人持有股票,收益相当丰厚。目前华为的股东实际为两方:一方为华为投资控股有限公司工会委员会,持有华为股份98.93%,另一方为任正非持股1.07%。华为推行大面积员工持股,对华为从一个2万元起步、没有任何创新能力的微小企业成长为拥有14万多名员工、在150个国家设有分公司、代表处或研究所,年销售收入超过350亿美元的跨国公司起到了至关重要的作用。

案例五:老干妈的成长之路

近年来,小米、美团、拼多多等独角兽企业排队上市,在许多企业和企业家看来,上市像是通天大道一般。确实上市拓宽了融资渠道、提升了企业及产品知名度,又为企业未来的发展开辟了绿色通道,但陶华碧依然不为所动,甚至不止一次拒绝上市。

1984年,陶华碧女士凭借自己独特的炒制工艺,推出了别具风味的佐餐调料,她自制的风味豆豉辣椒酱,令广大顾客大饱口福,津津乐道。"老干妈"的名号很快在附近的高校学生中叫响,再由来往的大货车司机传遍云贵。1996年批量生产后在全国迅速成为销售热点。据老干妈官网显示,经过20年的发展,其产品种类也由过去的辣酱扩充至火锅底料、豆腐乳、香辣菜等20个品类,还成立了贵阳南明春梅酿造有限公司、南明老干妈遵义分公司、南明老干妈贵定分公司等多个地方分公司。据媒体报道,每天有超过230万瓶辣酱从厂里输出,带回超过45亿元的年营收额。陶华碧位列"2016胡润中国百富榜"第487位,在全球富豪榜上排名1819位。

在2014年6月之前,老干妈的股权结构十分单一,其中,陶华碧占1%的比例,大儿子李贵山持有49%,小儿子李辉2012年5月才入股,持有50%。2014年6月27日,老干妈的投资人信息发生变更,陶华碧和次子李辉退出公司,公司股东由李妙行、李贵山两人组成,分别持股51%和49%。由此引发外界关于老干妈退休,乃至公司即将上市等多种猜测,随即公司董事长秘书刘涛向外界证实李妙行为陶华碧次子,李辉是其曾用名。

2018年8月,深交所派员去贵州调研,给三家公司做上市培训,其中就有老干妈。所谓上市培训是指,对在行业、技术等方面具有一定的优势,尚不具备在国内主板、创业板上市条件,但具备迅速发展潜力的企业,进行规范运作和上市知识的普及培训,使处于培养期的高新技术企业在1~3年内达到上市条件。

但是,陶华碧在专访中,反复重申了她的"四不原则"——不贷款、不参股、不融资、不上市。

案例六:小黄车的融资之路

戴威,ofo小黄车(以下简称"小黄车")创始人兼CEO,青年创业者,北京大学经济学硕士。2014年,在各种机缘巧合之下,戴威在北大校园内征集自行车并把这些自行车共享给学生使用。这就是 ofo 共享单车的雏形。当时这个项目并不起眼,只是北大学子众多创业项目中的一个而已。

2015 年 6 月,小黄车共享计划正式启动,并开始了疯狂扩张,2016 年连续拿到了 5 轮融资,2017 年 3 月 D 轮融资规模达到了 4.5 亿美元。2017 年 7 月 6 日,小黄车完成超过 7 亿美元的新一轮融资,成为当时全球最大的共享单车平台。小黄车覆盖了全球一共 40 多个城市,其注册用户超过了 1500 万,2017 年胡润研究院发布的"胡润百富榜 2017",戴威以 35 亿元的财富、26 岁的年龄成为第一个上榜的白手起家的"90后"。

2018 年,小黄车的辉煌戛然而止。小黄车车身商业化方案被媒体爆出,上线的开锁视频广告、信息流广告、小游戏等商业化项目也造成用户流失。竞争对手也后来居上,迅速崛起。小黄车承受着一轮又一轮的攻击,并开始了衰落。供应链欠款、用户押金挤兑、资金链断裂。而后又有媒体曝出小黄车挪用用户超 30 亿押金用来支付供应链欠款的消息,一瞬间讨债的人蜂拥而至。目前为止,已经有超过 1600 万人在线排队退押金。退款速度也越来越慢,从一天一两万笔到一天几百笔,按照如此庞大的用户数量,这个速度退款,退完需要一百多年。

2018 年 12 月 4 日,法院对戴威作出了限制消费令。2019 年 11 月 27 日,宁波高新技术产业开发区人民法院对东峡大通(北京)管理咨询有限公司(小黄车运营主体)及戴威发布限制消费令。目前,中国执行信息公开网显示,戴威已经收到 34 条限制消费令。

思考题: 1. 喜茶、怪兽充电、小米能够获得融资的原因是什么?
2. 华为的融资与喜茶、怪兽充电、小米有何不同?你能描述其中的差异吗?
3. 喜茶、怪兽充电、小米、华为各采用了什么融资方式?它们的融资经历给予我们什么启示?
4. 老干妈为什么不选择上市融资?
5. 上市融资是创业必由之路吗?你如何看待华为和老干妈的选择?
6. 融资能让小黄车重新焕发生机吗?为什么?

任务一 创业融资概述

资金如同创业企业的血液,对企业的生存与发展有着重要的意义。资金对大多数创业公司来说都是面临的一道难关。创业者如何能在最短的时间内获得足够的资本,抓住转瞬即逝的市场机会,是迈出创业的第一步。创业融资是创业管理的关键内容,它在企业成长和发展的不同阶段具有不同的特点和要求。

一、创业融资的内涵

创业融资,是指创业者根据自身资金拥有的状况,以及公司未来经营发

创业融资
政策介绍

展的需要,通过科学的预测和决策,采用一定的方式,从一定的渠道在融资市场上筹措或贷放资金,组织资金的供应,以保证创业公司正常生产需要、经营管理活动需要的理财行为。

任何企业从产品研发到生产经营都需要大量的资金投入,如何有效地融资成为创业者最为关注的问题之一。创业者不仅要合理选择融资方式和融资渠道,尽可能降低资金成本,控制好企业的财务风险,而且还要针对企业不同发展阶段的融资需求进行科学的资金预测,做好融资安排,帮助企业获得持续发展。

拓展阅读

学生创业的融资制度供给现状

学生创业的最大困难在于资金的缺乏,中央和各级地方政府为解决这一难题,支持大学生创业,制定了一些有利的制度政策,具体如下。

一、小额担保贷款

国务院办公厅于2003年5月29日推出相关规定:有条件的地区由地方政府确定,在现有渠道中为高校毕业生提供创业小额贷款和担保。2009年1月19日,国务院办公厅在《关于加强普通高等学校毕业生就业工作的通知》中又进一步指出:自主创业高校毕业生在当地公共就业服务机构登记失业后,创业自筹资金不足,可申请小额担保贷款,额度不超过5万元;对以创造就业为目的的个体和合伙经营的,可适当增加创业贷款限额;从事当地政府规定的微利项目的,可按规定享受贴息扶持。在这一背景之下,各级地方政府根据中央精神纷纷出台了相应的支持性政策。如2003年,新疆乌鲁木齐为创业大学生开通了一条资金支持通道:经过创业培训的大学生自主创业将与下岗失业人员创业一样得到贴息贷款,贷款额度最少为5万元,这个起点今后还会增加,对进行大学生创业培训的机构,政府也需要给予资金和其他方面的支持。上海市政府规定:大学生自主创业,可向银行申请最高额度的为7万元开业有担保贷款,并享受贴息优惠。2009年5月湖南省长沙市推出《关于鼓励和扶持大学生自主创业的政策意见》,规定:每年长沙市将从创业扶持奖励资金中安排2000万元,另外各区县市每年从创业扶持奖励资金中安排1000万元,设立市、区(县市)两级大学生创业扶持奖励资金,主要用于大学生自主创业的各种扶持、奖励和贷款贴息。

二、创业基金政策

创业基金政策也是各地方政府所普遍采用的支持途径,上海市政府于2005年3月就启动了市大学生科技创业基金,主要用来支持市内高校和科研院所的毕业生以其发明专利或科研成果创办的科技类企业,号召大学生凭借科技自主创业,发挥科技成果的作用,培育技术创新人才,缓解大学生就业难问题。并且,上海市政府从2006年起到2010年这五年中由市教委、市科委每年分别投入5000万元,每年还向基金会投入1亿元资金作为科技教育专项拨款,以支持大学生进行创业实践。其他省市也出台了类似的支持政策,如湖南省长沙市在2009年5月出台了《关于鼓励和扶持大学生自主创业的政策意见》,规定对大学生自主创办的新兴项目,按企业规模可给予最高为200万元的小额担保贷款扶持;贷款期限最长为两年,由同级财政部门按贷款基准利率的50%给予贴息。目前大学生对于政府的各项创业贷款支持政策的评价一般也比较高,比创业贷款支持政策高,但是目前,在制定创业基金政策方面,国内只有少数几个省市做得比较成功。

三、税收优惠政策

为激励大学生创业,缓解大学生创业融资难问题,我国政府在各项收费、税收等方面出台了不少优惠政策,以相对纾缓融资能力不强对大学生创业的制约。国务院办公厅在2003年5月发文通知,凡高校毕业生从事个体经营的,除受到国家限制的行业,自工商部门批准其经营之日起,可在一年内免交登记类和管理类的各项行政事业性收费。为贯彻国务院办公厅通知的精神,国家市场监督管理总局就普通高校毕业生从事个体经营出台了有关收费优惠的具体政策:凡高校毕业生从事个体经营的,除国家限制的行业外,自工商行政管理机关批准其经营之日起,一年内免交个体工商户登记注册费(包括开业登记、变更登记、补换营业执照及营业执照副本)、个体工商户管理费、集贸市场管理费、经济合同鉴证费、经济合同示范文本工本费等。

小微企业面临融资难问题

小微企业作为国民经济的重要支柱,是经济持续稳定增长的坚实基础,支持小微企业创新发展对推动中国经济新一轮蜕变具有重要意义。根据《全国小型微型企业发展报告》的定义,在我国,小微企业主要指除了大中型企业以外的各类小型、微型企业,个体工商户也包括在其中。截至2017年7月底,我国小微企业名录收录的小微企业已达7328.1万户,其中,企业2327.8万户,占企业总数的82.5%;个体工商户5000.3万户,占个体工商户总数的80.9%。在加快实施创新驱动发展战略背景下,推动小微企业创新发展的重要性日益突出。

但是据业内专家分析,阻碍小微企业发展最重要的五个要素分别是融资、税收、竞争、电力和政治因素,其中首当其冲的便是融资问题。由于企业的研发创新投入和调整成本高,投资周期长,同时具有高风险性,企业的研发创新往往面临融资约束。"融资难"和"融资贵"成为制约小微企业创新发展的突出问题。小微企业在面临资金约束的情况下,承受创新风险的能力被进一步削弱,能否获得资金支持在很大程度上会影响小微企业的创新决策。而良好的金融支持可以通过动员储蓄、降低交易成本、改善资金供求关系推进企业创新。

融资约束对企业的研发投入具有显著的抑制效应,缓解融资约束有助于提升企业的研发创新能力。考虑到研发创新的不确定性以及逆向选择和道德风险问题,企业的研发创新融资渠道往往是内源融资先于外源融资。然而内源融资通常难以满足研发创新活动的巨额前期投入,外源融资渠道越来越成为企业研发资金不可或缺的重要来源。当前我国资本市场仍然不完善,外源融资渠道主要依靠借贷的方式。具体而言,主要有来自正规金融机构的正式融资和来自非正规金融机构的非正式融资两种融资来源。在小微企业调查中,当受访者被问及企业更偏好哪类融资渠道时,超过56%的受访者倾向于银行、信用社等正规金融机构;大约13%的受访者选择亲朋好友、民间金融组织等非正规金融机构;剩下的受访者则认为需要视金额而定(约17%)或者没有偏好(约13%)。由于新兴经济体权益市场发展不够完备,缺乏以股权市场为基础的资金来源,银行融资成为中小企业融资的主要来源。然而小微企业信用风险较高,同时缺乏可供抵押的资产,使得小微企业很难从诸如银行或信用合作社等正规金融机构获得贷款。在这样的情况下,正式融资和非正式融资并存互补,依靠各自的优势帮助企业缓解融资约束。

二、创业融资的方式与渠道

创业必然是艰苦的过程,融资正是第一道坎。由于大学生的初创企业缺少可供抵押的资产,没有足够的经营经验和销售记录,发展具有不确定性,产品服务信息不为社会所熟知等原因,资金筹集一直是大学生创业面临的难题。因此,正确了解各种融资方式和渠道就尤为重要。

(一)自我融资

初创企业依靠家人和自己多年的积蓄融资是创业融资的一个重要来源。其优点是有利于开创业者控制企业占有企业绝大部分的股份,可长期使用,不需要还本付息;缺点是资金往往有限,并且风险较大,一旦创业失败,个人的多年积蓄将付之东流。

(二)亲情融资

俗话说"一个好汉三个帮",从亲朋好友处借钱创业也是寻找资金的最常见、最简单且最有效的做法。其优点是筹措资金速度快、风险小、成本低,且方便、快捷、灵活,在企业的创业过程中向亲友等民间资本借贷的运用较为普遍;缺点是会给亲朋好友带来资金风险,甚至是资金损失,如果创业失败就会影响双方感情。

(三)合伙人融资

合伙人融资是祸福同享的共同投资。其优点是不但可以有效筹集到资金,还可以充分发挥人才的作用,有利于整合和利用各种资源,能尽快形成生产能力,降低创业风险;缺点是合伙人多了就很容易产生意见分歧,降低办事效事,也有可能因为权利与义务的不对等而产生合伙人之间的矛盾,不利于合伙基础的稳定。

(四)从供货商处赊购

赊购是购买商品时不付现金,先记账,以后分次还款的方式。这是一种商业信用的形式,有利于推销商品,而且贷款的利息早已经打入货价,是种自然融资。但在企业成立之初,供应商对企业的经营及未来状况不了解,从供应商处赊货很难。

(五)政策基金融资

政府提供的创业基金被称为创业者的"免费皇粮"。在我国人口多、就业形势严峻的现实国情下,近年来,政府充分意识到创业对促进经济增长扩大就业容量和推动技术创新有非常重要的推动作用,采用了各种方式扶持大学生创业,各级政府也相继设立了一些政府基金予以支持。

政策基金融资的优点是政府的投资一般都是免费的,免除了筹资成本,而且不用担心投资方的信用问题;缺点是申请创业基金有严格的申报要求,同时,政府每年的投入有限,申请政府基金会面临其他筹资者的竞争。

小知识

世界各国支持青年创业和融资的项目

一、KAB 项目

KAB(Know About Business)项目是国际劳工组织为培养大学生的创业意识和创业能力而专门开发的教育项目。该项目旨在为创业青年提供创业的基本知识和技能,帮助创业青年树立对创业的全面认识,增强其创业意识,培养其创新精神,为其营造创业文化氛围。该项目一般以选修课的形式在大学开展,KAB 课程以体验式教学为主,共设置八个教学模块,每个教学模块都有特定的主题,包括学科课程、活动课程以及实践课程。

二、YBI 计划

YBI(Youth Business International)即青年创业国际计划,成立于 1999 年,由英国王子基金与英国威尔士王子国际商业领袖论坛共同组建,主要致力于推广和发展英国青年创业模式,促进各国在扶持青年创业方面的信息沟通和经验交流。它为创业青年提供基本的资金支持,并吸收成功创业者对创业青年进行指导和咨询。目前,已在 35 个国家推行了 YBI 的理念和模式,既包括发达国家,也包括发展中国家。

三、英国"青年创业计划"

英国"青年创业计划"由英国王子基金创建于 1983 年。该计划旨在通过动员企业界和社会力量,志愿为 18～30 岁的失业、半失业青年提供创业咨询以及资金、技术和网络支持。它具有三个显著特征,即提供发展债券式的创业启动金、提供一对一的创业辅导以及扶持弱势群体。"青年创业计划"的工作流程大致有基层宣传、面议咨询、商业计划设计、专家小组评审、资金申请、导师分配、工商网络支持、跟踪服务等几个阶段。整个项目将英格兰、威尔士和北爱尔兰划分为九个地区(苏格兰地区的项目独立运行),设 50 个基层办公室,有专职和兼职工作人员。在项目管理过程中,引入导师和专家开展招募、培训、管理、跟踪监督和评估奖励等工作。

四、法国"青年挑战计划"

法国"青年挑战计划"始于 1987 年,由法国政府给予全力支持,为具有创新意识的创业青年提供各方面的支持,包括提供资金支持。该计划旨在提高青年的自我发掘能力、创新能力和实践能力,从而促进青年自主创业,融入社会和职业生涯发展。法国"青年挑战计划"的对象是年龄在 18～28 岁、不属于任何机构组织的独立青年个体,既包括法国本土青年,也包括在法国合法居住的其他国家的青年。该计划通过网络运作,法国国民教育青年学院是网络运作的领导机构。

五、YBC项目

YBC（Youth Business China）即中国青年创业国际计划，是扶持青年创业的专项基金。它是由共青团中央、全国青联和全国工商联共同倡导发起，是一个旨在帮助青年创业的教育性公益项目。通过与国际青年创业国际计划等组织合作，动员社会各界特别是工商界的力量，为创业青年提供导师辅导，以及资金、技术、网络支持，帮助青年成功创业。YBC扶持的对象是年龄在18～35岁之间（好项目可适当放宽）、有创业潜质但是缺乏资金和经验的创业青年，详细内容可查询中国青年创业国际计划官网。

YBC扶持青年创业的基本模式

YBC总结四十多个国家和地区三十多年的帮扶创业经验和规律的基础上，并根据我国国情做出调整，设计了一套扶持创业"资金支持＋导师辅导"的基本模式。具体做法是：①将低利息、无抵押、免担保的小额贷款模式改为无利息、无抵押、免担保的公益借款模式；②将YBI简单的一次导师评审资助改为多个评审导师小组交叉筛选的流程化控制；③延续YBI的一对一导师帮扶模式，并与定期导师巡诊相结合。这一基本模式既可弥补创业青年在资金上的匮乏，也可弥补创业青年在经验上的不足，进而引导创业青年进入工商网络，帮助创业青年成功迈出创业的第一步，渡过创业头三年的高风险期。

一、资金支持

资金支持是YBC扶持模式的基本路径。YBC通过筹募社会资源，为缺乏机会创办和发展企业的创业者提供无利息、无抵押、免担保的创业启动资金借款，数额一般为3万元、5万元和10万元，创业青年在获得YBC资助半年后需要每月按时还款，三年还清。YBC帮扶的创业青年是暂时遇到困难的弱者，他们在创业初期只是暂时遇到困难，而YBC的公益借款可以解决他们创业初期的困难，使他们通过创业获得成长，创造财富，并有能力偿还扶持资金。

这种资金循环使用的方式有诸多好处，既可以解决创业青年创业启动资金不足的问题，减轻其还贷的压力，又能促使其学习诚信、积累商业信誉，创业青年每月还款也是其创业企业运行良好的标志。尤其需要提出的是这种方式还能调动创业青年的积极性，激发其社会责任感。因为创业青年每还一笔钱，就是对社会的一种回馈，就可以帮助更多的创业青年踏上创业的道路。创业青年不再是单纯的受益者，他同时也是施助者，在创业过程中参与着社会问题的解决。这就无形中放大了公益资金的使用效率，培养并发扬了创业精神和志愿精神。

二、导师辅导

导师辅导是YBC扶持模式的核心智力资源。所谓"导师辅导"，是指YBC通过向社会招募导师志愿者，为获得YBC扶持的创业青年提供每月不少于4个小时面对面的"一对一"陪伴式、滴灌式导师辅导，为创业青年提供商业经验、技术支持和情感交流等，为期三年。导师可以分为评审导师、"一对一"导师、专业导师和联络员导师。从创业青年提交申请开始，导师志愿者就开始为创业青年提供宣讲、咨询和培训；在创业项目评审期间，评审导师不仅要评审青年的创业项目，还要和创业青年密切接触，通过实地考察坚定青年的创业意志，鼓励青年的创业勇气，不断帮助其完善商业计划书，提供咨询建议和业务指导等，推动创业青年成功申请创业扶持；在创业青年获得扶持启动创业的前三年中，辅导导师为创业青年提供"一对一"导师辅导和专业导师辅导，包括提供咨询建议、技术指导、网络支持、情感交流、诚信教育、专业培训、专家会诊和导师巡诊等，在青年创业的最艰苦阶段，帮助青年跨越障碍，实现成功创业的愿望。这样，通过发挥导师在不同阶段的作用，对创业青年进行专业化接力式帮扶，并透过导师网络发挥作用。这种"一对一"的陪伴式和滴灌式导师辅导，不仅可以让导师志愿者持续跟进创业者的创业进度，也可以及时有效地帮助创业者解决创业过程中所面临的各种难题。

（六）金融机构贷款融资

金融机构贷款是指银行小额贷款融资。银行小额贷款被誉为创业融资的"蓄水池"，银行财力雄厚，大多具有政府背景，因此在创业者中很有"群众基础"。

金融机构贷款有抵押贷款、信用贷款、担保贷款、贴现贷款等。金融机构贷款融资的优点是方便灵活，期限和类型较多，风险较小，不涉及企业资产所有权的转移等；缺点是申请手续比较麻烦，筹集资金的数量有限，利率较高，一旦企业无力偿还贷款，则可能使企业陷入财务危机。

（七）设备租赁融资

设备租赁融资是指出租人根据承租人对租赁物件的特定要求和对供货人的选择，出资向供货人购买租赁物件，并租给承租人使用，承租人则分期向出租人支付租金。在租赁期内租赁物件的所有权属于出租人，承租人拥有租赁物件的使用权。这种融资方式比较适合需要购买大件设备的初创企业，但在选择时要挑选实力强、资信度高的租赁公司，且租赁形式越灵活越好。

（八）知识产权质押融资

知识产权质押融资是权利质押的一种，属于担保物权，指企业将其合法拥有的知识产权评估作价质押给银行等金融机构，以获得贷款融资的业务。创业者还可以选择运用知识产权质押的方式来破解融资难题。这对于以"轻资产""具有技术优势"为特征的小微科技企业的存续发展无疑具有非常重要的作用。然而，知识产品本身具有非物质性，其价值评估、风险把控、处置变现等都不同于有形财产。

 小知识

各具特色的知识产权融资模式

一、北京模式

2008年8月，北京市政府启动了缓解中小企业融资难问题的贴息计划，对于获得银行贷款的成长型科技企业给予贴息支持，搭建起银企沟通的平台。但出于风控考虑及担保机制不健全，银行设立了较高的贷款门槛，种子期小微企业融资受到了一定限制。此后，为进一步释放市场活力,中关村作为北京市科技产业的聚集地,为助力中小科技企业发展,逐步探索出"担保助融、增信增贷、风险补偿"多方位的融资服务模式。担保助融主要体现为由国有知识产权融资服务公司来承担担保责任,通过其对于企业现金流、生产力、科研转化能力的评估审慎地做出贷款额度核定,然后采取动产不动产抵押+质押结合的方式来进行融资担保,其优势在于一定程度上克服了评估机构不专业、融资贷款风险高的缺陷。增资增贷属于捆绑式贷款模式,适用于弥补存在资金缺口的已进行了抵押贷款的科技型企业,通过知识产权质押的加入,增加其授信额度,以扩大专利权、商标权质押的适用模式。风险补偿则是政府财政职能的体现,根据企业的信用评级不同,给予20%至40%不等的差异化知识产权质押贷款贴息,以降低企业融资成本。2016年北京知识产权运营中心推出"智融宝"业务。该业务是国内首款纯知识产权质押贷款业务,采取双重评价机制,并引入外部股权投资实现投贷联动。这是中关村首创的集知识产权质押、股权投资、运营于一体的金融服务体系。2019年中关村对于"智融宝"业务进行了升级,创设了针对知识产权质押融资项目集中投保的保险模式,达到了使创新风险分散的目的。北京模式充分体现了在政府支持引导下市场主体积极参与知识产权质押融资的格局。

二、上海浦东模式

上海市从2006年起开始试行知识产权融资业务。由上海市浦东区政府设立风险补偿基金,浦东知识产权中心等第三方对企业进行评估,浦东生产力促进中心为企业提供担保,企业向担保机构提供反担保,以政府多方位的角色参与来促成银行放款的实现,政府承担了较大的融资风险。2015年,由上海浦东新区知识产权局牵头,中国银行和上海银行、浦东科技融资担保公司(市区两级财政出资设立)联合开发"知识产权金融卡",授信额度上限500万,率先对高质量的知识产权企业开启了小额信贷业务。

三、其他地区模式

各地纷纷探索出适合自身发展的知识产权融资模式。例如苏州市的科技保险模式,2017年全国首个由保险资金直接支持的知识产权质押融资项目"贝昂科技"项目在苏州落地,开拓了科技型企业运用知识产权融资的新渠道。广州市为分担风险,通过运用知识产权质押融资风险补偿基金,实施的"55模式""5311模式",线上+线下"互联网+知识产权服务"网上平台申报新模式,以多元举措完善融资渠道。山东省在2019年印发《山东省知识产权质押融资风险补偿资金使用管理实施细则》中,将质押范围扩大到除专利权外的商标质押领域,以促进企业高质量发展,创名牌效益。

(九)天使投资

天使投资是自由投资者或非正式风险投资机构对处于构思状态的原创项目或小型初创企业进行的一次性的前期投资。天使投资是初创业者的"婴儿奶粉",它对具有巨大发展潜力的初创企业进行早期的直接投资,属于一种自发而又分散的民间投资方式,属于风险投资的一种。天使投资与风险投资的区别是:天使投资者大多在申请投资的人士具有明确市场计划时就已经开始投资了,而这些市场计划或想法暂时不为风险投资公司所接受。

天使投资融资的优点是民间资本的投资操作程序较为简单,融资速度快,门槛也较低;缺点是很多民间投资者在投资的时候希望控股,因此容易与创业者发生利益分配的矛盾。

小知识

中国较为有名的天使投资机构

一、阿米巴资本

阿米巴资本成立于2011年，专注于TMT行业早期及成长期公司的风险投资，致力于寻找具有强大生存能力、适应能力和坚决快速的执行力的创业者。其关注的领域包括但不限于企业级服务、大数据/人工智能、消费和产业升级。

基金目前已投资了近百家创业公司，包括蘑菇街、快的打车、威马汽车、聚水潭、立刻出行、二维火、晓羊教育、乐言科技、51赞、传课、阿拉丁、药帮忙、百应等。

二、合力投资

合力投资成立于2012年，总部位于上海，并于北京、深圳、杭州、成都设有分公司或办公室。投资团队管理着多支人民币和美元基金，投资业务覆盖早期风险投资、中期成长投资和证券投资。迄今，已在中国、美国、印度、韩国、香港、越南等地投资超过150家高科技、高成长企业，所投行业覆盖互联网、人工智能、自动化、金融科技、文化创意、消费升级、新材料、生物医疗等多个高速成长的新兴领域。代表性案例有酷哇机器人、工品汇、格灵深瞳、九指天下、驹马物流等多个知名项目。

三、联想之星

联想之星创立于2008年，目前管理着总规模约25亿人民币的天使投资基金，已投资超过200个项目，包括乐逗游戏（NASDAQ:DSKY）、旷视科技、思必驰、燃石医学、开拓药业、云丁科技、小马智行（Pony.ai）、作业盒子、十二栋文化等。主要投资人工智能、TMT、医疗健康三大领域，积极布局智能机器、互联网改造传统产业、生物技术、医疗器械等前沿领域。

四、梅花创投

梅花创投成立于2014年5月，是国内最活跃、最懂互联网的投资机构之一。目前管理约12亿人民币天使基金、5亿人民币成长基金。梅花创投专注在TMT领域的投资，致力于帮助聪明的年轻人成为伟大的企业家，目前共投资项目300余个，覆盖各个垂直领域，涌现出趣店（NYSE:QD）、大掌门、唱吧等大批知名案例。

五、天使湾创投

天使湾创投作为中国最具互联网基因的天使投资机构，具有独特的价值观、别具一格的专业洞见，长期专注于泛互联网和TMT行业，包括人工智能和大数据、传统产业的互联网升级、消费升级、互联网金融与保险、区块链服务、基因科学和大健康、文创和IP、互联网农业等。近年来，随着"互联网+"风潮的日渐兴盛，天使湾创投更加注重互联网和传统产业的有机结合。迄今，天使湾已累计投资超过200个项目，凭借专业的早期投资模型和出色的投资管理理念，在已投项目中逐渐涌现出如极验验证、扇贝网、下厨房、大姨妈、壹基因、聚玻网、环球黑卡、追书神器、美妆心得、imtoken等诸多明星项目。

六、险峰长青

险峰长青（K2VC）创始于2010年，专注于中国科技创业企业的早期投资，关注推动技术进步、商业模式革新及人们生活方式的改变。目前险峰管理数支投资基金,在投基金总规模超过30亿元人民币。作为市场领先的早期投资机构,险峰长青(K2VC)已投资了聚美优品、有缘网、墨迹天气、找钢网、分期乐、蜜芽宝贝、团车网、美柚、懂球帝等三百多家创业企业。

七、英诺天使基金

英诺天使基金成立于2013年4月,投资管理团队平均有10年以上经验,管理基金规模超过20亿人民币。英诺以"投资创新,成人达己"为使命,专注人工智能、微信互联网、大消费/泛娱乐等领域的天使轮、Pre-A投资,成立后持续获得"中国天使投资机构十强"等殊荣。英诺已投创业项目有370多项,包括推想科技、臻迪科技、柠檬微趣、梦想加、智行者、未来黑科技、变格、微动天下、乐纯等。

八、云天使基金

云天使基金致力于帮助卓尔不凡的创业者践行其伟大的企业梦想,关注于可能对市场及社会带来巨大影响和变革的关键技术突破和商业模式颠覆。高达88%的企业接受云天使投资后,于18个月内顺利得到红杉资本、经纬中国、高瓴资本、宽带资本、金沙江创投、北极光创投、深创投、纪源资本、双湖资本等机构的投资。以往投资组合包括Makeblock、销售易、小满科技、青藤云安全、微步在线、凌云智能、功夫豆、Worktile、谷露、龙猫数据、飞趣、LinkedMe、Hyper等多家快速成长的创新型公司。

九、真格基金

真格基金是由徐小平、王强先生于2011年联合红杉资本中国基金创立的早期投资机构。真格基金自创立伊始,一直积极在互联网、移动互联网、未来科技、人工智能、企业服务、医疗健康、消费升级、教育、内容娱乐及大文化等不同领域寻找最优秀的创业团队和引领时代的投资机会。真格基金陆续投资了600余家创业公司,并收获了美菜、英雄互娱、VIPKID、一起教育科技、找钢网、罗辑思维、依图科技、小红书、蜜芽、ofo等行业瞩目的独角兽企业。自2011年起,真格基金被投公司世纪佳缘、聚美优品、兰亭集势、51Talk等中国概念股陆续在美上市。

十、中科创星

中科创星科技孵化器有限公司是由中科院西安光机所联合社会资本发起创办的专业从事的高新技术产业孵化+创业投资的一站式硬科技创业投资孵化平台。中科创星是"硬科技"理念的缔造者,致力打造以"研究机构+天使基金+孵化器+创业培训"为一体的科技创业生态网络体系,为科技创业者提供专业、深度、全面的创业孵化及融资解决方案。投资案例有秦天机床、陕气集团、三角航空、华达科技、中科华芯。

(十)风险投资

风险投资(Venture Capital,VC)像维生素C的简称。因此,风险投资又称为是创业者的"维生素C"。根据美国全美风险投资协会的定义,风险投资是由职业金融家投入到新兴的、迅速发展的、具有巨大竞争潜力的企业中的一种权益资本。从投资行为的角度来讲,风险投资是把资本投向蕴藏着失败风险的高新技术及其产品的研究开发领域,在促使高新技术成果尽快商品化、产业化,以取得高资本收益的一种投资过程。从运作方式来看,是指由专业化人才管理下的投资中介向特别具有潜能的高新技术企业投入风险资本的过程,也是协调风险投资家、技术专家、投资者的关系,利益共享、风险共担的一种投资方式。风险投资人分为风险资本家、风险投资公司、产业附属投资公司和天使投资人,一般对高科技、高成长潜力的企业投资,以获得潜在的高收益。投资期限一般较长。资金流动性不高,资金流供给稳定。投向处于早期发展阶段的中小企业,可以满足其技术创新、产品研发、组织营销等各环节以及不同发展阶段对资金的需求。

(十一) 众筹集资

创业者可以把自己的产品原型和创意项目提交到众筹平台,发起资金募集,由感兴趣的人来捐献指定数目的资金。捐助者可以在项目完成后,得到肯定的回馈,如这个项目制造出来的产品。有了这种平台的帮助,任何有想法的人都可以启动一个新产品的设计生产。互联网金融的兴起让许多人曾经以为不可能的事情成为可能,国内出现了越来越多的众筹平台,如天使汇、大家投、点名时间、追梦网等。

大学生创业融资具有鲜明的阶段性特点,每个阶段都需要做详细的融资需求与融资渠道的匹配。新创企业包含了四个阶段,即种子期、创业期、成长期、成熟期。不同的阶段,融资数量和融资渠道有不同的针对性,创业者要做到融资阶段与融资需求、融资渠道的匹配,做好融资预测与科学安排。

大学生创业融资成本高,吸引投资并不是一件容易的事,创业融资一定要有充分的准备。投资人大多经验丰富,甚至是个行业"大牛",如新东方的创始人之一徐小平同时也创立了真格天使投资基金,小米创始人雷军也是中国著名的天使投资人。投资人不是慈善家,投资人会拿出钱,是为了让你带来更大的切实收益而不是为了你不切实际的梦想,所以你想要得到天使投资人的鼎力相助,就要做好充分准备,让自己具备吸引投资的基本要素,即有一个优秀的管理团队,有很好的市场机会,还有良好的运作机制和可行的商业计划,那么获得资金的机会会大些,与风险投资人谈价格时才能有优势,才能降低融资成本。

创业融资,要多管齐下,渠道多多益善。当前,大学生创业者的融资主要依靠家人和自己的积蓄、亲戚朋友借贷、银行借贷、从供货商处赊购、寻找天使投资人等来实现。

 小知识

大学生创业融资准备

了解不同的商业融资方式的差异性。例如,想要通过商业银行的专项贷款进行融资,就必须理顺公司财务关系,并针对银行手续烦琐的问题,打出提前量;想要获得天使融资,就要积极探索天使投资人的投资偏好,充分展示核心产品的优秀创意和市场价值;如果想要选择众筹模式,就要配合产品定位,选择适合的众筹类型和众筹平台,用优秀的创意、合理的众筹设计吸引投资者。

善于利用第三方平台缓解信息不对称。初创企业在产品市场占有率、还款意愿与能力、发展前景等方面存在不确定性,导致金融机构不敢贸然向创业企业提供资金援助。此时初创企业可以向金融机构提供权威第三方机构的调研报告或者有说服力的财务报告,借由外部人员的视角帮助金融机构重新认识初创企业的状况,提高获得融资的可能性。

充分利用各种平台提高知名度。大学生创业者要积极参加各种级别的创业大赛,通过参与大赛既可以实现对于初创企业本身以及产品的宣传,还可以在大赛上获得专业人士的相关建议,如果大赛获奖更将取得创业资金支持。除了创业大赛之外,还可以参加各类创业沙龙及创业座谈,交流宣传本企业之余,既可能获得未来的合作伙伴,又有可能认识更多的天使投资人或者风投。

大学生常见的骗局与破解

众筹一起合伙开公司。这是一种常见的骗局,骗子常常以一起创业为幌子,以一些高额回报的行业为诱饵,欺骗大学生投资和他们一起创业。结果,只要交了钱,对方就会以各种理由推迟搪塞,最后不知所踪。

"假资料做诱饵"诈骗大学生钱财。比如我们都知道:创业,一定要办工商营业执照,以及税务登记证等证件,有的骗子正是盯上了这一点,欺骗大学生涉世未深,打着自己在工商税务有关系为幌子,声称自己能为他们便捷地拿到相关证件。但是得先付"好处费"。有的大学生创业心切,就中了骗子们的圈套。

破解之道。任你骗局千万遍,我不给钱应万变。天下没有什么便捷的通道,想创业,需要自己一步一步通过合法途径,不要妄想踩黄线超车,还是需要自己一步一个脚印,扎扎实实去做。

任务二 创业启动资金

创业启动资金政策介绍

当你已经准备好创立一家新企业了,那在起步之前,你需要知道创业究竟需要多少创业启动资金。创业启动资金是指企业从筹备到正式运转所需要的全部资金,是必须购买的物资设备和必要的开支费用的总和。这个问题主要依据企业种类和规模大小、经营地点、竞争对手等情况而定。你可能有一个粗略的估计,但这还不够详细,无法支撑你制作一套可行的商业计划书。准确地衡量你需要多少启动资金,这是成功的关键。如果低估了需求,那么在企业开始盈利之前,你可能就已经用完了运营资金;而过高的预测成本,你又可能永远都无法筹集到足够的资金以起步。

创业启动资金主要用来支付场地(土地和建筑)、办公家具和设备、机器、原材料和商品库存、营业执照和许可证、开业前广告和促销、工资,以及水电和通讯等费用。这些支出可以归为两类:投资(固定资产)和流动资金。

投资(固定资产)是指为企业购买的价值较高、使用寿命长的东西。有的企业用很少的投资就能开办,而有的却需要大量的投资才能启动。明智的做法是把必要的投资降到最低限度,让企业少担些风险。当然,每个企业开办时总会有一些投资。

流动资金指企业日常运转所需支出的资金。

案例 5-1

一家个性相册工坊的启动小故事（一）

第一步：确定开办关于个性相册工坊所必须购买的物资和必要的其他开支，并测算其总费用，这些费用叫作创业启动资金。

启动资金用来支付个性相册工坊场地（土地和建筑）、办公家具和设备、机器、营业执照和许可证、开业前广告和促销、工资，以及水电和通讯等费用。

一、固定资产预测

固定资产投资是指为企业购买价值较高、使用寿命长的东西。有的企业用很少投资就能开办，如零售业、服务业等；而有的企业却需要大量的投资才能启动，如生产制造业。固定资产是企业开业时必备的投资，而且其回收期较长，有可能是几年后才能收回这笔钱，作为创业者必须在创业之初就对此项支出做出合理预算，才能保证企业的顺利开业。这项投资分为以下两类：

（一）场地、建筑物

任何公司都需要适用的场地和建筑物，也许是用于开工厂的整个建筑，也许是一个小小的工作间，也许是一个店面。当确定了适合的建筑后，可以租用，可以购买现成的，也可以自己建设，甚至可以在家开业。大学生创业建议先在家里开业，以降低对启动资金的需求量。

（二）设备

设备是指企业开办需要的所有机器、工具、工作设施、车辆、办公家具等。

案例 5-2

一家个性相册工坊的启动小故事（二）

第二步：预算一下投资到底需要多少资金。

我们的投资一般可以分为两类：①个性相册工坊店面和摄影棚用地；②设备。

1. 个性相册工坊店面和摄影棚用地

办个性相册工坊需要有适用的店面和场地。也许只是一个小工作间，也许只需要租一个铺面。如果我们能在家开始工作，就能降低投资。谈到营业地点问题，即要决定在哪里开设个性相册工坊。

当我们清楚了需要什么样的场地和店面时,要做出以下选择:①建造新的建筑;②购买现成的建筑;③租一层楼做店面或摄影棚。

造房——如果个性相册工坊对场地和店面有特殊要求,那最好是建造自己的房子,但这需要大量的资金和时间。

买房——如果你能在优越的地点找到合适的建筑,则买现成建筑既简单又快捷。但现成的房子往往需要经过改造才能适合企业的需要,而且需要花大量的资金。

租房——租房比造房和买房所需的启动资金要少,这样做也更灵活。如果是租房,当需要改变个性相册工坊的地点时,就会容易得多。不过租房不像自己有房那么安稳,而且也得花些钱进行装修才能使用。

在家开业——在家开业最便宜,但即使这样也少不了要做些调整。在我们确定个性相册工坊是否成功之前,在家开业是起步的好办法,待个性相册工坊成功后再租房和买房也不晚。但在家工作,业务和生活难免互相干扰。

2. 设备

设备是指相册工坊需要的所有机器、工具、车辆、办公家具等。对于制造商和一些服务行业,最大的需要往往是设备。需要在设备上大量投资,因此了解清楚需要什么设备,以及选择正确的设备类型就显得非常重要。即使是只需要少量设备的企业,也要慎重考虑你确实需要哪些设备,并把它们写入创业计划。

二、流动资金预测

流动资金是企业维持日常运转所需支出的资金。没有原材料、员工、充足的货币资金作保证,企业就无法正常生产运营。因此,流动资金需求量也是创业者必须考虑的。创业之初,企业所需流动资金一般包括以下七项:

(1)原材料和库存商品。俗话说"巧妇难为无米之炊",无论是生产企业、服务业、还是商业企业,都必须有足够的库存以保证生产和运营的顺利进行。预计的库存越多,所需要的采购资金也越大。因此,要将库存降低到最低限度,以保证流动资金的流动性。

(2)人工费。人工费是指用人单位依据国家有关规定成劳动关系双方的约定,以货币形式支付给员工的劳动报酬,如月薪酬、季度奖、半年奖、年终奖等。但依据法律、法规、规章的规定由用人单位承担或者支付给员工的下列费用也应计入人工费预测中:社会保险费、劳动保护费、福利费、用人单位与员工解除劳动关系时支付的一次性补偿费等。此项支出也是流动资金中重要的支出。

(3)日常工作支出。企业为了维持正常的运营,除了有相关的场地、原材料和库存商品和员工支出外,还产生了相关的办公支出,包括电话费、网络费、招待费等,这些费用在现代企业中也包括在日常工作支出中。

(4)广告费用。一个新的企业,为了让外界了解你的企业以及产品,扩大宣传,树立企业形象,促销企业产品,就相应地有了广告宣传和广告支出,产生广告费用。

(5)场地租赁费。如果企业的经营场地或设备是租赁来的,在企业开办之初还应支付相应的租赁费。租金一般是按季或年预付,因而会占用更多的流动资金。

(6) 保险。企业从成立开始,就必须投保并支付所有的保险费用,这也需要流动资金。

(7) 其他费用。企业的日常经营需要大量的流动资金,除以上所列之外,企业还可能发生许多其他支出,如差旅费、设备维护费、车辆使用费等,这些都会占用一定量的流动资金。

案例 5-3

一家个性相册工坊的启动小故事(三)

第三步:预测在获得销售收入之前,我们的个性相册工坊的前期支出。

个性相册工坊开张后要运转一段时间才能有销售收入。制造商在销售之前必须先把产品生产出来;服务企业在开始提供服务之前要买材料和用品;零售商和批发商在卖货之前必须先买货。所有企业在揽来顾客之前必须先花时间和费用进行促销。总之,需要流动资金支付以下开销:

1. 购买并储存原材料和成品

制造商生产产品需要原材料;服务行业的经营者也需要些材料;零售商和批发商需要储存商品来出售。你预计的库存越多,你需要用于采购的流动资金就越大。既然购买存货需要资金,就应该将库存降到最低限度。即使个性相册工坊开办后所需原材料和成品不多,也要预测在内。

2. 促销

新个性相册工坊开张,需要促销自己的商品或服务,而促销活动需要流动资金。在第三步中我们已经做了促销计划并预算了促销费用。

3. 工资

如果我们雇用员工,在起步阶段我们就得给他们付工资。还要以工资方式支付自己家庭的生活费用。计算流动资金时,要计算用于发工资的钱,通过每月工资总额乘以还没到达收支平衡的月数就可以计算出来。

4. 租金

正常情况下,个性相册工坊一开始运转就要支付相册工坊用地用房的租金。计算流动资金里用于房租的金额,用月租金乘以还没达到收支平衡的月数就可以得出来。而且,我们还要考虑到租金可能一次支付就是3个月或6个月,会占用更多的流动资金。

5. 保险和许多其他费用

个性相册工坊一开始运转,就必须投保并支付所有的保险费,这也需要流动资金。同时,在个性相册工坊起步阶段,还要支付一些其他费用,如电费、文具用品费、交通费等。

创业启动资金是企业得以成立的基础,而创业启动资金的获得又有赖于创业者进行创业融资。总而言之,进行创业融资就是在为企业筹集创业启动资金,同时,一个企业是否能够成功获得启动的"第一桶金",完全取决于创业融资结果。

实践训练

"电梯演讲"——创业融资必杀技

一、麦肯锡公司简介

麦肯锡公司是世界级领先的全球管理咨询公司,是由美国芝加哥大学商学院教授詹姆斯·麦肯锡(James O'McKinsey)于1926年在美国创建。自1926年创立以来,经过近百年的努力与发展,麦肯锡公司已经成为世界上成功的咨询顾问公司。在全球44个国家有80多家分公司,共拥有7000多名咨询顾问。此外,麦肯锡的咨询对象还包括美国国家和地方政府以及许多外国政府机构。

二、麦肯锡30秒电梯理论

电梯演讲来源于"麦肯锡30秒电梯理论"(或称为电梯测验、电梯法则),它来源于麦肯锡公司一次沉痛的教训。当时,麦肯锡公司在为一家重要的大客户做咨询。咨询结束后,麦肯锡的项目负责人在电梯间里遇见了对方的董事长,该董事长问麦肯锡的项目负责人:"你能不能说一下现在的结果呢?"由于该项目负责人没有准备,而且即使有准备,也无法在电梯从30层到1层的30秒钟内把结果说清楚。最终,麦肯锡失去了这一重要客户。

从此,麦肯锡要求公司员工凡事要在最短的时间内把结果表达清楚,凡事要直奔主题、直奔结果。麦肯锡认为,一般情况下人们最多记得住一二三,记不住四五六,所以凡事要归纳在3条以内。

这就是如今在商界流传甚广的"30秒钟电梯理论""电梯演讲""电梯测验",它是指在较短时间内把复杂的问题说清楚,比如在电梯里利用30秒的时间向一位潜在客户推广你的方案或产品,将一周的工作浓缩在30秒的时间中向上级汇报。30秒的时间一闪而过,在此期间讲清楚一个话题并不容易,因此,电梯法则强调凡事要直入主题、直奔结果,快速而清晰地给出重点信息,为自己和对方节约时间。有效的商业信息有3个特征:简洁、全面、系统。简洁,即把所有信息缩减到受众需要知道的3~5点;全面,即包括受众需要知道的所有要点,不要留有悬念;系统,即把信息按受众容易理解的结构组织起来,简单的结构也有助于陈述者把信息说清楚。

三、电梯演讲的应用

创业者想要进行创业融资做的最多的事情之一就是和各种人讲自己的想法、项目。所以,从某种程度上讲,有效的电梯演讲是创业融资的必杀技。假设你是个需要融资的创业者,找到了一个潜在的投资者,你打电话给他们,费尽唇舌介绍自己的项目。可是你苦于没有机会和他们的决策层接触。有一天,你去拜访他们,刚跨进一楼电梯,忽然发觉该投资者决策人员就站在你身边。电梯会几停几开,到他办公的楼层只要一分钟甚至半分钟时间,你是否有本事让他在出电梯之前说:"你刚才说的这东西有点意思,这样,我给你十分钟,来我办公室坐坐。"

多数人对自己在短短时间内,应该讲什么,怎么讲,如何做好一个精彩的电梯演讲没有概念,也因此会变得不自信。做好电梯演讲应把握三点:一是充分的前期准备;二是快速的分析能力;三是果断的归纳提炼。

请按照以下思路思考如何用"电梯演讲"的方式来展示你的产品:
(1) 请说明你的产品能解决什么问题。
(2) 你是怎么解决这个问题的?
(3) 你是如何做到与众不同的?
(4) 我为什么要在乎?

 项目小结

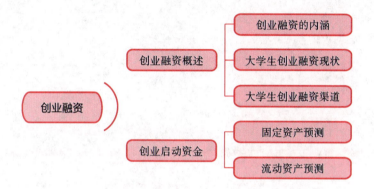

项目六 创业风险

学习目标

(1) 掌握创业风险的内涵。
(2) 了解创业风险的特征和类型。
(3) 熟悉识别创业风险。
(4) 掌握防范创业风险的措施。

思政联结

以底线思维化解风险

党的十八大以来,习近平总书记多次强调坚持底线思维、增强忧患意识,有效防范和化解前进道路上的各种风险。在党的十九届五中全会上,习近平总书记再次强调:"树立底线思维,把困难估计得更充分一些,把风险思考得更深入一些。"这对我们在新发展阶段有效防范化解各类风险挑战、确保社会主义现代化事业顺利推进具有重要意义。

树立底线思维,是有效应对我国发展环境深刻复杂变化,特别是其中隐藏的重大风险挑战的必然要求。从国际看,和平与发展仍然是时代主题,人类命运共同体理念深入人心,同时世界正经历百年未有之大变局,国际环境日趋复杂,不稳定性、不确定性明显增加,新冠肺炎疫情影响广泛深远,经济全球化遭遇逆流,世界进入动荡变革期,单边主义、保护主义、霸权主义对世界和平与发展构成威胁。从国内看,在新发展阶段我国继续发展具有多方面优势和条件,但我国发展不平衡、不充分问题仍然突出,重点领域关键环节改革任务仍然艰巨。比如,创新能力不适应高质量发展要求,面临不少"卡脖子"技术问题;农业基础还不稳固,农业质量效益和竞争力需要进一步提高;生态环保任重道远,持续改善环境质量需要继续深入打好污染防治攻坚战;等等。发展环境的深刻复杂变化,既要求我们牢牢抓住机遇发展自己,又要求我们树立底线思维、防范各种风险。

树立底线思维,一方面要"有守",就是守住底线,防范系统性风险,避免颠覆性危机,维护好全局发展。特别是对那些可能迟滞或中断中华民族伟大复兴进程的重大风险加强研判、全力防范,把底线牢牢守住。守住底线,前提是明确底线。我们在谋划工作时,既要看到成绩和机遇,更要看到短板和不足、困难和挑战,明确底线在哪里,做到有备无患、遇事不慌,牢牢把握主动权。当前,面对深刻复杂变化的发展环境,我们要对各种新矛盾、新挑战进行预判和超前思考,搞清楚机遇在哪里、风险在哪里,哪些事情可以做、哪些事情不能做,最坏的情况是什么、最好的结果是什么,真正做到依据底线思维进行实事求是的系统性考量,切实规避隐蔽性风险、化解体制机制矛盾。

树立底线思维,另一方面要"有为",就是通过充分发挥主观能动性来化解风险挑战,用科学决策和创造性应对化危为机。依靠科学实践,充分发挥主观能动性,我们在历史洪流面前就不是旁观者,在风险挑战面前就不会束手无策,而是能通过伟大斗争来化解风险挑战。树立底线思维,既要求"凡事从坏处准备",更强调"努力争取最好的结果"。比如,面对我国创新能力不适应高质量发展要求、在关键核心技术方面存在"卡脖子"问题,就要加快补短板,加强重大创新领域战略研判和前瞻部署,强化事关国家安全和经济社会发展全局的重大科技任务的统筹组织,加强国家战略科技力量建设。在全面建设社会主义现代化国家的新征程上,面对各种风险挑战,我们要遇事不慌、临危不乱,保持越是艰险越向前的刚健勇毅,弘扬斗争精神,积极应对各种风险挑战,实现更高质量、更有效率、更加公平、更可持续、更为安全的发展。

案例导入

唐僧团队在取经创业中的风险

中国古典名著《西游记》描述了唐僧师徒四人西天取经,经历了九九八十一难,最后终于到达西天佛祖如来处,取得真经。唐僧团队的所有人员也都实现了个人的愿望。现在回顾唐僧团队在取经过程中除了遇到了显性的九九八十一难的外在困难外,他们还遇到了一些内部问题。其实任何一个创业团队在创业过程中都会遇到不可预见的外部风险和不可控制的内部困难。比如,猪八戒回高老庄、孙悟空回花果山等,都属于唐僧团队面临的内部问题。这些在行为层面上的问题和困难都是暂时性的,也都是可以通过调节来解决的。比如三打白骨精这一难,因为唐僧是人类而无法直观辨认白骨精的变身法术,从而认为她是好人;孙悟空认出白骨精不是人类要将她除掉,却无法说服师父,所以两个人就产生了矛盾。在这个问题上就需要团队人员相互理解、相互忍让、相互包容。有经验的人要有耐心等待其他人的成长,缺少经验的要虚心好学,最终实现三观统一、相互信赖,为实现理想的目标而共同努力。

思考题:1. 唐僧团队在取经创业过程中遇到了哪些风险?
2. 请将这些风险分类,哪些属于内部风险?哪些属于外部风险?

任务一　创业风险概述

一、创业风险的概念

风险是指一定条件下和一定时期内,由于各种结果发生的不确定性而导致行为主体遭受损失的大小以及这种损失发生可能性的大小。风险的核心含义是"未来结果的不确定性或损失",风险可以事先预见,是客观存在的;风险是相对的、变化着的;风险是可以识别的,因而也是可以控制的;风险与收益是对等的。

创业风险是指在创业过程中存在的风险,是由于创业环境的不确定性,创业机会与创业企业的复杂性,创业者、创业团队与创业投资者的能力与实力的有限性而导致创业活动偏离预期目标的可能性。

创业需要胆量,需要冒险。冒险精神是创业者精神的一个重要组成部分,但创业毕竟不是赌博,冒险不同于冒进。

创业思考

冒险与冒进

有一则故事:一个人问一个哲学家,什么叫冒险,什么叫冒进?哲学家说,比如有一个山洞,山洞里有一桶金子,你想进去把金子拿出来。假如那山洞是一个狐狸洞,你这就是冒险;假如那山洞是一个老虎洞,你这就是冒进。这个人表示懂了。哲学家又说,假如那山洞里的只是一捆劈柴,那么,即使那是一个狗洞,你也是冒进。这个故事是什么意思?它的意思是说,冒险是这样一种东西,你经过努力,有可能得到,而且那东西值得你得到。否则,你只是冒进。创业者一定要分清冒险与冒进的关系,要区分清楚什么是勇敢,什么是无知。无知的冒进只会使事情变得更糟,你的行为将变得毫无意义,并且遭人耻笑。

二、创业风险的特点

创业风险贯穿并交织于整个创业活动,这些风险具有一些共同的特征,只有充分地认识风险,才能摸清它的来龙去脉,从而提高创业者抗风险的能力。

(一) 客观性

创业风险具有客观性,是指在创业过程,风险在很大程度上是不以创业者或创业主体的意志为转移的,是独立于创业者或创业主体意志之外的客观存在。如天气变化、创业过程中的意外事故等。创业者在创业中只能采取防范风险的措施,来降低风险发生的频率和损失幅度,但无法彻底消除风险。

（二）不确定性

创业风险具有不确定性，是指在创业过程中由于信息的不对称，创业主体对未来风险事件发生与否难以预测，表现为风险发生的概率的不确定性、风险发生时间和空间的不确定性、风险产生结果的不确定性。如产品在创业初期是热销产品，但研发生产出来后市场上已出现大量同类产品，使产品失去了市场竞争力。

（三）相关性

创业风险具有相关性，是指创业者面临的风险与其创业行为及决策是紧密相连的。同一风险事件对不同的创业者会产生不同的风险，同一创业者由于其决策或采取的策略不同，也会面临不同的风险结果。如技术型的创业者进行技术改良型的创业属于低风险，而对于管理型的创业者来说，进行技术改良型的创业则可能表现为高风险。

（四）双重性

创业风险具有损失与收益的双重性，创业活动中风险越大的创业项目，往往回报也越高，潜能也越大。如果能正确认识并且充分利用创业风险，反而会使收益有很大幅度的增加。因此，创业者须认识到风险并不一定代表损失，机会与挑战同在。

（五）可变性

创业风险的可变性，是指在一定条件下创业风险会因时空各种因素变化具有可转化的特性。如金融危机、国家政策、科技进步等影响创业的因素发生了变化，会使创业项目在一定时期成为较大的风险，在过一段时间后，另一类风险成为最主要的风险。

（六）可识别性

根据创业风险的不同特征和性质，创业风险是可以被识别和划分的。可识别性这一特征可以帮助创业者更好地识别风险，进而规避风险。

案例 6-1

尽量避免风险，保住本金

股神巴菲特是一个善于规避风险的高手：1956年，26岁的巴菲特靠亲朋凑来的10万美元白手起家；52年后，福布斯最新全球富豪排行榜显示，巴菲特的身价已位居全球首位。今天看来，巴菲特的故事无异于神话。但仔细分析巴菲特的成长历程，他并非那种善于制造轰动成就的人，而更像一个脚踏实地的平凡人。

在巴菲特的投资名言中，最著名的无疑是这一条："成功的秘诀有三条：第一，尽量避免风险，保住本金；第二，尽量避免风险，保住本金；第三，坚决牢记第一、第二条。"

> 为了保证资金安全,巴菲特总是在市场最亢奋、投资人最贪婪的时刻保持清醒的头脑选择急流勇退。1968年5月,当美国股市一片狂热的时候,巴菲特却认为再也找不到有投资价值的股票了,因此他卖出了几乎所有的股票并解散了公司。结果在1969年6月,股市大跌,渐渐演变成了股灾,到1970年5月,每种股票都比上年初下降了50%,甚至更多。
>
> 巴菲特的稳健投资,绝不干"没有把握的事情"的策略使他避过一次次股灾,也使他能在机会来临时资本迅速增值。

三、常见的创业风险的分类

了解大学生最常见的创业风险类型,有利于创业者寻找有效的防范创业风险的方法与要点。

(一)创业管理风险

创业管理风险是指在创业过程中因管理不善而导致创业失败所带来的风险。其大小主要由以下因素决定:

1. 创业项目风险

创业项目风险是指在创业初期因选择的创业项目不当,导致企业无法盈利而难以生存的风险。大学生创业时如果缺乏前期市场调研和论证,不去实实在在地了解市场,只是凭自己的兴趣和想象来决定创业项目,必然在创业过程中会碰得头破血流。具体到某个创业项目而言,无论是在创业意愿萌发、商机发现与评估阶段,抑或是资源整合利用、商业模式选择、新创企业组建阶段,都离不开源源不断的创意"涌现"。现实中,不少大学生将"创业"视同为"挣钱"。在这种功利心的驱使下,很容易让自身盲目行动,尤其是在身边的同学创业成功之后,这种"搏一搏、试一试"的心理更加容易占据主导地位。在复制、模仿的创业"范式"下,极易开展一些没有或缺乏创意的低水平项目,这为创业主体在市场定位、进度安排以及对环境的判断等关键点上带来较大的风险。

与之相反的是,一些大学生创业者能够将创业领域或创业项目与自身的所学所长紧密结合,依靠真正的兴趣和强烈的好奇心把源源不断构思出的创意付诸创业实践,发挥了优势,抓住了商机,为规避项目风险获得创业成功创造了有利条件。当前大学生创业实践项目中新能源新材料、生物技术与新医药、现代农业、节能环保、电子信息等创意含量高的领域更容易发挥大学生的特长和优势,其项目取得成功的可能性也大于其他领域。

因此,大学生创业者必须在创业前对即将涉足的行业领域进行深入的分析与评估,依据自身条件及项目可行性进行选择,在权衡各种行业风险因素后,再决定是否进入、如何进入。

案例 6-2

大学生做微商，盲目跟风现象严重

在手机上通过微信、微博、陌陌等社交平台开网店做生意的创业者，被称为微商。大学生是微商创业的主流人群。据人人网的调查，超过三成的大学生有意愿通过微商创业。郑州某大学的何某经过"考察"，决定在朋友圈卖海淘产品，发誓"自己走上微商这条不归路"了，可是在朋友圈推出几条推送后就悄无声息了。问及原因，原来在海外帮助购买的朋友在毕业前周游世界去了，没有进货的渠道，而自己也因为推出的产品无人问津，缺乏再做下去的动力。在大学生微商中，像这样蜻蜓点水的"试水者"不胜枚举。盲目、缺乏市场洞察力、不愿坚持是大学生微商存在的普遍现象。

创业失败往往源于盲目性，所以创业前的准备是很重要的，创业者在创业前需要明确地知道自己的竞争力在哪里，是技术、产品、服务、人脉资源，还是资金实力、政府关系等。如果在上述资源中具有一定的优势，创业初期企业就比较容易生存下来。因此，理性客观地评估创业项目是先于创业过程的。

2. 创业能力不足的风险

大学生还未实现由学校人向社会人的完全转变，其年龄、阅历、心理等与有社会经验的人相比处于劣势，往往容易眼高手低，将创业看得太简单，然而创业计划一旦转变为实际操作时，才发现自己根本不具备解决问题的能力，这样的创业无异于纸上谈兵。"缺什么，补什么"，要想解决这个问题，必须花费足够多的时间去弥补自身能力的不足。

一些大学生创业者虽然有专业技术，但是缺乏理财、营销、沟通、管理等方面的实战能力。若要想创业成功，技术和能力必须两手都要抓、两手都要硬。年轻的创业者们可以先从虚拟店铺，或者和别人合伙开店，或者选择家族创业的方式开始，当积累了足够的经验，锻炼了创业必备的能力，再开始创业才能更有把握成功。

大学生创业者一方面可以在日常的实习打工经历中积累相关经验，不断提升自身的社会实践能力；另一方面，积极参加创业培训，积累创业知识，接受专业指导，提高创业成功率。

企业创办、市场开拓、产品推介等工作都需要调动社会资源，大学生创业者在这方面会感到非常吃力，吃力的原因主要来自创业资源的匮乏，也来自过往生活模式中的人际关系的被动性。获取创业资源最好的方法是积极参加各种社会实践，主动扩大自己的人际交往范围。创业前可以先到相关行业领域工作一段时间，通过这个平台为自己日后积累人脉等资源。

3. 团队风险

企业发展的最主要动力一般都来源于团队。创业团队对创业企业的重要性更是不言而喻。团队风险是指由于成员间在个人利益、追求目标等方面与团队愿景相矛盾，致使团队成员之间不能形成相互合作的默契,无法在团队长远发展和个人长远发展上取得双赢。因此,团队成员之间志趣相投、能力互补、性格相容对于规避创业团队风险显得极为重要。一个稳定而富有企业家精神的创业团队是决定创业实践成功的必要条件。现实中,大学生创业者在物色团队核心人员组建创业团队时,不可能像公司招聘员工那样规范,做到"广而告之、择优录用",他们往往是从身边熟悉的同学、朋友中寻找有创业意向的人员,选择余地窄,随意性较大,拉人"入伙"的现象也较常见。而且在这种模式下搭建的团队,其成员年龄、知识、经验相似,存在人力资本同质化的问题,不利于团队的稳定和创业项目的长远发展。大量实例表明,他们聚集在一起,往往在创业之初能够共渡难关、彼此帮衬,到了后期却因为各种原因分道扬镳、各奔东西。因此,大学生创业者在组建团队之前,要设法围绕团队稳定性提前做足准备:一是要打开选人思路,从有利于组建多元化知识背景团队的角度有针对性地物色志同道合的"合伙人""核心成员";二是要以文本形式确定一个清晰的责权利分配方案,明确利益分配、人事安排、项目发展规划等重大事项上有关成员的责权利,制订好游戏规则;三是要保证成员间的沟通顺畅,能够进行持续不断的沟通。

团队对企业的重要性越来越凸显,企业诞生或发展的最主要的动力一般都是来源于团队。创业团队对创业企业的重要性更是不言而喻。

拓展阅读

2011年对温州高校包括温州医学院、温州大学、温州职业技术学院的大学生创业者进行的创业风险调查分析中有关人力资源配置风险的调查结果显示:首先,大学生创业在选择组建团队时,更看重的是有经验的创业者,有56.2%的人选择了有创业经验者作为团队的成员;其次,拥有相同的创业兴趣是组建团队第二重要的因素,有41.2%的人选择了共同的兴趣,毕竟热情才是保持创业实践活动长久下去的不竭动力;最后,课内学习成绩并没有成为重要依据,可见创业更多的是实践出真知的选择标准,理论和实践在遇到矛盾的时候,更多的创业者还是会选择后者。

而在调查到底是什么原因导致了团队的分崩离析时,我们发现核心人员的稳定是最重要的,有了稳定的核心成员,就有了稳定的分工和人脉。其次,对利益的分配方式也成了不少同学的选择标准之一,毕竟收入多少对于还没有完全经济独立的学生是很重视的。最后,有13.8%的大学生认可沟通的重要性,出色的校园创业实践者更重视沟通的作用。除此之外,有被访者选择了其他,认为强大的资金、学校支持等都是影响团队稳定的重要因素。

(二)创业资金风险

创业者们在初期都会遇到资金风险,有没有足够的钱创办企业是创业者经常要面对的一个难题。创立企业后,需要考虑企业能否步入正轨。足够的资金是确保企业日常运作的基础。如果连续几个月都没有盈利,或者需要投入的资金太多导致企业没有运营资金,都会对企业的健康发展造成严重的危害。不少创业失败的企业都是因为缺乏资金或者没有做好资金使用规划、财务结构不合理而造成无法继续扩展业务,错失良机,导致最后创业失败。

案例 6-3

五分钟网络:融资不力倒在黎明前

企业名称:上海五分钟网络有限公司。

所属行业:游戏。

融资时间:2009 年、2010 年。

融资概况:"五分钟"已获得两次投资,A 轮德丰投资 350 万美元,B 轮 CyberAgent 联合 JAIC 中国投资,金额在 50 万~100 万美元之间。

事件回放:

凡是用过开心网的人,多半玩过其中的一个游戏——"开心农场"。曾几何时,上班"偷菜"让各家单位的管理人员非常无奈。但是开发"开心农场"的五分钟公司却因为没有抵挡住融资压力,倒闭在了 B 轮融资的"黎明前五分钟"。

上海五分钟网络有限公司(以下简称"五分钟")曾经是一家大学生创业的明星企业,创始人徐诚、郜韶飞和程延辉都很年轻。公司专注于向玩家提供符合"五分钟"理念的社交游戏。除了代表作品《开心农场》外,还有《赛车总动员》《爱拼才会赢》《疯狂王后》等,主要与人人网、开心网、QQ 空间合作。

据知情人士透露,"五分钟"的倒闭主要出自内外两个原因:内因是转型失败,外因则是融资不力。

2012 年,"五分钟"推出了首款 HTML5 游戏《邻邦战争》,而其第一款手机游戏《龟兔再跑》的用户显示已突破 20 万。"五分钟"似乎在向手机游戏方向转型,但其也没有放弃网页游戏。实力有限的他犯下了战线过长的错误,没有集中资源专攻一路。近两年,随着微博和其他社交网络的发展,开心网类型的社交网站在国内已没有绝对优势。此外,在手机游戏领域,竞争要比网页游戏更激烈,手机游戏更是你方唱罢我登场,各领风骚只几天而已。

资金方面,"五分钟"在用尽 A 轮资金后,希望通过某种商业模式来吸引新的风投。可惜的是,开心网开始走下坡路,转型似乎看到曙光而又仍然在黑暗中摸索的"五分钟"在严格的资本面前,几乎没有任何说服力。相比较 A 轮融资可以谈些理念,B 轮融资就现实得多,没有新的商业前景,吸引 B 轮融资难上加难。

【案例点评】

(1)青松基金创始人董占斌说,很多互联网企业能够做出一个风光一时的产品,能吸引很多用户参与,但未必有能力及时发现市场的趋势,及时调整他们的产品,因此融资往往最终以失败告终。

(2)"五分钟"倒闭主要有两个原因:转型失败和融资不力,分别属于创业风险中的管理风险和财务风险。也许多给"五分钟"五分钟、一棵"大树"会长成,但市场上没有如果。当然,倒在"黎明前五分钟"的"五分钟"也给了创业者一个启示:提前做好风险防范措施,才不会在风险到来时手足无措。

(3)"五分钟"不仅有了成功创业和成功融资的经验,同时也拥有了融资失败和创业失败的经验,这些都是再次创业、再次融资极为宝贵的财富。

(三)创业竞争风险

寻找"蓝海"是创业的良好开端,但并非所有的新创企业都能找到"蓝海",更何况"蓝海"迟早也会变成"红海"。所以,竞争是企业必须要面对的问题,新创企业更是要时刻考虑如何面对竞争。如果创业者进入的行业,其竞争非常激烈,那么创业之初就会遭到竞争企业的强力打压。如何面对同行的排挤,如何在夹缝中生存是企业要考虑的重中之重。

(四)创业技术风险

创业活动常常表现将某一创新技术应用到实践,将其转化为产品或服务的过程。其中技术是否可行,在预期与实际之间是否出现偏差,这其中存在巨大的风险。主要包括技术成功的不确定性、技术前景的不确定性、技术寿命的不确定性、技术效果的不确定性等。

(五)创业市场风险

技术风险是指由于技术方面的因素及其变化的不确定性而导致创业失败的可能性。创业市场风险包括产品市场风险和资本市场风险两大类。市场供需的变化、市场接受时间的不确定性、市场价格变化、市场战略失误等原因都会给创业活动带来一定的市场风险。

知识链接

大学生创业的七大风险

上海向阳生涯管理咨询有限公司首席职业规划师洪向阳认为,大学生创业的风险主要有以下七个方面。

1. 管理风险

创业失败者,基本上都是管理方面出了问题,其中包括决策随意、信息不通、理念不清、患得患失、用人不当、忽视创新、急功近利、盲目跟风、意志薄弱等,特别是大学生知识单一、经验不足,资金实力和心理素质明显不足,更会增加在管理上的风险。

2. 资金风险

资金风险在创业初期会一直伴随在创业者的左右。是否有足够的资金创办企业是创业者遇到的一个问题。企业创办起来后,就必须考虑是否有足够的资金支持企业的日常运作。对于初创企业来说,如果连续几个月入不敷出或者因为其他原因导致企业的现金流中断,都会给企业带来极大的威胁。相当多的企业会在创办初期因资金紧缺而严重影响业务的拓展,甚至错失商机而不得不关门。

3. 竞争风险

寻找蓝海是创业的良好开端,但并非所有的新创企业都能找到蓝海。更何况,蓝海也只是暂时的,所以,竞争是必然的。如果面对竞争是每个企业都要随时考虑的事情,而对新的企业更是如此。如果创业者选择的行业是一个竞争非常激烈的行业,那么在创业之初极有可能受到同行的强烈排挤。一些大企业为了把小企业吞并或挤垮,常会采用低价销售的手段。对于大企业来说,由于规模效益或实力雄厚,短时间的降价并不会对它造成致命的伤害,而对初创企业则可能意味着彻底毁灭的危险。因此,考虑好如何应对来自同行的残酷竞争是创业企业生存的必要准备。

4. 团队分歧的风险

现代企业越来越重视团队的力量。创业企业在诞生或成长过程中最主要的力量来源一般都是创业团队,一个优秀的创业团队能使创业企业迅速地发展起来。但与此同时,风险也就蕴含在其中,团队的力量越大,产生的风险也就越大。一旦创业团队的核心成员在某些问题上产生分歧不能达到统一时,极有可能会对企业造成强烈的冲击。事实上,做好团队的协作并非易事,特别是与股权、利益等关联时,很多初创时合作良好的伙伴都会闹得不欢而散。

5. 核心竞争力缺乏的风险

对于具有长远发展目标的创业者来说,他们的目标是不断地发展壮大企业,因此,企业是否具有自己的核心竞争力就是最主要的风险。一个依赖别人的产品或市场来打天下的企业是永远不会成长为优秀企业的。核心竞争力在创业之初可能不是最重要的问题,但要谋求长远的发展,就是最不可忽视的问题。没有核心竞争力的企业终究会被淘汰出局。

6. 人力资源流失风险

一些研发、生产或经营性企业需要面向市场,大量的高素质专业人才或业务队伍是这类企业成长的重要基础。防止专业人才及业务骨干流失应当是创业者时刻注意的问题,在那依靠某种技术或专利创业的企业中,拥有或掌握这一关键技术的业务骨干的流失是创业流失的最主要风险源。

7. 意识上的风险

意识上的风险是创业团队最内在的风险。这种风险来自于无形,却有强大的毁灭力。风险性较大的意识有投机的心态、侥幸心理、试试看的心态、过分依赖他人、回避责任的心理等。

洪向阳认为,大学生创业过程中所遇到的阻碍并不仅此七点,在企业发展的过程中,随时都将可能有灭顶之灾的风险。保持积极的心态,多学习,多汲取优秀经验,结合大学生既有的特长优势,我们相信,大学生创业的步伐会越走越远,越走越稳。

大学生创业意识风险介绍

任务二　识别创业风险

一、创业风险识别的内涵

风险管理的第一步就是风险识别,也是风险管理的基础。只有在正确识别面临的风险后,才能够主动选择适当有效的方法进行处理。

创业风险的识别是创业者依据创业活动的迹象,在各类风险事件发生之前,运用各种方法对风险进行的辨认和鉴别,是系统地、连续地发现风险和不确定性的过程。由于创业的特殊性,创业者除了要识别宏观经济层面的政策调整、市场需求的变化等显性风险,还要识别当某一形势变化的连锁反应所可能带来的半显性风险,同时还要识别遭遇突发事件的隐性风险。其主要任务就是要从错综复杂的环境中找出经济主题所面临的主要风险,在风险识别中,我们主要惧怕的是未被识别出来的风险。

对于创业者而言,在企业运营过程中能够及时识别风险的存在,对于企业的正常运营和健康发展至关重要。识别企业风险不仅是对创业者运营企业能力的考验,更是对创业者能否有坚定的信心和价值观的考验,是伴随企业一同成长的重要因素。

二、识别创业风险的方法

现在使用的风险识别方法很多,主要分为宏观领域中的决策分析和微观领域的具体分析,主要包括以下几种方法:

(一)环境分析法

创业环境的构成极其复杂。环境分析法是通过搜集和整理企业内部和外部各种事件、趋势的信息,了解和掌握创业所处的内外部环境的变化,重点是分析环境的不确定性及变动趋势,从而辨别企业所面临的创业风险和机遇。

(二)财务报表分析法

按照企业的资产负债表及利润表、财产状况等财务资料,风险管理人员对企业的固定资产、流动资产等情况进行风险分析,从财务角度发现企业面临的潜在风险。

(三)专家调查列举法

专家调查法是引用风险管理专家的经验、知识和能力,对风险的可能性及其后果做出估计。其基本步骤是:首先选择主要的风险项目,选聘相关领域的专家,接着专家对各类可能出现的风险进行评估、评分,回收专家意见并整理分析,然后将结果反馈给专家,最后把专家的第二轮结果汇总,直到比较满意为止。

风险识别还有很多其他方法,如流程图法、分解分析法、SWOT 分析法等。一般来说,企业识别风险时可以交互使用各种方法。

识别创业中常见的陷阱

"创业有风险,下海需谨慎",创业最容易上当受骗。一夜之间被骗几十万元,这样的事情并不少见,所以,创业者一定要学会识别一些常见的创业陷阱,避免盲目冲动投资。

陷阱一:网络诈骗

网络诈骗是最常见的创业陷阱。一些不法分子常常运用高科技手段移花接木,借用正规企业的名号来行骗,就连许多经验老到的创业者都曾上当吃亏。创业者通过网络获得商业信息后,必须进行线下的考察,特别是高收益项目,往往风险也较大,更要小心谨慎,亲自走访是非常必要的,不能仅是坐在家中敲敲键盘。有条件的话,可以请投资、法律方面的专家把关。

陷阱二:融资诈骗

很多大学生创业者以为融资是别人给钱,不会遇见骗子,因此麻痹大意。其实,诈骗者远比人们想象的高明,他们利用创业者等米下锅又急于求成的心态,先是夸口公司规模、专业程度以取得创业者的信任,然后对融资项目大加赞赏,让创业者觉得遇见了"贵人",最后借考察项目名义骗取考察费、公关费等,收钱后就销声匿迹了。

陷阱三:加盟陷阱

最常见也是最隐蔽的圈钱陷阱就是合作加盟。有的特许经营授权方做几个样板店,再通过前期包装,造势后就开始收取加盟费、管理费来"圈钱"。主要有以下几种。

(1)以特许之名卖设备。

很多项目说是特许加盟,实际上却是在卖机器设备、产品或工具。特许人打出免加盟费或帮你管理的幌子,行卖产品或工具之实,完成"圈钱"后便逃之夭夭。这种情况在大学生创业中通常集中在化妆品、饮品或彩扩等本来是通过代理销售产品设备的行业。如果创业者在考虑加盟项目时,发现对方先提出来让你购买试用产品,或者类似的东西在市场上可以用更低的价格买到,且购买这些东西的费用占了加盟连锁金额的大头,甚至是全部的话,就要提高警惕。

(2)夸大投资回报或隐瞒投入资金数额。

不少所谓的连锁特许方通过展会、广告等大肆宣传,加盟该项目只需三个月最多半年就能收回几万甚至几十万的投资,总部将全面负责培训、广告投入和前期数月的经营。被特许人加盟后却发现,投资成本远不止原先所说的金额,做了两三年后仍未收回成本。

(3)"样板店"原来是"加盟托儿"。

少数不法特许人通过前期对几个加盟店和样板店的包装,内外勾结进行造势,让考察者看到火爆的生意,其实这些全都是"加盟托儿",等客户加盟了,特许方就只顾收取加盟费、管理费,别的事情就什么也不管了。

(4) 合同陷阱。

一些特许人加盟授权时承诺，今后全部收购加盟方生产的产品或进行退货，却在合同上有要求达到他们的标准。当加盟方生产的产品或要退货的时候，授权方往往以不符合要求为由拒收，加盟者只能吃哑巴亏；也有的特许方用没有资格的主体来签订合同，如以办事处和加盟者签订协议，这样出问题的时候加盟者经常投诉无门。所以创业者在选择加盟项目时，必须将所有与自己切身相关的条款仔细推敲后再签合同。

任务三 防范创业风险

在残酷的市场竞争中，风险贯穿于整个创业过程，只有比例很小的一部分人能够将好的创意成功转移到企业的经营上，大多数人都会面临失败。为避免造成重大经济损失和不良社会影响，每个创业者都应针对创业风险的来源与特性，加强对创业风险的防范。

一、创业风险的外部防范措施

外部风险，指非企业自身因素造成的风险。外部风险很多是由客观因素造成的风险，是每个创业者都无法避免的。

（一）应对创业竞争风险

1. 控制技术，限制竞争

如果创业企业的技术申请了专利权，那么会在很大程度上排除同类竞争项目出现的可能性，降低投资成本和投资的商业风险。

2. 制订换代产品开发规划

新创企业一方面要抓紧时机，第一代产品还在酝酿过程中就要制订后面系列产品的升级换代策略，在生产计划中详细论证，确保开发计划的实施，以更好地满足客户的需求；另一方面，还要优化生产工艺和销售渠道，在成本和价格方面应对市场竞争的需要，使自己一直保持领先地位。

当今市场竞争日益激烈的情况下，新创企业应紧密关注其他类似企业的产品，找出自身优势，在推出主打产品的同时一定要采取产品多样化的战略，以扩大市场占有率并满足客户不断变化的个性化、复杂化的需求。多样化的产品也能有效防止竞争者的模仿和进攻。

案例 6-4

屡败屡战的孙剑波

稀饭网 CEO 孙剑波创业的头两年，曾经与好友做过出版、广告、媒体代理等多个行当，但很少有人知道他刚出校门的第一个项目其实是设计一种"卫比斯心情 T 恤"，幻想能用少量的资金打造一个个性T恤品牌。其实,这并非是一个很差的创意,个性T恤在美国流行文化的带动下确实开创了很大的市场,而两个年轻的小伙子也确实具备打造一个品牌的创意能力和设计能力。但是,任何事情都有自己的特殊国情,他们忽略了国内消费者的成熟程度和服饰市场渠道的复杂局面,更关键的是,忽略了盗版服装这一吞噬人的力量。起步的时候,未能看透形势,这就注定了,从创业第一天起,这个项目就无法避免失败的命运。

雪上加霜的消息来了:从2003年5月份开始,非典袭击北京城,孙剑波和他的伙伴不得不从小小的办公间搬到家里办公。口罩盛行,北京城的街道人影寥落,开店卖T恤的打算彻底黄了。他们只得先开一个电子商务网站来贩售T恤。祸兮,福之所藏,客观上,正是这样的无奈让他们节约了部分资金,而不至于跌得很惨。

这一段短短的创业历程,几乎成为接下来两年他们转而从事出版和广告等行当的缩影,用孙剑波的话来说,就是一个挫折接着一个挫折,一个失败接着一个失败。创业者犯过的错误,他们都犯过了;创业者可能遇到的艰辛险阻,他们也都遇到过;创业者传奇中的好故事,他们倒一件都没碰上。短短两年,他们以极大的密度经受了别人在其他环境下多年才能经受的磨难,用最短的时间从学校人变为了社会人。

"我创业了3年多,从来不知道什么叫一帆风顺。"孙剑波说,"挫折和磨难甚至曾让我丧失尊严和自信,但而今回头去看,全是财富。"

(二) 应对创业市场风险

1. 有效的市场调查

保证产品有市场需求的唯一可行的办法是进行有效的市场调查和分析,真正了解客户的需求。市场调查要贯穿产品研发和试制过程的始终,成为可依赖的标准,切实指导产品的开发和改进。只有这样,新技术、新产品才能真正有市场,有存在的价值。

2. 做新领域的先锋

新技术、新产品不仅可以满足客户需要,还能够开发新的市场需求,引导消费者的偏好,使企业成为新领域的先行者。

一家好的企业不仅需要有好的创意,更要依靠团队坚持不懈的努力,因此,只有建立能够主动适应市场的学习型组织,才能将新产品的营销推广策略真正落到实处,将企业的意图进行到底。

(三) 应对外部环境及政策变化

1. 了解政策法规

新创企业在选择项目时应充分了解相关产业的政策法规,选择国家政策给予支持发展的产业。同时,关于企业的组建、运营以及市场的各类法律和规范,创业者都应透彻了解,掌握最新动态,并善于利用发展机会,这对企业的短期发展、长期发展都有相当大的帮助。

如果政策法规发生改变,创业者需要冷静对待,思考是否可以利用新出现的商业发展机会规避可能出现的损失。创业者要尽可能发挥自己的特色与优势,切忌盲目追随热门产业,切忌做出违反国家或地方法规的事情。

创业思考

魏先生的烦恼

魏先生欲在医院设立大屏幕药品广告播放系统,合作医院已经找到了,药品生产厂家也十分愿意投放产品广告。魏先生正在紧锣密鼓地实施过程中却遭到了相关执法部门的制止。魏先生不熟悉新修订的《中华人民共和国药品管理法》是该项目失败的直接原因。

思考:魏先生在创业的哪一步出现了问题?

(资料来源:百库文库 http://wenku.baidu.com/view/60ac0e14a300a6c30c229fc9.html)

2. 选准恰当的时机

任何一个国家或地区都存在经济周期,新创企业要把握市场动向,在经济下降阶段或萧条阶段开始创意和研发,然后在宏观经济繁荣时期和经济上升期进行市场运作。这样在经济周期的上升阶段,投资形势和市场需求都将较好,商业风险相对较小,从而达到降低成本、提高收益的目的。

拓展阅读

政策法规扶持再助创业成功

小李大学毕业后开始创业,近期他的生意越来越红火。为进一步寻求发展,小李有意将目前的服务社转制为工商企业,但目前服务社内有5名从业人员享受非正规就业社会保险费补贴,如果转制为企业,就不能再继续享受补贴,5名从业人员的社会保险费一个月就要多缴纳近3000元。创业成本压力本来就大,如果再多出一部分用工成本,小李担心刚刚走上正轨的生意会出现资金周转问题,一时不知道如何是好。

一位在政府相关部门工作的朋友知道了小李的担忧,他告诉小李:"所在辖区新开业的工商企业,每吸收一名区内户籍的失业、协保或农村富余人员就业,可以享受每人每月500元的补贴,还可连续享受18个月。"小李的情况正好符合享受这个优惠政策的条件。

创业需要创业者有创新式的思维、敏锐的市场嗅觉以及精密细致的管理方式,同时创业者还要注意宏观经济环境和政策法规。政策有利有弊,创业者应趋利避害,根据政策找到利于自己、利于企业的融入点。

（四）应对创业资金风险

资金是企业运营的关键要素，一般来说，创业者面对资金风险时，应多留意整个市场的价格波动趋势，当发现有价格变化苗头时，应主动采取措施。同时，创业者应动态地配置生产资源，根据市场变化调整进货量、存货量和出货量。创业者要通过观察、内部调控顺利应对资金风险，同时还要争取将风险变为机遇，占领市场先机。

二、创业风险的内部防范措施

内部风险是由企业本身控制或由企业决策失误等造成的风险。每个企业内部都存在不同程度的风险。

（一）应对投资分析的风险

传统行业的投资分析都是在所在产业的历史发展经验数据和可靠材料的基础上进行的，而新创企业绝大多数是高技术企业，前期往往缺乏历史数据的支撑，进行投资分析时，仅凭创业者的直观感觉或一些不太成熟的调查数据，使得精确度很低。此时，新创企业可考虑参考相关行业的发展，通过横向比较得出差异与共性，为自己的决策提供可参考的依据。由于这采用的是估计和统计方法，所以在实施时要特别注意动态分析和适时调整，不仅要考虑计算得出的结果，还要考虑环境的变化和企业的真正需要。

（二）应对创业技术风险

产品的核心是技术，在企业内部应如何避免因技术产生风险呢？

1. 专利/知识产权的保护

新技术可以估价入股成为创业企业的无形资产。寻求专利或知识产权的保护是不容忽视的重要环节。

2. 技术保护

除了专利或知识产权的保护外，在新技术或新产品投入市场之前，还应考虑加入技术成分的保护。如无法通过成分检测破解的化学配方、在机器的核心电路部分设置加密芯片或进行封装、软件内核中装有监控毁灭程序等。

（三）应对创业管理风险

由于新创企业管理团队的成员一般都比较年轻，管理团队又是新组建的，成员彼此间缺乏默契，再加上管理团队成员的管理经验不足，又要在短时间内完成新技术、新产品的生产和推广，因而会出现很多的管理问题，创业者必须积极采取措施进行应对。

1. 借用外脑

对于新创企业管理队伍年轻化的问题，在企业起步这个比较关键的发展阶段，创业者可以考虑跟你的风险投资企业或孵化企业合作，邀请有经验的人士参与经营管理，还可以聘用各方面的专业人才加盟。这样可以利用有经验的专业人才带动整个组织及管理团队的成长和进步。

2. 培养团队精神

企业的成功并不是靠单打独斗,而是需要各个部门、各个涉及的个人协作共同完成一个个事件,积累形成企业自身的价值。可以说,企业内部的团队精神也是决定企业最终成功与否的重要因素。面对日益激烈的竞争市场,企业更应该注意自己团队人才的培养,塑造符合自身发展目标的企业文化。

3. 控制人员的流失

由于新创企业很容易遇到各方面的风险和阻力,所以常常要面对技术、管理和销售服务人员流失的问题。创业者要想留住人才,就要根据不同类型人才的特点,采取不同的措施。

案例 6-5

善于纳谏的比尔·盖茨

比尔·盖茨是一个没有老板架子的老板,但他有脾气,到处都能听到他的吼声和尖叫。别人也同样可以对他发脾气,他绝不会记恨别人的冒犯。他不在乎礼仪,只在乎效率。在微软公司,人们有什么不同的意见,就直截了当地说出来,不必管对方听了以后心情如何。

有一次,他跟行政助理马凯斯小姐发生了争论。两人都气得砸桌子,你砸一拳,我砸一拳,各不相让。但事后却像什么事也没发生过一样。这是微软的风气,当双方意见僵持不下时,解决的方法是看谁吼叫的声音最高,仿佛声音越高就越理直气壮似的。只是就事论事,并不影响到双方的关系。

盖茨也欢迎员工的挑战,他不怕遭到下属的反驳。他很要强、固执,但并不是一个武断的人。有时,他会声嘶力竭地与某人争论一个观点,一两天后,他可能会承认自己的观点错了,并诚心地接受他人的意见。

比尔·盖茨很尊重那些敢于反对他、冒犯他的人,他不喜欢"应声虫"。他有时甚至会故意反对某人的意见,以试探对方是否真的对自己的意见有把握,并且不惜因此冒犯他。总之,他要英雄,不要奴才。

(四)应对创业资金风险

新创企业在最初一两年很可能会遇到财务危机,度过这个危机,企业可能迎来一个春天。在面对这些财务危机时,创业者应采取相应的措施。

1. 事先做好资金规划

创业者要对创业所需资金进行合理规划,提前做好筹资计划,避免资金不足影响企业的健康成长和后续发展;要学会建立创业企业的信用,提高获得资金的概率;此外,创业团队还要管理好企业现金流,避免出现现金断流造成财务拮据甚至破产清算的局面。

2. 放弃追求高利润

大多数创业者在企业发展初期急于过多地追求高利润，以表现自己的经营能力。这对新创企业来讲弊大于利：一是账面上的过高利润将使企业背负过多的税务支出；二是追求高额利润会使企业业务短时间内快速膨胀，存货、应收账款等占用了大量资金。对于初创期企业而言，任何一个环节出了问题都会引发综合性的财务问题。

3. 重视财务管理

良好的财务管理是达到创业目标的必要条件，一般企业需要进行现金流量分析、现金流量预测，以及制订完善的现金管理机制。成长中的新创企业要准确预测企业现金需求量的多少、何时需要，明确现金需求的目的，并留有较长的缓冲时间，从而保证可以筹措到所需的资金。

拓展阅读

刘修才1994年回国创业，将目光定在面向未来的生化产业上，成立凯赛生物有限公司（以下简称"凯赛生物"）之初，与大多数创业者一样，他也面临着资金匮乏的困境。仔细考虑之后，刘修才决定暂时不直接创办工厂，而是先对自己的创业进程进行细致的规划，努力使每一步的发展具备最大的可行性，同时确保风险最小。

按照刘修才的规划，凯赛生物成长的第一步是打基础，利用他和张启先的人脉关系与技术网络，从国内的科研单位、高等院校购买有开发价值的生物化工技术，通过技术优化、集成后，再打包卖给国外的公司，从而完成资金的原始积累，并最终在两三年后实现投资办厂。

确立这一步骤后，从1995年到1997年，凯赛生物先后收购了6项技术，并转让了其中的4项。这样，凯赛生物不但避免了自主研发的大规模投资和风险，而且以极小的成本完成了资金的原始积累。

刘修才创业之初就有一个非常周密的创业规划，然后将创业目标分解成可实现的步骤，这是他成功的重要原因之一。

案例6-6

1992年，史玉柱领导下的巨人集团决定盖一座38层的巨人大厦作为办公大楼，完成该工程大约需要2亿元的资金，这对当时的巨人集团来说并非不能承受。但在1992年下半年，巨人大厦的设计不断加码，从38层升到了72层。盖72层大厦的预算将陡增到12亿元，而当时史玉柱的手中仅有2亿元，这些钱仅仅能为这栋楼打地基。史玉柱显然看过大厦的设计图纸，并计算过这个工程的成本收益，可是他按捺不住内心的愿景与冲动，还是将先前靠巨人汉卡、保健品等赚的所有钱都调往巨人大厦。

1996年7月，巨人大厦资金告急。全国保健品市场普遍下滑，巨人集团保健品的销量也急剧下降，维持巨人保健品正常运作的基本费用和广告费用不足，巨人保健品的发展受到了极大的影响。

这时，史玉柱仍然决定将保健品方面全部资金调往巨人大厦，一心想着去填补巨人大厦资金的空缺。然而出乎史玉柱意料的是，保健品业务因资金"抽血"过量，再加上管理不善，迅速盛极而衰。"脑黄金"卖不动了。尽管百般腾挪，史玉柱手中的资金最终还是枯竭了。

一个星期之内，巨人迅速地垮了，并欠下了2亿元的债务，从休克到死亡，过程非常短。史玉柱在经历这次失败后，总结了一句让他常常挂在嘴边的话："企业最怕在现金流上出问题，亏损不一定会破产，但现金流一断就会完蛋。"

实践训练

昙花一现的秦池酒厂

2004年4月，中国国内媒体纷纷报道了一条消息：山东秦池酒厂准备资产整体出售。

1995年，名不见经传的秦池酒厂以6666万元人民币夺得中央电视台"标王"。1996年11月8日再度以3.2亿元人民币的天价，蝉联"标王"。

秦池横空出世，一战功成：夺标当年秦池销售额一举飙升10倍，逾10亿元，创造了中国企业发展史上令人瞩目的"秦池奇迹"和"秦池速度"。秦池以广告封杀的绝笔，将中国市场时下推入传媒主导企业的时代。

二夺"标王"后的秦池，知名度如日中天，但知名度并不能决定消费者的购买行为。由于整个白酒市场的滑坡和来自政府、媒体的方方面面的诘问和非议，尤其是企业膨胀式发展带来的一系列管理问题、素质提升问题、品牌成长问题等，使雄心勃勃一心想要实现"酒王"梦的秦池，一时非花非梦，身陷困境。

1997年年初，一则关于"秦池白酒是用川酒勾兑"的系列新闻报道，给秦池当头一棒。通过报道，一个从未被公众知晓的事实浮出了水面：秦池的原酒生产能力只有3000吨左右，它从四川邛崃收购大量的散酒，再加上他们本厂的原酒、酒精，勾兑成低度酒，然后以"秦池古酒""秦池特曲"等品牌销往全国市场。同时他们还发现，秦池的罐装线基本上是手工操作，每条线有10多个操作工，酒瓶的内盖是专门由一个人用木榔头敲进去的。

业内人士认为，秦池从四川收购散酒进行勾兑这种模式应该说是科学的，符合经营规律。但由于酒是一种嗜好品，消费者实际上消费的是酒背后的东西（包括产地、历史、工艺、文化内涵等），一旦消费者发现秦池酒实际上是川酒，就会有上当受骗的感觉，因为有时候，消费者尤其是酒类消费者并非是理性的。正因如此，秦池酒销量大减。

日益激烈的市场竞争,加上秦池自身的问题,使其市场份额产生了波动。由于发展太快,秦池对代理商失去了控制能力,导致了代理商私自提价,将低档酒以高价卖出,造成质价背离。秦池二度中标后,消费者认为3.2亿元的广告额将转嫁到他们身上,对秦池品牌产生了不信任感。针对这种消费心理,秦池也束手无策。

波动不定的市场份额使秦池陷入了严重而难以自拔的经营风险之中。当年,秦池完成的销售额不是预期的15亿元,而是6.5亿元,次年更下滑到3亿元。秦池从此一蹶不振,最终从大众的视野中消失了。

业内人士认为,秦池在企业管理、生产、销售各环节的衔接上,相对于品牌的快速扩张是滞后的,而这种滞后恰恰被"标王"的光环所遮掩,完全忽略了过度膨胀引起的并发症。最关键的一点是,秦池在成为全国知名品牌时,企业的发展步伐还停留在单纯的卖产品上,没有进行品牌文化建设。只重视知名度而不重视美誉度,一旦产品出现质量问题,自然会被淘汰出局。

2000年7月,一家酒瓶盖的供应商起诉秦池酒厂拖欠其300万元货款,法院判决秦池败诉,并裁定拍卖"秦池"注册商标。令人啼笑皆非的是,几亿元打造的商标最终却以几百万元的价格抵债。

阅读上述资料后,请回答以下问题:

(1) 秦池酒厂成功的原因是什么?此时面临着什么样的风险?

(2) 秦池酒厂为什么没能够成功化解这些风险?

加盟户外运动品牌的风险探索

随着户外运动的兴起,新兴户外运动品牌如雨后春笋,许多传统运动服装企业也嗅到了商机,纷纷开发出户外系列服装。选择一个你喜欢的户外运动品牌。如果通过加盟该品牌的方式进行创业,需要注意哪些风险?应采取哪些防范措施?(主要对加盟前、加盟中和加盟后的风险进行评估。)

具体操作步骤如下:

第一步:教师对学生进行分组,3~5人为一组,选出一个小组负责人。

第二步:小组成员就上述资料中提出的问题进行讨论,写一份约600字的分析报告。

第三步:小组负责人上台汇报讨论的结果。

活动检测:

活动结束后,教师可根据表6-1进行评分。

表 6-1 探索活动评价表

评分标准	满分	实际得分	备注
能识别出不同阶段的风险	25		
能针对各种风险提出应对措施	25		
风险识别准确,措施合理有效	25		
能积极参与讨论、发表见解	25		
总分	100		

精准创业——降低
创业风险介绍

 项目小结

思维导图

- 创业风险
  - 创业风险概述
    - 创业风险的概念
    - 创业风险的特点
    - 常见的创业风险的分类
  - 识别创业风险
    - 创业风险识别的内涵
    - 识别创业风险的方法
  - 防范创业风险
    - 创业风险的外部防范措施
    - 创业风险的内部防范措施

项目七 创业计划书

学习目标

(1) 了解创业计划书的作用。
(2) 熟悉创业计划书的基本结构。
(3) 掌握创业计划书的编写过程。
(4) 掌握创业计划书的撰写方法与技巧。

思政联结

习近平：坚定不移走自主创新道路

2021年2月22日，在北京人民大会堂，习近平总书记亲切会见探月工程嫦娥五号任务参研参试人员代表并参观月球样品和探月工程成果展览。总书记深情寄语航天科技工作者：继续发挥新型举国体制优势，加大自主创新工作力度，为增进人类福祉作出新的更大贡献。作为我国复杂度最高、技术跨度最大的航天系统工程，嫦娥五号任务突出彰显了中国自主创新实力，是中国科技自立自强的典范。

"自力更生是中华民族自立于世界民族之林的奋斗基点，自主创新是我们攀登世界科技高峰的必由之路。"在《努力成为世界主要科学中心和创新高地》这篇重要文章中，习近平总书记站在国家兴盛、民族自强的战略高度深刻论述坚定不移走自主创新道路的重要意义，深切勉励广大科技工作者："要有强烈的创新信心和决心，既不妄自菲薄，也不妄自尊大，勇于攻坚克难、追求卓越、赢得胜利，积极抢占科技竞争和未来发展制高点。"

把关键核心技术牢牢掌握在自己手中

"国之利器，不可以示人。"我们正处于由大向强的发展阶段，对从别人那里拿到关键核心技术，不能抱任何幻想；如果不掌握关键核心技术，科技强国建设就会成为沙滩上的城堡，经不起半点风浪。特别是在单边主义、保护主义上升的情势下，不掌握关键核心技术，必定受制于人，被卡脖子、牵鼻子。在这篇重要文章中，习近平总书记再次强调，"关键核心技术是要不来、买不来、讨不来的。只有把关键核心技术掌握在自己手中,才能从根本上保障国家经济安全、国防安全和其他安全"。总书记语重心长嘱咐科技工作者:"要增强'四个自信',以关键共性技术、前沿引领技术、现代工程技术、颠覆性技术创新为突破口,敢于走前人没走过的路,努力实现关键核心技术自主可控,把创新主动权、发展主动权牢牢掌握在自己手中。"

取得一批标志性科技成就

取得一批标志性科技成就对建设科技强国具有根本性带动作用。习近平总书记提出两个发力方向:一是加强对关系根本和全局的科学问题的研究部署,在关键领域、卡脖子的地方下大功夫,集合精锐力量,作出战略性安排,尽早取得突破,力争实现我国整体科技水平从跟跑向并行、领跑的战略性转变,在重要科技领域成为领跑者,在新兴前沿交叉领域成为开拓者,创造更多竞争优势;二是要把满足人民对美好生活的向往作为科技创新的落脚点,把惠民、利民、富民、改善民生作为科技创新的重要方向。

持之以恒加强基础研究

基础研究是整个科学体系的源头和总开关。基础研究薄弱是我国科技创新的突出短板,许多卡脖子技术问题,根子就在于基础理论研究跟不上,源头和底层的东西没有搞清楚。加强基础研究首要的是找准方向和目标,持续不断坚持下去。习近平总书记指出了基础研究的两大着力方向:一是瞄准世界科技前沿,抓住大趋势,下好"先手棋",打好基础、储备长远,实现前瞻性基础研究、引领性原创成果重大突破;二是加大应用基础研究力度,以推动重大科技项目为抓手,打通"最后一公里",拆除阻碍产业化的"篱笆墙",疏通应用基础研究和产业化连接的快车道,促进创新链和产业链精准对接,加快科研成果从样品到产品再到商品的转化。近年来,我国基础研究加大力度,2020年我国基础研究占全社会研发总经费的比重首次超过6%,"从0到1"的突破越来越多。今年的政府工作报告明确提出,对基础研究要健全稳定支持机制,大幅增加投入,力争在关键核心领域实现重大突破。

加快推进工程科技创新发展

工程科技是推动人类进步的发动机,是产业革命、经济发展、社会进步的有力杠杆。当今世界,新发现、新技术、新产品、新材料更新换代周期越来越短,工程科技创新成果层出不穷,任何一个领域的重大工程科技突破,都可能引发新的产业变革和社会变革。这一切,对工程科技进步和创新提出了新的使命要求。习近平总书记谆谆嘱托广大工程科技工作者:"既要有工匠精神,又要有团结精神,围绕国家重大战略需求,瞄准经济建设和事关国家安全的重大工程科技问题,紧贴新时代社会民生现实需求和军民融合需求,加快自主创新成果转化应用,在前瞻性、战略性领域打好主动仗。"

坚持创新驱动 构建新发展格局——习近平总书记在贵州考察时的重要讲话在贵阳干部群众中引发热烈反响

2021年2月3日至5日，中华民族传统节日农历牛年春节即将到来之际，习近平总书记先后来到毕节、贵阳等地，深入农村、社区、超市等考察调研，给各族干部群众送去党中央的关怀和慰问。习近平总书记听取贵州省委和省政府工作汇报后，发表了重要讲话。

习近平总书记的重要讲话，在贵阳广大干部群众中引发热烈反响。大家纷纷表示，习近平总书记的祝福是最好的新春礼物，要牢记总书记的嘱托，坚持稳中求进工作总基调，立足新发展阶段、贯彻新发展理念、构建新发展格局，以实施"强省会"五年行动为工作主线，在推进做大做强实体经济、做实做优数字经济、扩大投资提振消费、高水平对外开放、深化重点领域改革等方面发力，奋力打造全省高质量发展更具带动力的火车头、西南地区更具影响力的重要增长极。

加快发展现代产业体系　推动经济体系优化升级

习近平总书记强调，创新发展是构建新发展格局的必然选择。要着眼于形成新发展格局，推动大数据和实体经济深度融合，培育壮大战略性新兴产业，加快发展现代产业体系。

习近平谈自主创新

中华民族奋斗的基点是自力更生，攀登世界科技高峰的必由之路是自主创新。党的十八大以来，习近平总书记在多个场合发表关于自主创新的重要论述。立场一以贯之，要求不断深化。

要有自主创新的骨气和志气

从大国到强国，实体经济发展至关重要，任何时候都不能脱实向虚。制造业是实体经济的一个关键，制造业的核心就是创新，就是掌握关键核心技术，必须靠自力更生奋斗，靠自主创新争取，希望所有企业都朝着这个方向去奋斗。我们要有自主创新的骨气和志气，加快增强自主创新能力和实力。

——2018年10月22日，习近平在广东考察期间的讲话

虽然我国经济总量跃居世界第二，但大而不强、臃肿虚胖体弱问题相当突出，主要体现在创新能力不强，这是我国这个经济大块头的"阿喀琉斯之踵"。通过创新引领和驱动发展已经成为我国发展的迫切要求。所以，我反复强调，抓创新就是抓发展，谋创新就是谋未来。

——2016年1月18日，习近平在省部级主要领导干部学习贯彻十八届五中全会精神专题研讨班开班式上的讲话

要坚持走自主创新之路，要有这么一股劲，要有这样的坚定信念和追求，不断在关键核心技术研发上取得新突破。

——2018年6月13日，习近平在山东考察时的讲话

只有把核心技术掌握在自己手中，才能真正掌握竞争和发展的主动权，才能从根本上保障国家经济安全、国防安全和其他安全。不能总是用别人的昨天来装扮自己的明天。不能总是指望依赖他人的科技成果来提高自己的科技水平，更不能做其他国家的技术附庸，永远跟在别人的后面亦步亦趋。我们没有别的选择，非走自主创新道路不可。

——2014年6月9日，习近平在中国科学院第十七次院士大会、中国工程院第十二次院士大会上的讲话

要大力发展实体经济

实体经济是一国经济的立身之本、财富之源。先进制造业是实体经济的一个关键，经济发展任何时候都不能脱实向虚。中华民族奋斗的基点是自力更生，攀登世界科技高峰的必由之路是自主创新，所有企业都要朝这个方向努力奋斗。

——2018年10月22日，习近平在格力电器股份有限公司考察时强调

要大力发展实体经济，破除无效供给，培育创新动能，降低运营成本，推动制造业加速向数字化、网络化、智能化发展。

——2018年10月25日，习近平在广东调研时的讲话

我们将以供给侧结构性改革为主线，推动经济发展质量变革、效率变革、动力变革，提高全要素生产率，着力加快建设实体经济、科技创新、现代金融、人力资源协同发展的产业体系，着力构建市场机制有效、微观主体有活力、宏观调控有度的经济体制，不断增强经济创新力和竞争力。

——2017年11月10日，习近平在亚太经济合作组织工商领导人峰会上的主旨演讲

装备制造业是国之重器，是实体经济的重要组成部分。国家要提高竞争力，要靠实体经济。齐车要乘势而为、乘势而上，加强自主创新，练好内功，不断推出新技术、新产品、新服务，永远掌握主动，不断做强做优做大。

——2018年9月26日，习近平在齐齐哈尔考察时的讲话

坚持企业在创新中的主体地位

要发挥企业创新主体作用和市场导向作用，加快建立技术创新体系，激发创新活力。

——2018年10月25日，习近平在广东调研时的讲话

国有企业特别是中央所属国有企业，一定要加强自主创新能力，研发和掌握更多的国之重器。国有企业要深化改革创新，努力建成现代企业。要坚持党对国有企业的领导不动摇，坚持建强国有企业基层党组织不放松，为做强做优做大国有企业提供坚强组织保证。

——2018年6月13日，习近平在中集来福士海洋工程有限公司烟台基地考察时的讲话

> 创新创造创业离不开中小企业,我们要为民营企业、中小企业发展创造更好条件。各级党委和政府要贯彻党中央关于支持民营企业、中小企业发展的政策措施,在政策、融资、营商环境等方面帮它们解决实际困难,也希望民营企业、中小企业聚焦主业,加强自主创新、练好内功,努力实现新的发展,为祖国强大和人民幸福作出更大贡献。
> ——2018年10月24日,习近平在广州明珞汽车装备有限公司考察时的讲话
>
> 实施创新驱动发展战略,就是要推动以科技创新为核心的全面创新,坚持需求导向和产业化方向,坚持企业在创新中的主体地位,发挥市场在资源配置中的决定性作用和社会主义制度优势,增强科技进步对经济增长的贡献度,形成新的增长动力源泉,推动经济持续健康发展。
> ——2014年8月18日,习近平主持召开中央财经领导小组第七次会议并发表重要讲话

案例导入

没有计划的食品杂货店

大学生刘某毕业后一直想自己做老板,他看到邻居在小区里开了一个食品杂货店生意一直不错,颇为心动。于是,小刘租了小区内一个库房做店面,筹集了一万多元钱做启动资金,进了一些货品,开了一家食品杂货店。但是经营了两个月后,小刘的食品杂货店就撑不住了,不得已关张。为什么同样是食品杂货店,邻居可以干得红红火火,小刘的店就经营惨淡呢?原来,小刘为了突出自己食品杂货店的特色,没有像邻居一样进茶、米、油、盐等大众用品,而是将经营范围锁定在沙司、奶酪、芝士等一些西餐调味食品上。从早到晚,小区里的居民对她的杂货店货品需求少,加之她店面的位置在小区边缘,而且营业时间不固定,由着她的性子开,很多邻居都不愿意绕道过去,所以生意不红火。

小刘开店之所以失败,是因为没有进行充分的市场调研,过高地估算了市场规模及销售额,经营需要有自己的特色,但是经营也要符合市场环境的需要。这个食品店如果在一个涉外社区内也许会经营得很好,但是她选择的是一个普通居民区。普通社区里的食品杂货店对茶、米、油、盐的需求远远大于沙司、奶酪、芝士等西式调味品,再加之铺面的选址不合适,营业时间不固定,这些都是导致小刘创业失败的原因。

对于初创企业,制订一份创业计划书十分重要。创业计划书,是创业者的行动指南,也是获得融资的关键。

任务一　认识创业计划书

一、创业计划书的定义

创业计划书,即商业计划书,英文简称为BP(Business Plan),是创业者计划创立业务的书面摘要,是以获得投资者融资或其他发展为目标,围绕自己的产品和服务,从产品开发生产、企业团队、管理制度、营销策略、财务规划等方面进行综合可行性分析与筹划的书面文件。

二、创业计划书的作用

孔子曰:"凡事预则立,不预则废。"一份高质量的创业计划对于初创企业是必不可少的。创业计划既用于沟通,又是行动的纲领,对内可以统一员工思想,帮助员工认识创业前景,有效指导企业经营,提高创业项目成功概率;对外可凭此获得合伙人的信任、投资人的青睐、政府部门的支持,获得政策优惠、资金的融通。创业计划书编写的过程体现了创业者团队的全盘思考,它包含了创业者必须执行的任务和必须获得的成果,回答了"目前我们在哪里""我们将去哪里""我们将如何到达那里"三个层面的问题,同时也是一种"论证":证明产品与服务的前景,证明团队有实力并适合做该项目,证明营销手段、商业模式有效,证明市场空间巨大,证明有很大的盈利机会等。

案例 7-1

考研复习发现商机,大学生开发APP获300万投资

2014年,在中国创业服务峰会暨中国创业咖啡联盟年会上,两名在校大学生开发的"边学边问"APP项目在"挑战120秒"环节亮相,吸引了众多投资人的目光。

考研复习中发现创业商机

李凯是武汉纺织大学大四学生,与他同龄的古望军,就读于湖北工业大学。两人在考研复习数学时,每当遇到难题不会解答,就会上网搜索,但常常找不到答案。古望军和李凯碰面交流时"吐槽":为什么中小学都有这样的问答类APP,唯独在大学这一块是空白?两人灵光一闪:能否做一个大学生的学习问答社区,方便大家在考研、英语四六级考试,乃至各种考证的过程中实现互助学习?

"边学边问"APP应运而生。他们开发的这款APP,是针对大学生群体打造的问答平台,使用者可以将问题发到APP上,由系统、网上高手或老师给出解答过程和思路。同时,还可以为用户提供高质量的考试考证经验、课程视频、学习笔记等干货内容,以及周边院校的讨论、选课指南和老师在线课程等。同时,APP附加社交功能,设有"学霸圈""留学圈""四六级圈"等多个圈子,供大学生"扎堆"。

5分钟路演吸引投资人

2015年1月考研结束后,李凯、古望军正式开始创业。创业初期,他们没有贸然开始APP开发,而是进行充分的市场调研。他们将市面上可以找到的所有问答类APP,都下载在手机上试用,最后选择了5个进行详细"解剖",逐一分析它们各自的优劣势。一个月后,他们决定在采用文字录入模式的同时,加入一键拍照的方法,采取图像识别技术,从图片中提取文字,再匹配题库。

2015年1月中旬,项目团队正式入驻光谷创业咖啡,准备参加今年首场青桐汇路演,路演时间为5分钟。他们特地撰写了创业计划书并制作PPT,在光谷创业咖啡工作人员的指点下,对PPT进行了三次大改。

2015年1月24日,古望军穿着租来的西装登上路演舞台,由于创业"角度刁"、项目特点突出,5分钟的项目路演获得了来自武汉博奥投资公司的300万元投资。

(摘自2015年3月17日凤凰网,作者崔梦欣)

三、创业计划书的筹备

创业计划是创业者及其团队经过实际市场调查,反复探讨、思考、推理、论证的过程,一个成功的企业始于正确的理念和好的创意与构思。什么是好的创意与构思?关键在于创意建立在充分的信息搜集的基础上,其本身具有较强的市场发展潜力。在开始撰写创业计划书之前,需要对构思进行充分的研讨,充分预测和评估在创业过程中可能遇到的困难与问题。

(一)研讨创业构想

撰写创业计划书之前,需要先探讨创业者的目标,据此才能设立一份翔实而周密的商业计划。

这一阶段,创业者需要重点思考以下几个方面的问题:

中国创投三大趋势介绍

1. 为什么要创办企业

常见创办企业的原因有经济独立、积累财富、实现自我价值、回报社会等。

2. 决定在哪些领域创业

需要思考对哪些行业感兴趣,销售的是什么产品与服务,产品或服务满足或适应了哪种市场需要,有没有竞争对手,本企业有哪些竞争优势,创业者有没有能力驾驭企业运营与管理。

(二)决定创办企业的经营类型

企业的经营类型主要有以下四种:

(1)商贸企业:从批发商或制造厂家处购买商品,卖给顾客和其他企业。比如,蔬果批发中心、水产中心就是批发商,从制造企业购买商品,卖给零售终端。

（2）制造企业：生产实物产品。如果你打算开一家企业生产、销售砖瓦、家具、洗涤用品等有形的产品，那么你的这家企业就是制造企业。

（3）服务企业：不出售任何有形产品，也不制造产品。服务企业提供服务或提供劳务。例如，房屋装修、邮件快递、家族服务、法律咨询、技术培训等。

（4）农、林、牧、渔企业：利用土地或水域进行生产，种植或饲养的产品多种多样。可能是种果树，也可能是养珍珠。

有些企业可能同时属于几种类型，那么就主要的经营活动来决定企业的基本经营类型。例如，你准备开办一个美容美发厅，你提供的就是美容和美发的服务，但同时美容美发厅可能出售美容产品、美发产品，也就是说你也在做零售业。这时，就看你主要的经营活动是提供美容美发的服务还是出售美容美发产品，以决定你的企业的基本经营类型。

（三）分析创业可能遇到的问题与困难

研讨企业的构思的过程也是一个分析问题和困难的过程。一般要把握好以下几点：

1. 是否对市场竞争格局了解透彻

就是对主要的竞争对手作详尽研究，一定是亲自调查获得的第一手信息，信息一定要准确，才能制订有针对性的市场竞争方法。

2. 是否对行业政策了解透彻

就是要了解最新的政策扶持内容，这个需要亲自到政府相关部门咨询或上相关部门网站查找。对政策的熟练把握，能使你发展更快，更容易。

3. 是否对当地城市发展规划了解透彻

了解当地政府的城市发展规划，可能会直接影响到你的企业选址。

4. 是否对这个行业的上下游企业了解充分

了解整个行业的产业链，才能把握自己企业所处的位置，有利于在经营中从整个产业链审视问题与困难。

知识链接

SWOT 分析法

SWOT（Strengths、Weaknesses、Opportunities、Threats）分析法，又称为态势分析法或优劣势分析法，用来确定企业自身的竞争优势（Strengths）、竞争劣势（Weaknesses）、机会（Opportunities）和威胁（Threats），从而将公司的战略与公司内部资源、外部环境有机地结合起来。EMBA、MBA等主流商管教育均将SWOT分析法作为一种常用的战略规划工具包含在内。

四、创业计划书的编写要求

创业计划书是创业团队开展活动的总体方案，不同于普通的公文。把脑海里的创业构想变成实际,是保证创业成功必须要做的工作。没有编写过创业计划书的创业者,可以先研究一些大赛获奖项目的创业计划书范文及相关资料,主要是学习这些计划书的结构、内容、研究方法及写作手法。创业计划书的写作在逻辑结构上应该是一环扣一环的论证关系,要体现创业项目的价值与竞争优势,做法要求具体可行,项目盈利性可见。因此,在编写创业计划书时,我们需要把握以下几点:

(一)市场导向

创业计划书是以市场需求为导向的商业计划书,在充分收集和利用市场调研信息的基础上,以明确的市场需求分析为依据,用科学的调查方法和实事数据对市场现状与未来走势作一定的预测。

(二)规范完整

创业计划书要求内容完整、文字精炼、观点明确、直切主题,用词、用字、标点和相关的数字计算都要实事求是,表达准确。整个创业计划书的前后基本假设和预估要相互呼应,保持一致,力求用最短的时间吸引投资者的关注,提高融资的成功概率。

(三)逻辑清晰

创业计划书段落要清晰,逻辑层次要清楚,应尽量用通俗易懂的语句,尽量避免用专业性很强的术语,以免影响读者阅读的兴趣。如果不得已要使用专业术语,应该在附录中加以解释和说明。

(四)价值创造

创业计划书编写的目的之一就是向投资人或银行贷款人提供投融资依据,因此,创业计划书要具有能带来价值创造的竞争优势,明确投资者的预期报酬率,同时还应该讲清可能遇到的风险。

在描述创业价值的创造过程时,应当具备鲜明的证据链,即通过一些有说服力的数据测算和定量分析,推导出价值增长的幅度和周期,而不仅仅凭一些概念推理去预测。

(五)便于操作

创业计划书应当具有很强的可操作性,不能只是纸上谈兵。创业计划书尽可能用具体的方式和行为表述项目具体该如何做。

(六)注意保密

要注意保护你的商业秘密。当前很多大学生将自己的创业项目编写成创业计划书,对创业计划书完全公开宣读和公开评议,但其实,真正的创业计划书是要有所保密的。

案例 7-2

家教公司

2005年,来自山西农村的刘晗考上了四川大学。父亲送他到学校报到,回家前给他留下了100元,这便是他第一个学期的生活费。为了节约开销,刘晗每天吃白饭泡菜,可这样也远远不够。

于是刘晗便找了一份家教工作,每个月有400元的额外收入。刘晗非常珍惜这份工作,因此教得认真,学生成绩提升得非常快。雇主的朋友知道这事就通过雇主拜托刘晗帮忙在四川大学找一些不错的家教并付给刘晗相应的报酬。

刘晗通过这事发现,家教中介这块有着很大的商机:家长不信任素不相识的学生,学生也对家长持有怀疑态度,而一家正规化的公司却能够搭起其中的桥梁。于是,刘晗和同寝室的朋友小任合伙开了家教中介公司,并与学生会达成共识,学生会负责召集愿意做家教的学生,公司负责在外联系家长,以保证渠道正常有序。

最终,刘晗的公司在大学四年里从2个人的小中介发展成雇佣十余名兼职大学生的优质企业,为刘晗在大学的四年里赚到了上百万的利润。

(资料来源:阳光巴士创业网,创业分享,大学生创业故事)

任务二 创业计划书的内容

一、创业计划书的基本结构

一份完整的创业计划书一般包括封面、目录、摘要、正文和附录几大部分(如图7-1所示)。

(一)封面

封面即标题页,是创业计划书的脸面,重在设计,一定要体现简洁、独特的风格。一般包括:创业计划书编号、项目(公司)名称、项目单位、地址、电话、电子邮箱、日期等信息。这些信息应集中置于封面的上半部分。最重要的是创业者的联系方式,11位数字号码最好用连字符按"3-4-4"或"4-4-3"形式将号码数字区分开来。封面下半部分还可以放一张企业项目图片,更直观。

另外,封面的外在表现形式也很重要。如纸张大小及硬度的选择,各章节内容的字体格式及大小、页面设置中是否留有左装订线、页眉页脚的显示内容及位置等。

(二)目录

目录是为了方便读者查阅和查找,能让读者更清晰地了解创业计划书的框架,一般设置在正文前面。目录概括了创业计划书主要部分的内容及对应的页码。

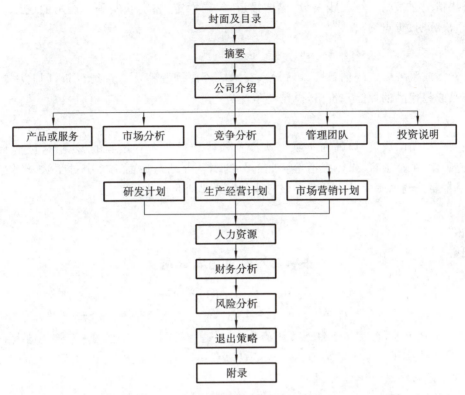

图 7-1 创业计划书主要展示内容

（三）摘要

摘要是整个项目的概述，是创业计划书中最重要的一部分，是整个创业计划的浓缩，需要创业者付出精力认真打磨。项目摘要字数不宜过多，一般不超过三个页面，便于投资者能在 5~10 分钟内读完，并让阅读计划的人对你的创业计划产生兴趣，遵循提出问题、解决问题的诱发式思路引导读者理解思考，突出创业的必要性和需求的真实性，才能获得投资人的青睐。

项目摘要应从正文中摘录出投资者最关心的问题，让投资者在最短时间内了解项目内容，做出是否投资的判断，通常包括以下内容：

1. 为什么做？（市场问题现状、原因分析）

介绍你所解决的市场问题现状，用案例、故事、新闻报告引入，文字应通俗易懂，使投资人印象更深刻。须分析产生这些市场、社会问题的本质原因并逐条讲清楚，要让市场痛点够"痛"，为接下来介绍解决方案作铺垫。

2. 怎么做？（创业团队产品与服务、创新的商业模式、解决方案）

前面提出了市场问题，紧接着就应该介绍解决方案，要体现出市场规模与前景，说明这个市场足够大。解决方案要具体清晰，言简意赅，抓住重点进行描述。

3. 做到哪里？（生产与运营现状、盈利能力与成果展示）

从不同层次和维度展示成果，如相关产品专利申请数量、服务客户数量、成交金额、社会问题解决情况、带动就业/实践人数、媒体报道、领导肯定、参赛获奖等。展示的成果要图文结合,主次分明,重点突出。

4. 核心竞争力(特点、优势、创新性、技术保护)

从产品或服务模式的创新性、可行性、技术或资源的独特优势进行分析,同时比较市场同类产品或替代品的性能和价格,总结竞争优势。

5. 团队介绍

主要介绍团队成员/导师在本项目所涉及领域和行业内有足够的影响力,包括专业大赛、研究著作、主持项目、媒体报道等。此部分的团队介绍与后面正文中对团队介绍有所不同,这里主要强调团队成员或导师在该行业领域内是否足够优秀。

> **知识链接**
>
> **保安机器人公司的商业摘要**
>
> 保安机器人公司(Security Robert Inc.,SRI)成立于2006年,该公司主要设计并制造移动机器人。这种机器人主要用于危险环境下隐患的排查。例如,办公楼、工厂、学校和实验室等,很可能遭到恐怖分子袭击,而这些机器人可以检查是否存在生物、化学或其他易爆性危险武器。警卫人员可以远程操作这种机器人,让它们去检查并清点、销毁恐怖分子的武器。
>
> 摩根博士和沃尔夫女士在2006年建立SRI公司。当时,就已经有了移动机器人设计平台,可以为多种高危险性任务设计专用的机器人。SRI持有多项机器人设计的专利。
>
> 摩根毕业于得克萨斯州立大学。在那里,他获得了电子工程学硕士和机械工程学博士学位。沃尔夫从1994年至2005年,一直担任得克萨斯州FMA公司首席技术官,身为会计师的沃尔夫获得了杜克大学的MBA学位,也曾担任Moore Systems公司的财务总监。
>
> SRI总部位于奥斯丁科技开发区,占地3000多平方英尺(1平方英尺=0.0929平方米)。该公司对机器人的生产活动得到了美国国土安全部和得克萨斯州警察署的许可。该公司的机器人生产线由SelectTech系统公司提供。2007年,该公司计划采用本地化战略,以得克萨斯州为主要市场。到了2008年,该公司的业务已经扩展到美国东部和西部地区。
>
> 公司最初用于生产和市场运营的资金只有400000美元,其创始人后来又投资120000美元。这些资金用于购买设备、签订合同及市场调研。2007年,该公司创立,直到2008年1月,公司创始人才赢得第一笔工资。
>
> 财务计划显示,该公司2007年年收入130万美元,2008年增长到740万美元。该公司计划五年内上市。届时,投资者可能会花20000股的话,就可以共计发行200万份股票,其收益是巨大的。

联系人:首席执行官亨利·摩根,首席财务官安吉拉·沃尔夫
保安机器人公司(512)555-0121
奥斯丁科技开发区
奥斯丁,得克萨斯　78712

案例7-3

第二届中国"互联网+"大学生创新创业大赛国赛银奖作品 "O2O线上移动支付项目"执行摘要

一、公司简介

福建中移信息技术有限公司是一家提供智能化系统解决方案的系统集成运营商。在移动支付领域,公司已与兴业银行达成长期战略合作协议,已签约并上线使用的商户包括烟草微信支付、新华都微信支付、东百微信支付等,致力于为社会各行业提供智慧支付解决方案。公司现有员工30人,其中技术开发人员占30%,技术运维人员占30%。

二、产品和服务

O2O线上移动支付项目实现的关键,是从技术上搭建一个连通消费者、商户和银行的二清平台。就是在消费者、商户和银行之间构建移动支付的二清平台,建立起消费者与商户之间的、商户与银行之间的紧密联系,消费者通过在移动终端上实现支付,商户通过银行结算进行交易信息和资金管理,而银行通过二清平台,可实现对商户的资金管理与归集,加强与客户间的资金联系。

福建中移信息技术有限公司根据线下场景的不同特点,在移动支付方面,提供了4种不同支付形态的产品,分别为微信公众号支付、APP支付、扫码支付和被扫支付。商户可以根据自身收银系统特点和需求选择适合的支付产品。

三、项目发展概况

2015年10月,公司计划与兴业银行共同推出一种支付解决方案,得到兴业银行的认可,并同意将该项目通过招标方式进行三期建设。2015年11月公司凭借强大的技术实力中标,兴业银行承担平台建设开发费用。2015年12月一期建设范围已正式上线生成。于2016年1月,正式进行全国市场推广。

O2O线上移动支付的技术核心是二清平台的开发,此次二清平台的实际应用以微信为支付通道,并与兴业银行合作,推出了O2O线上移动支付的首个项目——O2O线上微信支付,目前该项目取得的成绩是比较令人满意的。目前已使用的大商户有厦门烟草、福州新华都,以及东百集团在福州的6家门店等。

四、盈利模式及市场容量

盈利模式是通过收取平台维护费和个性服务的软件开发费用。移动支付与消费联系紧密。以福建省大型集团商户做数据调查基础，按线下支付的10%预估线上支付数据，保守估计，福建省移动支付的市场容量为500亿。竞争对手为第三方支付企业和微信普通受理商。公司采用与银行合作的移动支付模式，其他移动支付公司是与第三方公司合作，定位不同，所提供的服务也不同。

五、发展规划

福建中移信息技术有限公司目前已经在福州拥有一批稳定的合作客户。公司在长期的发展规划上，执行"小步快走"战略，在福州市场，以O2O在线微信支付为立基点，通过与兴业银行福州分行合作，打响知名度；市场推广到达一定程度后，前端平台计划与知名第三方支付企业如支付宝、快钱、手Q等合作，后端结算受理商与各大银行合作，争取在3年内成为福建省知名品牌，同时在深圳与昆山设立研发中心；计划5年内成为全国知名品牌，在北京、上海、广州等地设立运营中心，在全国各地设立分支机构。

（四）正文

正文是创业计划书的核心部分，要分别从公司基本情况、经营管理团队、产品服务、技术研发、市场预测、营销策略、资金需求及融资计划、财务预测及风险控制等方面进行详细介绍。

（五）附录

附录是对正文中涉及的相关数据、资料的补充，创业计划的附录包括但不局限于以下内容：主要合同资料、信誉证明、分支机构列表、市场调研数据、创业者履历、技术信息、宣传资料、专利证书等，以及其他需要进一步说明或提供佐证的实事材料，供读者和投资人提供决策依据。提供的信息越详尽，获得投资帮助的机会就越大。

二、创业计划书的正文内容

在撰写创业计划书时，必须对读者的需求进行分析，了解他们关注的核心，做到有的放矢。一份好的创业计划书应包括以下内容：

（一）公司概况

如果公司已建立，那么应当在公司概况中向投资者尽可能简明扼要而又全面地介绍企业的基本概况（名称、组织形式、注册地址、联系方式等）、发展历史和经营现状、所提供的产品或服务、未来发展规划及企业目标等，给予投资者尽可能多的关于新创企业及所在行业的基本特征。

在很多情况下，创业者还没有建立起实际的企业，创业者也应当尽可能对自己的创业设想和企业未来的发展规划进行亮点介绍。

案例 7-4

某 KTV 项目的简介如下:

爱唱量贩式自助 KTV 是一家坐落在大学城(位于师大学生街蔗洲村内)的高音质、高服务、高享受的自助 KTV。公司拥有高品质的音响设备、高素质的服务人员,是集唱歌、销售为一体的量贩式自助 KTV,便利的交通、舒适的环境、周到的服务,就是我们的优势。公司以大学城为立足点,以打造大学城最大、最全面、最高品质的 KTV 为宗旨。公司为大学城的广大学子提供了一个放松的场所,让他们在放松之后能更好地投入学习和实习当中。

公司注册资本为 150 万元,准备再引入几十万元左右的资金,化解风险。公司性质是有限责任公司,初期组织结构采取直线制,公司所有权与经营权相结合,实行总经理负责制。总经理下设值班经理,值班经理分管各个领班,领班则负责分管各职责部分的服务员。

【案例评析】该项目简介用纯文字进行大篇幅的介绍,既无法突出重点,又没有阅读吸引力,而且该简介的内容也不够全面,如缺少公司成立与否、整体发展规划等。

(资料来源:张华荣.大学生创新创业实践教程[M].大连:大连理工大学出版社,2019.)

(二)核心产品(服务)介绍

对于投资人而言,最关心的就是企业的产品、技术或服务能带来多大的市场,这是市场销售业绩的基础。用简洁的方式描述企业的产品或服务,主要介绍技术、产品的功能、研发过程、应用领域、市场前景预测、发展新产品的计划与成本等,说明产品是如何向消费者提供价值,以及所提供的服务的方式有哪些,产品填补了哪些急需补充的市场空白。在这里要补充一点,在文字表述时尽量避免技术细节,并尽可能简单地进行解释。如果照片或草图能加强投资者对产品的理解,就应该加入一些照片或草图,还可以在创业计划书中说明已经获得的许可,如卫生部门的许可证等。

案例 7-5

某情侣产品制作项目的其中一类产品介绍如下:

主打产品——情侣纪念册。

1. 产品简介

情侣纪念册是记录情侣爱情之路的独一无二的纪念册。大学的恋情是纯洁浪漫的,你想和你的另一个他共同设计一本专属于你们的爱情相册吗?你想在平淡的流年里留下幸福的痕迹吗?你想记录下你们走过的每一个难忘的瞬间吗?情侣纪念册就是你们的选择。

2. 定制要求

(1)顾客的爱情故事情节文档,请用红笔或引号标注出需要书写在纪念册上的文字内容。

(2)顾客与爱人的照片,我们将参照顾客提供的照片设计风格款式。

(3)如果需要再现当时的恋爱情景,要在文档中描述当时的日期、彼此穿着、场景道具和当时的心境等,越具体越好,有图片说明就更理想。因为我们是根据顾客的描述进行创作的。

(4)购买手绘漫画版纪念册的顾客,在文案中需要说明喜欢的颜色和服装风格。

【案例评析】该计划书的产品介绍就是纯粹地介绍产品怎么做,而该产品与顾客的联系、是否可以满足顾客的需求等没有相应的介绍。

(三)市场预测及分析

"知己知彼,百战不殆。"对市场、目标客户、竞争对手、销售渠道、行业等进行深入的了解与分析是企业成功的基础。市场分析与预测主要包括描述项目产品所处行业规模及增速,阐述行业痛点,点明行业的市场现状;对竞争对手要有准备的分析,并简要罗列他们的优缺点;清晰的目标客户、产品的市场地位、市场细分的分析以及对市场规模、销售增长的预测。

市场规模的预测应在对收集的数据归纳的基础上分析得出,预测必须合乎逻辑,有一定的可信度,要以具体的数字来表示,如客户数量、单位销售额、总销售额等。市场规模和销售额的增长预期是获得投资者青睐的重要因素。

(四)生产制造计划

制订生产制造计划就是使投资者了解产品的生产经营状况,包括产品的制造和技术设备的现状、新产品投产的计划、技术提升和设计更新的要求、质量控制和质量改进的计划等内容。这一部分内容尽量详细,可以增加企业的评估价值。一般应该回答以下几个问题:

(1)企业现有的生产技术能力如何?生产制作所需的厂房设备情况如何?

(2)设备的引进和安装情况如何?怎样保证产品进入规模生产后的稳定性和可靠性?

(3)生产线的设计与产品的组装是怎样的?

(4)供货者的潜质和资源的需求量如何?

(5)生产周期标准的制订及生产作业计划的编制如何?

(6)物料需求计划及其保证措施是什么?质量控制的方法是什么?

(7)劳动力和雇员的有关情况怎样?

(五)市场营销策略

在创业计划书中,市场营销策略应包括营销队伍的建设和管理、营销渠道的选择、促销计划和广告策略、价格决策、市场开拓计划等。

对于处于不同发展阶段的企业或不同规模的企业,它们的营销策略是不同的。比如对于初创企业,由于知名度低,一般采取高成本、低利润的营销战略,如上门推销、打价格战、向零售商和批发商让利、加大广告宣传等。

知识链接

4P 理论

4P 分别指产品(Product)、价格(Price)、地点(Place)和促销(Promotion)。4P 营销理论产生于 20 世纪 60 年代的美国,随着营销组合理论的提出而出现。1953 年,尼尔·博登(Neil Borden)在美国市场营销学会的就职演说中创造了"市场营销组合"这一术语,其意是指市场需求或多或少在某种程度上受到所谓"营销变量"或"营销要素"的影响,为了寻求一定的市场反应,企业要对这些要素进行有效的组合,从而满足市场需求,获得最大的利润。

案例 7-6

畅快体验,"青"松随行

手机,被广泛认可为继报纸、广播、电视、网络后的"第五媒体",拥有较大的用户群体,在这个信息时代里,手机正在对人类社会发展产生不可估量的影响。相较于其他人群,大学生比较容易接受新鲜事物,他们是现代生活下的新新一族,追求方便、快捷、独特、丰富多彩的生活。在大学生群体中手机已经成为一个具有较大覆盖面的传播媒体。大学生使用手机的时间越来越多,无论何时何地,都常常能看到学生们忙着玩手机,而且大学生都希望手机附加功能多,款式新颖独特,内存大,充电迅速。基于此,此策划案从大学生角度出发,选取校园市场,来做一份主题为"畅快体验,'青'松随行"的 vivo 智能手机营销策划方案。

何为"畅快体验,'青'松随行"?

"畅快体验,'青'松随行"是 vivo 的使用者——追求高效、时尚、更好的影音娱乐体验的年轻消费群体,随时随地享受流畅带来的愉悦,无论何时都能与他人互动。

在这个浮躁的年龄里,我们就要告别不快,告别卡慢,告别一切阻挡我们追求高速的脚步。

> 如何营销推广？
>
> 我们以北京、郑州、上海等集中城市为中心，利用 PC 和移动媒体、户外广告、校园社区、校园杂志等多种媒体 360°整合传播渠道，通过精心策划，"用你的速度与 V 相遇""带上 vivo 一起 run""v 定制""v 吐槽"四个营销活动，利用线上牵引，话题造势，线下互动，体验分享打造 vivo 专属的网络社区，开启大学生最时尚、最 V 时代。
>
> **思考题：** 结合以上材料并收集相关素材，了解什么是市场营销。

（六）团队及组织结构

高素质的管理人员和良好的组织结构是企业管理的重要保证。投资者希望知道这个管理团队是否有能力经营一个有前景的企业。

创业者要详细介绍主要的管理人员的工作经历与背景，以及他们的职责和能力。这里专业经验和成功的经历往往比学历更重要。

此外，创业者还需要介绍公司内部的职权划分，将公司职位与管理团队成员的履历背景匹配。其具体包括企业组织结构图、各部门的职责、各部门的负责人及主要成员、企业薪酬体系、股东名单、董事会成员等。

创业者在组建创业团队时，应该考虑股东人数及股权比例。在股权方面，要避免股东一枝独秀，这样会影响决策的合理性；另一方面，股东人数不宜太多，否则会导致重大决策很难确定下来。

（七）财务计划

财务计划是对决定企业经济能力的主要财务指标以及投资回报进行预测，使投资者据此来判断企业未来经营的财务状况，它是决定投资决策的关键因素之一。具体包括以下内容：

(1) 创业初期半年至一年的财务分析与预测，主要包括创业初期年的预计资产负债表、预计损益表、预计现金流量表。对于大学生创业者来说，创业项目所需资金主要取决于创业项目在运营过程会发生哪些资金支出，主要包括房租水电费用、财税费用、办公用品费用、办公设备费用、宣传印刷费用、人员薪酬、网络通信费用、生产设备费用、检测仪器费用、原辅材料费用、销售费用、交通差旅费用和公益费用，不可预见的其他支出也要计算在内。

(2) 资金需求计划主要包括未来资金的需求量、资本结构、融资安排、投资资金的运作、资金的安全监管等相关问题。

(3) 可接受的合作方式或资金退出策略。

（八）风险分析

创业成熟的重要内容就是良好的风险管理。风险管理主要是向投资者分析企业可能面临的各种风险隐患，风险大小以及如何降低或防范风险。风险种类可以从市场风险、技术风险、资金风险、管理风险、其他风险等方面进行阐述。应对风险的方案以及在目前资本的基础上如何进行扩展,在最好和最坏的情形下五年计划表现如何,公司还有哪些附加的机会等,都要在创业计划书中清晰地反映出来,使投资者增加投资信心,具体见表7-1。

表7-1 风险分析的内容

序号	内容
1	企业自身各方面的限制,如资源的限制、管理经验的限制和生产条件的限制等
2	创业者自身的不足,包括技术、经验或者管理能力的欠缺等
3	市场的不确定性
4	技术产品开发的不确定性
5	财务收益的不确定性
6	针对企业存在的风险,进行风险控制与防范的对策或措施设计

三、创业计划书的形式及篇幅

常见的创业计划书是以文字阐述为主的一篇文章,这种形式的优点是内容完整,结构严谨,但往往篇幅较长,读者难以把握重点。因此,读者一般会从项目执行摘要先了解计划书的核心内容,但如果项目执行摘要无法引起读者往下继续阅读的兴趣,这个项目自然也无法获得投资者的青睐。

创业计划书的篇幅视具体情况而定,但一般为20页左右,重点在于把项目说清楚。其中,执行摘要一般不得少于2000字,但也不宜过长,一般不超过两页。

案例 7-7

90后小女孩发明磁性剪纸一年掘金30万元

2008年9月,王子月到校报到,成了杭州师范大学医药卫生管理学院市场营销专业的一名新生。之所以选择这所大学,是因为她听说这是一个提倡和支持大学生自主创业的学校,她所崇拜的"阿里巴巴"创始人马云就是从这里毕业的。另外一个原因是,杭州离义乌很近,能更方便地实现她的创业梦想。

在学校里,依托磁性剪纸等几项专利,王子月组建起了自己的"飞点儿"磁性剪纸创业团队,尽情地展现着自己的才华。2009年6月,她在义乌注册了属于自己的公司——义乌市廿分红磁性剪纸有限公司,又与同样抱有创业梦想的同学创立了磁性剪纸文化创意公司。2009年11月1日,王子月带领她的磁性剪纸团队参加了以"励志、成才、就业、创业"为主题的浙江省大学生职业生涯规划大赛,与全省85所高校推选出的300余件作品同台竞技,激烈角逐,并最终荣获此次大赛的最高奖——"双十佳职业规划之星"。

创业基础实务

2009年12月24日,王子月的磁性剪纸文化创意公司摘得杭州经济技术开发区"大学生创业训练营暨创业大赛"头魁,领取了一万元创业资金援助。主办方还在杭州滨江区为王子月提供了免两年租金的写字间。

2010年1月20日,杭州日报大学生创业就业俱乐部、高新区(滨江)大学生创业团主办的"相约在高新,创业在年少"杭州市大学生创业创意选拔大奖赛中,磁性剪纸文化创意团队再次荣获金奖,并从主办方手中接过了一份贺岁大礼——5000元奖金和一份价值1万元的创业资助协议书。

(资料来源:中国女装网,生意经频道)

  思考题

(1) 创业计划书有着相同的核心内容,主要包括哪几个方面?
(2) 描述产品服务有关的内容时,重点描述哪些与之相关的内容?
(3) 计划中,市场分析应包括哪些内容?

拓展阅读

撰写创业计划书常见的错误

撰写创业计划书常见的错误有如下几个:
(1) 低估竞争,高估市场回报。
(2) 不陈述预测报表的建立依据。
(3) 混淆利润和现金流。
(4) 不陈述最好、最坏和最可能发生的状况。
(5) 产品或服务对客户带来的影响——提高顾客收益、降低客户成本、减少客户的流动资本和成本支出——不加以量化。
(6) 仅分析整体市场,忽略细分市场。
(7) 不讨论战略伙伴。
(8) 不理解市场进入壁垒和夺取客户所需要的成本。
(9) 对产品和服务、渠道选择、销售人员和销售模式的定位不清晰。
(10) 不讨论运营效率,不分析产能。

创业计划的论证标准介绍

任务三 创业计划书的编写步骤及技巧

一、创业计划书的编写步骤

创业计划书像一张行车图,而制订创业计划书的过程就如同绘制地图,确定自己在哪儿,要去哪儿,这样就可以开始计划路线。制订创业计划时必须收集各类信息,在充分的市场调研的基础上,研讨创业构想,先起草大纲,然后撰写计划草案,经过检查、修订、完善环节,最终形成一份完整的创业计划书。

(一)收集、分析信息

好的创业构思来源于在获取大量的市场信息的基础上,逻辑推理计算相关数据统计指标,研究分析得来。因此,信息搜集是成功撰写创业计划书的第一步。那么应收集哪些方面的信息呢?

1. 创业现状信息搜集分析

(1)分析自己将要提供的产品或服务(行业)的现状。主要包括所开展项目相关的政策及法律信息、所属行业的发展态势、宏观经济景气度、市场需求趋势。

(2)分析顾客的需求。主要包括顾客特点及分布情况、如何辨别并正确进入细分的目标市场,如何找到更多的顾客等。

(3)分析自己的优势与短处。主要包括公司产品的目标定位是什么,产品或服务有哪些区别于竞争者的差异,竞争者进入所在行业的容易度,产品或服务是否易被模仿等,市场销售策略有哪些等。

(4)分析市场机会与威胁。主要包括消费者的需求是否发生了变化,市场容量是否足够大,将来可能影响你的社会、法律、经济、政治和技术环境是否发生了变化,自己是否有新的产品和服务项目。

2. 创业目标信息搜集分析

创业目标信息搜集主要包括项目创业者的创业宗旨是什么,为了达到企业宗旨要确立哪些具体目标,这个具体目标需要用量化的数据体现。比如达到最小的资本回报率为20%、实现50%的利润增长等。

信息搜集的方式多种多样,常用的方式主要有以下五种:

1) 直接观察法

直接观察法是指由调查人员深入现场对调查对象进行观测和计量以取得资料的一种调查方法。此方法的优点是统计资料准确,但需要大量的人力、物力,使用受到一定程度的限制。

2) 采访法

采访法是根据被调查者的答复搜集统计资料的方法,可以分为口头询问法和被调查者填表法。

需要注意的是,采访调查一定要弄清需求背后的深层次需求,需要采访者感同身受,找出被采访者说不出但隐藏于内心的需求。

3) 问卷调查法

问卷调查法是为了特定的目的,以问卷形式发给被调查者,由被调查者自愿回答的一种采集资料的方法。从调查对象总体中随机或有意识地选择若干单位进行调查,要求在规定的时间内反馈相关信息。

4）文献资料法

文献资料法是通过查阅文献资料了解、证明所要研究对象的方法。创业者若希望迅速地找到需要的文献,首先应确定自己创业所涉及的领域,明白"搜索"方向,才能在数量庞大、高度分散的文献中找到所需的有价值的信息。

3. 创业目标的路径信息分析

创业目标的路径即为实现创业目标可以走的途径。创业计划书里面的战略、营销计划、财务预算、利润及现金流量预测就是为实现创业目标需要走的路径。而实现这些路径需要不同职能部门的共同合作。

小故事

锁定目标

有一位父亲带着几个孩子去打猎。他们来到了森林,"你看到了什么呢?"父亲首先问老大。老大回答:"我看到了猎枪、猎物,还有无边的林木。"

"不对。"父亲摇摇头说。父亲以相同的问题问老二,"我看到了爸爸、大哥、弟弟、猎枪、猎物,还有无边的林木。"老二回答道。"不对。"父亲又摇摇头说。父亲又以相同问题问老三,"我只看到了猎物。"老三回答道。"答对了。"父亲高兴地点点头说。

我们在做任何事情的时候,要想取得成功,就必须有一个明确的目标。目标一经确立之后,就要朝着它努力奋进。

(二)起草大纲

创业计划书文案正式起草之前,需要事先搭建大纲框架。大纲框架主要包括企业介绍、产品或服务介绍、生产与制造计划、营销策略、财务规划、融资需求和管理团队等。

1. 起草计划

创业计划书文案是按大纲的框架进行内容的详细扩充和延展,以告诉投资者创业者创建的企业是什么样的,能为社会提供的产品和服务是什么样的,创业者团队是一个什么样的组织结构,他们有怎样的规划与策略可以达成创业目标。值得一提的是,创业计划书不仅要反映现在及目标达成,还需要反映未来几年的财务预测,它是创业者经营决策的依据,也是投资者信心的来源。

大赛中有项目路演环节,还需要对创业计划书做成PPT形式的演示文稿,通过演讲的方式把创业信息展示给投资者,演讲内容是创业计划书精华的浓缩,项目的演讲水平也会影响投资者对创业者的灵活应变和表达能力的考察。

2. 检查、修订、完善计划

创业计划书编制完成后,需要进行详细的检查,对一些重要的内容进行核实,并对创业计划书做最后的修订与完善。检查核实的内容主要有以下两点:

1)格式与文字检查

从商业计划书的封面开始,严格遵守规范和要求。主要检查计划内容文法、标点是否准确,整体表述逻辑是否严密,条理是否清晰,专业术语的运用是否准确得当,数据是否翔实、科学,能否用适量图表形象说明问题,能否帮助投资者清晰明了产品与服务的信息。

2) 内容检查

重点检查的项目包括以下六点:

(1) 项目摘要方面:是否重点突出又简洁明了,摘要文字是否把正文内容精华都体现出来并且文字引人入胜,能吸引投资者的兴趣。

(2) 管理经验方面:是否显示出创业者管理团队的优势,团队成员的知识、经验、技能和专长是否在创业计划书中得以很好体现。

(3) 市场分析方面:是否显示出已进行过非常深入的市场分析,是否对市场定位、市场容量、细分目标市场及客户进行详细描述,此部分是检查重点。

(4) 财务预测方面:是否显示企业有应对风险偿还债务的能力,财务数据能否反映公司的财务绩效,对未来经营状况和未来发展是否有正确的估计。

(5) 战略规划方面:是否与后续的产品策略、价格策略、渠道策略与促销策略相一致。通常创业者容易在写后面部分的内容时,忽视了如何为前面提出的战略目标服务。

(6) 文字语法方面:对创业计划书进行通篇阅读和校对,查找是否有语病的句子和错别字,检查专业术语的使用和表达是否符合规范,核对表格和数据的准确性等。

> **知识链接**
>
> **自我检查:创业计划书的雷区**
>
> 重要信息缺失。如未能明确所需资金数量及使用目的,未描述产业发展趋势,甚至没有署名。
>
> 细节错误。如错别字、格式错误。如果细节都不能做好,那么,谁会相信你以后能做成一件大事。
>
> 市场规模界定过宽。不能清晰定位目标市场,就意味着没有市场,一个价值巨大却又无从下手的市场,是没有意义的。
>
> 激进而模糊的发展规划。对于未来乐观,固然不是坏事,但是,如果毫无依据地断言企业未来的发展,却没有足够的计划与理由支持,只会让阅读者感到假大空,并对创业者的诚信产生疑问。与此相反,客观陈述与冷静判断,会很快令人信服。
>
> 数据引注不明。数据的可信度是非常重要的,因此,在使用到具体数据陈述事实的时候,需要加上数据出处,以确保信息的准确性。

二、创业计划书的编写技巧

写好一份创业计划书,对于刚刚创业的大学生显得尤为重要。创业计划书就是要把一个创意构想通过反复的思考、碰撞、推敲、考察,让项目与社会实际接轨,通过撰写项目的可行性与风险分析,帮助创业者理清思路。而一份高质量的创业计划书,还能够使投资者在几分钟内就决定是否投资。

(一) 打造耳目一新的封面

封面,是映入投资者眼帘的第一印象。做好一个赏心悦目的封面至关重要。封面的核心是项目名称、副标题,两者的文字宜开门见山,让人一目了然。整个封面以简洁大方为设计导向,背景图片主要起到衬托作用,突出项目名称、副标题,应选用项目相关度高的场景图片,适当减淡颜色或调节透明度,与项目标题、Logo 搭配,如有必要可借助 Photoshop 修改好图片再插入。总体给人耳目一新、格局大气的感觉,吸引投资者查看。

(二) 用创新创业思维去排版

习近平总书记曾提出,创新是一个民族进步的灵魂。创业计划书要多用创新创业思维去制作,抓住鲜活的创新创业元素。

第一,表达方式形象化,用一些展现产品外观、设施场地的图片,可以更好地吸引投资者的注意力,可以把有些难以用语言进行表达的内容,用图片传递。

第二,计划书中除图片以外,其他颜色一般以三种为宜,避免过于单调或花哨。页眉、页脚、表格底纹、绘制自选图形等修饰性元素的颜色一定要从定好基调的颜色中选取。

第三,计划书要易于扫读或精读、突出项目主题重点、易于让人接受,让人有愉悦舒适的阅读体验,也更容易抓住投资者的眼球,提高项目竞争力。

(三) 用翔实数据呈现事实

在创业计划书的某些内容采用真实准确的数据,有时候比仅使用文字更有说服力。尤其是一些创业者亲自调研或来自权威机构的数据,会提高创业计划书的可信度。

(四) 引入第三方的积极评价

创业计划书中引入第三方对创业产品或服务的评价,是借他人之词的赞美来提升创业项目的可信度,增加投资者的信心。可以引入的第三方评价包括媒体报道、权威机构验证、知名合作伙伴评价等。

(五) 慎用最高级词汇

创业计划书尽可能不要出现过于自夸的词汇,尤其是一些最高级词汇,如"最好的""了不起的""完美的"等字眼,否则可能引起投资者的质疑,降低创业计划书的可信度。创业者在写作时应该把握好尺度,使用符合实际情况的形容词,客观、真实、准确地传递创业者的创业计划信息。

此外,高质量的创业计划书应尽量避免对竞争对手作针对性的负面评价,应使用积极的主动语态,使用肯定的语气传递信息。

创业计划书没有唯一的公式,也没有唯一的内容目录,在撰写创业计划书时应时刻从阅读者的角度出发,从结构安排到具体内容的论述都以满足阅读者需求为目的。

三、创业计划书编写原则

(一) 整体性原则

我们在制订创业计划时,要从整体出发,把总体目标层层分解,落实到创业项目的每一个环节和每一名责任人。尤其是要考虑各环节之间的衔接,确保不将上一环节出现的问题带进下一个环节。

(二) 重点性原则

制订创业计划必须明确工作重心,抓住主要矛盾,突出投资者所关心的议题,以便把有限的人力和财力优先用于解决最关键、最迫切的问题上。此外,创业计划的确定是一个动态的过程,要根据创业者团队的内在条件和外部环境的不断变化而不断修正。

(三) 科学性原则

首先,创业计划的制订必须经过市场、产品或服务、竞争对手等方面的调查研究,把计划建立在真实数据的基础上;其次,创业计划书内容必须准备完整,要全面反映创业涉及的各种问题,不能遗漏,更不能错误百出;最后,创业计划书的内容必须经过咨询论证,有必要咨询老师、行业专家或成功企业家,确保创业计划工作的科学性。

(四) 可行性原则

创业计划的制订必须符合客观实际,在可预期的范围内经过努力能够实现,这样的创业计划才具有可行性和激发力,才具有实际意义。

四、创业计划书的路演

(一) 什么是路演

路演是指在公共场所进行演说、演示产品、推介理念,以及向他人推广自己的公司、团体、产品、想法的一种方式。

项目路演是创业者与投资人面对面交流、宣传、推广产品的一种形式。通过创业者声情并茂地展示自己的产品或服务,帮助多个投资者真正读懂项目,特别是对于一些技术性较强的项目而言,可以减少投资人看不懂或不理解的弊端。通过路演活动,可以实现创业者与投资人的零距离面对面交流,快速对接自己的项目。

(二) 如何准备路演

1. 熟悉创业计划书

在项目路演之前一定要十分熟悉创业计划书的内容,不仅要熟悉项目的文字部分,而且还要熟悉计划书中的一些关键依据和证明材料,做到烂熟于心,这样才能在面对评委或投资者的问询时沉着应对。

2. 设法了解与分析推介对象

创业团队应通过各种渠道设法事先了解投资公司或评委的背景等方面的信息,并通过团队讨论,针对推介对象的专业方向、风格和习惯推测他的想法,为项目路演做好准备工作。

3. 准备合适的展示语言和方式

创业者做项目陈述和展示时要自信、谦逊,慎用最高级的词汇,多用数据和图表或第三方的积极评价,增强创业计划书的可信度。

此外,创业者有可能的话最好提前到展示地点,检查一下网络连接和电脑等设备情况,避免出现技术性问题,影响展示的顺利进行。

(三) 如何陈述

一份创业计划书陈述时间通常会在15~20分钟,陈述后有15~20分钟时间准备回答投资者或评委的问题。陈述过程是宣传项目创意、展现创业者风采的机会,创业者演讲要富有感染力,开场、陈述过程中都要用激昂顿挫的声音和肢体语言让投资者或评委专家信服。

知识链接

创业计划书的口头陈述技巧

创业计划书的口头陈述是与投资者沟通的一个重要环节。因此,在与投资者会面之前,新企业创建者一定要做好充分准备,并严格守时,即陈述内容要以会议预定的陈述时间为限。陈述要流畅通顺,简洁鲜明,切忌堆砌资料。业内的经验是"成功的演讲通常遵循10、20、30准则:10张幻灯片、20分钟、30号字体文本。"也就是说,向投资者或者盟友的展示,应以10张幻灯片为基础,每张幻灯片应该至少使用30号或以上的文字,在20分钟之内结束演示和讨论。因此,创业计划的展示者通常要准备好幻灯片,以提高效率和突出重点。一般来说,口头陈述只需使用10~15张幻灯片。

一、口头陈述的关键点及技巧

(1) 公司:用1张幻灯片迅速说明企业概况和目标市场。

(2) 机会(尚待解决的问题和未满足的需求):这是陈述核心内容,最好占用2~3张幻灯片。

(3) 解决方式:解释企业将如何解决问题或如何满足需求,该项内容需要1~2张幻灯片。

(4) 管理团队优势:用1~2张幻灯片简要介绍每个管理者的资格。

(5) 知识产权:用一张幻灯片介绍企业已有的或待批准的知识产权。

(6) 产业、目标市场和竞争者:用2~3张幻灯片简要介绍企业即将进入的产业、目标市场及直接和间接竞争者,并详细介绍企业将如何与目标市场中的现有企业竞争。

(7) 财务：简要陈述财务问题。强调企业何时能盈利，为此需要多少资本，以及何时现金流能够持平。这最好只占用 2～3 张幻灯片。

(8) 需求、回购和退出战略：用 1 张幻灯片说明需要的资金数目，以及设想的退出战略。

二、口头陈述必须避免的常见错误

(1) 内容繁杂，重点不突出，因准备幻灯片过多，而不得不在规定时间内走马观花地陈述内容。

(2) 口头陈述超过了规定时间而违背了遵守安排的首要原则。注意：如果投资者总共给创业者 1 小时面谈时间，包括 30 分钟的陈述和 30 分钟问答，那么，口头陈述不宜超过 30 分钟。

(3) 陈述前的准备工作不充分。如果需要视听设备，在投资者没有的情况下，创业者应事先自行准备，这些应该在面谈前就准备好。

(4) 陈述不通俗易懂，过多使用技术术语。

(5) 遗忘了一些重要材料，如提交专利申请的具体日期等。

(资料来源：李文胜，卢海萍.创业基础[M].西安：西北工业大学出版社，2018.)

经典路演——8 分钟路演

8 分钟是国际标准的路演时间，如果能够将 8 分钟的标准路演时间把握好，那么以后的路演，不管是 3 分钟、5 分钟，还是 10 分钟，对于路演者来说都不成问题，因为 8 分钟是最难以把握的时间，所以 8 分钟路演是最经典的路演。

在一场 8 分钟的路演中路演者应当如何快速抓住听众的注意力？一个经典的公式是：

8 分钟路演＝提出问题＋解决方案

这个公式非常重要，不管是乔布斯，还是雷军、马云等人，所有的路演大师都是遵循这个公式而进行了一场场成功路演。

在一场 8 分钟的路演中，路演者只需要做两件事即可：第一件事，告诉听众你的项目是针对什么问题的；第二件事，你提出的解决方案是什么。以室内装修设计为例，路演者必须向听众提出现在装修行业或设计行业存在的问题，比如有五大问题，这五大问题要抓住听众的五大痛点，说到他们的心坎里。然后针对这些问题，提出解决方案，听众自然很容易接受。

8 分钟经典路演要围绕四个问题展开：

第一个问题：我们是做什么的。告诉听众，我们是做什么的，这是听众关心的最基本问题。

第二个问题：我们解决了客户的什么问题。企业要告诉听众自己为客户解决了什么问题,这个问题必须是围绕整个行业的研究和对消费者的洞察之后得出的结论。

第三个问题:我们如何与众不同。这个问题的关键在于告诉听众,我们与其他同行在哪些方面是不同的,企业的核心竞争特色是什么。

第四个问题:和听众有什么关系?这是最重要的问题,关键在于告诉听众,我们的路演内容与听众有什么关系,听众为什么要关注我们的路演。

8分钟的经典路演十分重要,如果我们想成为一位路演大师,那么一定要将这8分钟的路演练到极致。

大学生路演觉问题介绍

(四) 成功路演的工具

1. 工具:PPT

PPT最好是由路演者亲自设计,以便在路演时更准确地向听众传达PPT中的内容与信息。制作PPT有以下几个小技巧:

1) 一页PPT的颜色不要超过三个

路演PPT的颜色要根据所要传达的信息内容进行合理设计,比如严肃庄重的路演就要使用较深的颜色,让整个版面看上去较为干净、整洁且朴素大方,每一版颜色最好不要超过三个,不要给听众混乱、俗气的感觉,影响路演的效果。

2) 一页PPT上的文字不宜过多

PPT应提纲挈领地表现出项目最核心的内容,阐述诠释的内容不宜都呈现在PPT上,而应留在路演者的脑海中。

3) 图片也不宜过多

PPT中图片与图表要根据PPT的页数合理安排,一般2~3个即可,建议少用大图,否则容易导致文件过大,路演现场可能会出现不可控的情况。

4) PPT最好控制在10~15页

5) PPT的逻辑很重要

PPT的逻辑决定了路演的逻辑,PPT中要突出项目对行业的深刻理解,戳中用户的痛点,并能提供一套完整的解决方案。

2. 工具:视频

一张图片起到的作用相当于1000个文字的表述,但是十张图片的效果也不如1~2分钟的视频短片的效果。在路演中,视频短片成为整个路演中最重要的工具之一。

3. 工具:道具

美国企业家盖伊·川崎(Guy Kawasaki)在其著作《创业的艺术》一书中说道:"正确的演示并不需要花费很高的成本,但它却可以对诺维奇竞争对手的营销和广告效应。"

如果路演中能够加入一些增强听众真实体验的道具,将极大地增强路演的效果。

此外,在现代商业活动中,宣传画册在路演中也使用得比较频繁,并成为企业之间沟通与了解的桥梁,设计精美的宣传画册把企业的产品、愿景、服务变成文化,通过交换进入观众的意识。

参赛项目计划书PPT建议

商业计划书PPT就是创业团队的"第一张脸",见商业计划书如见团队,第一印象很重要。一份逻辑清晰、文字精练、观点鲜明、视觉美观的PPT会让参赛者从众多项目中脱颖而出。

一、封面

项目名称十一句话描述,如"小米电视,打造年轻人的第一台互联网电视"。

写清参赛组别、参赛省份、所属高校、联系信息(姓名/联系方式/公司名字)。

二、正文

第一部分:问题/痛点(1~2页)。

与项目相关的行业背景、市场发展趋势、市场空间。行业市场分析要具体且有针对性,与所要做的事要紧密相关,避免空泛论述。描述在目前市场背景下,存在一个什么样的问题或发现一个什么样的痛点,要有数据支撑。

第二部分:解决方案(1~2页)。

当前别人已经提出的解决方案是什么,你的方案是什么,用一句话讲清楚你准备做什么,配上简单的产业链上下游图(或产品工程示意图、简要流程框图等),切忌出现整页PPT都是大段文字的情况。在分析时,应对已有的产品或服务做简要的对比分析,用数据或案例说明情况。

第三部分:产品或服务(5~6页)。

讲清楚你有什么样的产品或服务,能够解决发现的什么问题或痛点,产品或者服务提供了怎样的功能。明确将面对的用户群体是谁,要有清晰的目标用户群定位。说明产品或服务的核心竞争力,为什么你能比别人做得好,项目与众不同的地方是什么。

第四部分:创始人+核心团队+顾问团队(1~2页)。

创始人及核心团队人员的规模和组成,团队主要成员的分工、特长、个人能力与岗位的匹配度,团队的核心竞争优势。科技成果转化项目,需要说明科技成果的专利权人、发明人与团队的关系。

顾问团队建议由企业家、投资人、创业导师等组成,背景信息应与该项目相匹配。

第五部分:财务预期+融资需求(1页)。

未来1年左右项目收支状况的财务预估。未来6个月或1年的融资计划,需要多少资金,释放多少股份,资金的用途,达成什么目标。如果已获得融资,介绍一下之前的融资情况。

第六部分:证明项目价值的材料(1~2页)。

已有的工商执照、专利证书、订单协议等可以证明项目价值的相关材料。

三、结尾封底

结束语一定避免"谢谢""请老师批评指正"等过于简单的词语,应对项目进行升华,表达一种强烈的愿望和社会责任感,如"注重实干、追求卓越,福大北斗,让高质量中国创造照亮民族复兴之路。"

> **知识链接**
>
> ## "挑战杯"中国大学生创业计划大赛
>
> "挑战杯"中国大学生创业计划大赛是由共青团中央、教育部、中国科协、全国学联主办的全国性竞赛活动,旨在引导大学生适应深化教育改革、推进素质教育的要求,了解创业知识,培养创业意识,树立创业精神,提高创业能力,自1999年开始,分别在清华大学、上海交通大学、浙江大学、厦门大学等学校举办了12届。
>
> 创业计划竞赛起源于美国,又称商业计划竞赛,是风靡全球高校的重要赛事。自1983年德州大学奥斯汀分校举办首届创业计划竞赛以来,包括麻省理工学院、斯坦福大学等世界一流大学在内的十多所大学每年都举办这一竞赛。
>
> Yahoo、Netscape、Excite等公司,就是在美国大学的创业氛围中诞生的,创业计划竞赛大大推动了美国高科技产业的发展,甚至从某种意义上说,创业计划竞赛已成为美国经济发展的直接驱动力之一。
>
> 它借用风险投资的运作模式,要求参赛者组成优势互补的竞赛小组,提出一项具有市场前景的技术、产品或者服务,并围绕这一技术、产品或服务,以获得风险投资为目的,完成一份完整、具体、深入的创业计划,包括企业概述、业务与业务展望、风险因素、投资回报与退出策略、组织管理、财产预测等方面的内容,最终通过书面评审和秘密答辩的方式评出获奖者。竞赛采取学校、省(自治区、直辖市)和全国三级赛制,分预赛、复赛、决赛三个赛段进行。
>
> 作为学生科技活动的新载体,创业计划竞赛在培养复合型、创新型人才,促进高校产学研结合,推动国内创业体系建立方面发挥出越来越积极的作用。在全国高校中掀起了创新、创业的热潮,产生了良好的社会影响。科大讯飞、中华行知网、澳视等一批学生创业公司从众多参赛作品中脱颖而出,进入实际运行阶段并逐渐走向成熟。
>
> (资料来源:卢福财.创业通论[M].北京:高等教育出版社,2012.)

案例 7-8

竹炭产品创业计划书

第一章　项目背景

首先，随着世界环境遭到日益严重的破坏，环境保护成为生活中必不可少的话题。在人们追求时尚生活的同时，环保健康的物质生活与精神享受也日渐成为主流。各国都投入大量人力与物力致力研发节能环保材料，来弥补资源缺乏的问题。竹炭和竹炭制品就是在这种潮流中应运而生的。竹炭和竹炭缺口的功能：对甲醛、甲苯等有害气体具有良好的吸附分解的作用；通常也释放远红外线，促进血液循环，消除疲劳；分解负离子，对空气具有净化的作用；还具有吸湿、除臭抗菌、去湿吸潮、导电等功能。

其次，竹炭行业是近年才在中国兴起的一个朝阳行业，但是人们在很久以前就已经发现了炭的诸多优点而加以应用。马王堆墓中女尸历经千年不腐，最后科学家发现：这长达两千多年的世界防腐奇迹离不开具有吸附功能的炭。这充分证明了在古代，人们已经认识到炭的神奇功能并加以利用，我们的先民们便用炭给人们带来了环保和健康的生活，从惊艳马王堆，到木炭入药之法，无不体现了炭的厚重历史及深厚文化底蕴。

并且近几年"碳减排"也成了谈论的焦点，人们可谓谈碳色变。城市的绿色环保化，竹材势必将成为首选，而竹炭的众多优点将使其成为我国环保行业、室内环境治理行业的首选用材。以竹炭缺口作为创业主打产品，特色突出"竹文化"和"炭文化"，利用中国传统文化来提高文化内涵。在五千年的历史长河中，竹以"虚心文雅、高风亮节、坦诚无私"而受到人们的钟爱。而竹炭充分继承发扬了竹的优良特性，由于人们对于竹炭的认知还不是很多，利用"竹文化"来宣扬竹炭，既能提升竹炭的文化内涵，又能很好地销售我们的产品。

第二章　创业团队介绍

一、指导老师：＊＊＊。

二、本团队由五人组成，分别来自国际贸易、市场营销、电子商务、人力资源等专业。（成员：略）

下面是介绍团队成员（参考模板）。

＊＊，毕业于＊＊学院＊＊专业，大专学历。有扎实的专业知识、丰富的实践经验、善于发现市场，有很强的市场开拓能力、随机应变能力。现负责公司＊＊工作。

第三章　项目概述

第一节　公司章程

1. 公司股东人数为五人，分别为＊＊＊＊，本公司注册资本为 50 万元，首次出资 30 万元，所有注册资本于五年之内缴清。

2. 企业模式为有限责任公司。
3. 公司名称为"＊＊有限责任公司"。
4. 公司所在地为＊＊,经营范围为竹炭缺口的销售。
5. 公司法定代表人为＊＊。
6. 公司股东出资方式为现金出资,共30万元,出资时间为2012年5月。
7. 本公司议事规则为股东大会。
8. 股东的权利及义务:(略)。
9. 公司股东有权了解公司的运作情况。
10. 股东按出资额获取分红。
11. 公司成立后,未经相关部门批准,股东不得抽逃出资。
12. 股东按出资比例行使表决权。

第二节 产品介绍

一、竹炭产品介绍

1. 竹炭简介

竹炭,是将5年生深山毛竹千度高温无氧热解,历时30天精心炼制而成。其炭质致密,比重大,孔隙多,其表面积是木炭的2倍,是一般活性炭的6倍,属于高性能活性炭范围,是性能、质量优于木炭的换代产品。

竹炭经科学提炼加工后,目前已广泛应用于日常生活中,21世纪竹炭将成为人们生活的时尚必备的。

2. 竹炭的用途

2005年,松花江水污染事件使得活性炭声名大噪。专家们在江水中大量放置活性炭,通过这种无污染、环保、经济的方法,完美解决了江水的污染问题。竹炭的主要特性及用途如下:

(1) 竹炭的物理性质:竹炭炭质致密,比重大、孔隙多,矿物质含量丰富,比表面积达每克500平方米以上。竹炭是纯天然缺口,无毒、无味、无副作用,敲击时能发出清脆的金属声,有较好的导电性。

(2) 吸附分解作用:由于炭质本身有着无数的孔隙,这种炭质气孔能有效地吸收空气中各种浮游物质,对硫化物、氢化物、甲醇、苯、酚等有害化学物质起到吸收、分解异味和消臭的作用。

(3) 自动调节湿度作用:竹炭细密多孔,比表面积大,若周围环境湿度大,可吸收水分,若周围环境干燥,则可释放水分。

(4) 远红外线任用:竹炭能产生最适合人体吸收的远红外线波长,能使物体产生微热,促进人体衰老细胞的活化,加快血液循环,改善人体内环境。

(5) 负离子作用:从竹炭中产生的负离子具有穿透作用,能松弛神经、消除疲劳、净化空气。置身其中,让人感受徜徉于大自然的森林中一般,心神无限舒畅。

竹炭产品的使用周期是三年,使用方法简单,只需隔段时间进行晾晒,使其将有害气体散发就可以重复使用了。

3. 竹炭产品的种类及适应人群

竹炭制品共三大类、十二个系列、100多种产品,每种系列所针对的消费群不同,具体部分产品种类和适应人群如表7-2所示。

表7-2 竹炭产品的种类和适应人群

产品系列	主要产品	主要作用	适应消费群
家居用品系列	枕芯、床垫、炭被、枕头	远红外保健、抑菌、隔离电磁波等	收入较好,享受生活的人群
护理系列	洗发水、沐浴露、香皂	美容、吸附	任何层次、以白领为主
汽车用品系列	坐垫、头枕、炭包	减轻旅途疲劳、净化空气	汽车用品二级经销商
装修专用炭	各类炭包、装修净化炭	空气净化、吸附有毒气体	装修家庭
竹醋制品	竹醋制品	沐浴、止痒净、护足杀菌、美容	各类人群
礼品系列	礼品盒	送礼	办公室、市场部等
工艺饰品系列	炭画、炭佛珠、炭佛像、炭装挂包等	净化空气、屏蔽电磁波、吸湿除潮	装修家庭
鞋垫系列	高级鞋垫	消臭、吸汗、防脚气	建筑单位、男性、学生等

使用说明:竹炭床上用品、汽车用品、家居用品每月晒一次,在南方湿热季节,半月晒一次,以促进竹炭活性再生;切勿用清水洗涤,或用利器划割。

第三节 店面选址及风格

一、选址

任何商业活动都以盈利为目的,选址都以低租金、大客流量为指导原则,因为只有这样才能实现利润的最大化。商业研究表明,地租和距市中心的距离有一定的关系。

但是实际上,地租越低,则地理位置越差、客流量越小;距市中心越近,则地租越高,因此地租和距市中心的远近是矛盾的综合体。在二者之间寻求一个平衡点才是商业活动的万全之策。

经实地考察权衡,我们决定将店面设在湖东北路中段,面积为30平方米,处于家具建材、工艺品等相对集中的市场,投入资金在5万~8万元。

二、店面风格

在当今喧嚣的城市当中,亲近大自然成为人们的最大追求之一。考虑到行业的特点以及所在的地理位置,决定店面以翠绿色为主色调,以自然、古朴为特色,给进入的客人一种宁静致远、回归自然的感觉。

店名:(略)。

门前两侧放置盆景,给行人以强大的吸引力。在店内右侧墙壁贴以竹画和有关竹子的美文、佳句,左侧墙壁贴以有关竹炭的生产流程图并对竹炭的功用进行详细介绍。天花板挂着竹炭制品,如风铃等。地面铺设清爽简洁的竹地板,采用柔和的灯光、古典的音乐以烘托气氛。

营业员穿着大方,与店内古朴典雅的气氛相映衬。总之,店面有极强的行业特色,使人们有很强的兴趣和购买欲。

第四章 市场分析及定位

第一节 SWOT分析

一、S(环境)

1. 宏观环境

(1) 国外市场:竹炭制品在西欧市场、日本、韩国、新加坡等地已受到广泛的青睐,在当地人们日常生活中被广泛使用,已成为一种时尚消费品。其中,日本多达90%的人们使用竹炭制品。

(2) 国内市场:人们对竹炭的了解还不多,对竹炭的研发和应用未予以足够的重视,然而在上海、北京等大城市,人们对竹炭制品已表现出前所未有的兴趣和热情,特别是竹炭制品的特功经央视、湖南卫视等新闻媒体报道后更是如此。我国生产竹炭制品主要集中在上海、浙江两地,且年产量的95%以上出口,国内消费还在逐年上升。

2. 经济环境

就经济发展而言,芜湖市经济发展水平居全省前列,但在全国其发展水平又较一般,就消费品市场而言,在强调产品款式、性能及特色的同时,又要注意商品价格不能太高。

产业结构方面,芜湖市工业生产保持快速增长。2007年规模以上工业完成工业增加值为209.52亿元,比上年增长18.5%,规模以上工业完成产品销售收入620.2亿元,比上年增长19.2%,全市工业经济已形成多极发展、多点支撑的新局面,良好的经济环境为我公司开拓市场提供了非常有利的经济环境。其中,建筑业全年增加值为21.45亿元,比上年增长12.9%,房屋建筑施工面积608.48万平方米,比上年增加43.75万平方米,良好的房地产开发势头为我公司居家用品提供了广阔的市场。

消费结构的变化。居民收入的增多将引起人们购房增多,有利于居家用品的推广;人们生活水平的提高对保健品的需求增加,电脑、手机的普及及汽车用户的增多,有利于推广我公司吸附有害电波、有害气体类的产品。

3. 微观环境

企业：总公司利用竹炭良好的吸附分解、吸湿、导电、远红外线和负离子作用，成功地开发了畅销世界的自然、健康、环保的"现代人"竹炭系列产品，并获得多项荣誉，在国内建立了300多家竹炭产品加盟连锁店，产品成功进入各大商场、超市，并受消费者的青睐。总公司处于毛竹资源丰富的"竹炭之乡"——浙江衢州。那里自然资源丰富；科技发展水平高，有利于开发新产品；交通发达，为物流提供有利条件；经济发达，市场广阔，有利于产品开拓市场；信息发达，有利于更快地搜集市场信息，更好地预测市场变化，降低风险；金融保险业发达，有利于企业的投资、融资。

我公司位于芜湖市，地处长三角，区位优势明显，依托总公司的优势，协调与管理，具有更强的竞争力。加上总公司给予的帮助与指导，在吸取成功模式的同时，也在不断探索适合我公司的发展销售模式。

产品供应：我公司大批量订货（一次性订货数额达三万元以上），由总公司配货并支付第三方物流费用，降低我公司的风险，也节省了成本。同时随着业务的拓展，进货批量越大，总公司给予的回扣也越多。

市场营销渠道：我公司运营期间将定期举行产品展且高位放出，吸引投资商与零售商加盟，以及其他企事业单位团购，利用他们的优势进行业务推广。

目标顾客：消费者市场相当广阔，且市场潜力大，根据不同类型消费者，销售相应的产品与服务。社会集团市场广阔，政府机关、社会团体、企事业单位及各种集体组织集中采购需求大，这块市场属于团购，可根据团体特征与需求，推出适合产品。

竞争者：总公司的竞争者主要是杭州净力与民心炭业，但总公司有以下优势：实力雄厚，总公司是国内最大的竹炭制品生产厂家，生产厂区占地20亩；技术领先，拥有众多的竹炭产品专利，是目前行业内唯一的一家专利示范企业；管理先进，通过竹炭原产地保护认证，有机产品认证以及ISO9000、ISO14000认证；完善的售后服务，提供专业的经营指导培训服务，不定期的产品研讨会和经销商大会，完善的退换货制度，卖出去的产品赚的是加盟商，卖不出去的退回公司。

二、W（劣势）

（1）竹炭行业是近几年才在中国兴起的一个朝阳行业。目前中国竹炭消费品供应企业近百家，其中主要存在的问题是生产厂家盲目加入，从而影响了竹炭消费品的健康发展，小工厂、家庭作坊生产的产品品质差，让消费者对竹炭产品的信任度下降。大多数企业产品雷同，模仿成风，竞相压价，品质参差不齐，很多企业为压缩成本，消费模式大同小异。由于他们的生产成本相对低廉，所以整个竹炭行业形成了一种恶性的价格竞争。现在有许多相近行业的企业已开始向本行业延伸，但竹炭制品的品种相对单一。

（2）整个竹炭市场属于产品市场生命周期中的投入期，这期间产品生产批量小，制造成本高，资金回笼比较慢；营销费用高，新产品刚进入市场，消费者不了解，只有少数创新者、早期接受者购买产品，因此销售数量少；产品的价格偏高。由产品投入期特点可知,我公司开发市场需投入大量的营业推广费用来打开销路,资金的大量投入增加了投资风险,资金周转有困难。市场抵抗性强,难以打开。

(3) 公司规模较小,资金投入不足,加上业务拓展花费大量的资金,影响公司的运营。在安徽市场,竹炭类制品属探索阶段,没有丰富的营业推广经验,投入的风险很大。

三、T(威胁)

(1) 由于2007年以来的通货膨胀,居民消费心理受物价上涨影响,购买物品以生活必需品与大宗物件(如冰箱等家电)为主,对我公司保健品、工艺品的销售有所影响,不利于业务的拓展。

(2) 尽管目前竹炭加工企业多,但规模小且分散,技术含量低,缺乏整体开发意识,产品品种单一,质量低,商场服务技术和管理水平滞后,难以满足国内与国际市场的需求。

(3) 对竹炭这个新兴领域,国外和国内大都处于商业先行而科学研究滞后的状况。研究经费投入不足,应用基础研究没有被重视,导致新产品开发的广度和深度不够,严重影响产品的提升。

(4) 竹炭业从1996年开始发展至今,生产、加工都未形成统一的行业标准。目前,只有少数企业有自己的企业标准,大多数企业的生产和管理还处于一种混乱状态,影响竹炭产品的质量。产品质量不稳定,不利于新产品的开发和应用推广。

四、O(机会)

(1) 2008年是奥运年,环保与奥运同行,整个社会都在宣传环保理念,竹炭类制品健康环保受广大目标顾客青睐。

(2) 2009年,总公司主要开发的市场就是安徽,目前产品主要销往上海、江苏、浙江、山东、北京等地,在安徽仅芜湖与合肥各有一家加盟店,所以对我公司来说是个很好的市场机会。

(3) 2007年芜湖市成功申请成为全国文明城市,对卫生环境要求提高,健康消费理念已成为一种时尚,对于我公司开拓市场有很大帮助。芜湖市为工业城市,工业污染与汽车尾气排放较为严重,而我公司推出吸附有害气体的居家用品及汽车用品正符合消费者的需求。

(4) 芜湖市的房地产市场持续升温,住房成交量逐年增加,尤其是中高层收入者居多,对于新购入的房子,装潢是必需的。我公司针对装潢、涂料产生有害气体苯、甲醛等推出吸附功能强的床上用品、竹炭包、竹炭挂件、工艺品等产品。

(5) 随着经济的发展,人们工作学习压力不断加大,为了缓解人们的疲劳与压力,人们对保健品的需求不断增加,对于我公司来说是一大机遇。

(6) 我国天然林保护与退耕还林工程的实施。天然林是人类赖以生存和发展的生态屏障。它在维护生态平衡、提高环境质量以及保护生物多样性方面发挥着人工林不可替代的主体作用。长期以来,由于不合理利用和破坏,天然林面积缩减,直接导致生态功能的衰减。大量的事实证明：与其他造林树种相比，竹类植物不仅具有无性繁殖能力强、生长迅速、成林快、可持续发展的特点，而且能实现退耕还林、改善生态环境的主体目标，实现产业结构调整，发展区域特色经济，加快山区致富。因此，用竹子烧制竹炭既能获得经济效益、生态效益和社会效益，又能促进竹炭资源的产业化开发与提升。

（7）人们消费观念的改变。随着生活水平的提高，房屋装修中因装饰材料中甲醛和油漆中甲苯、酮类等挥发性溶剂等有害物质散发而引起的环境问题，逐渐受到全社会的关注。人们追求一种无污染、健康的生活环境。因此，竹炭作为机能材料和环保材料在这种背景下应运而生，它具有吸附有害物质、净化空气、调湿、屏蔽电波的作用。

（8）我国竹产业结构的变化。我国竹材加工利用从20世纪80年代初至今，取得了巨大发展，开发了上百种新产品，使我国的竹材工业无论在数量、质量、企业规模和技术的先进程度方面均具有世界领先水平，而且成为世界最大的竹制品出口国。但是竹材人造板、竹制品的发展都受到竹林资源本身特性、绿色壁垒——胶黏剂的限制，利用率不高、投资大、附加值低，不能形成可持续发展的产业链。因此，对竹子的加工应该巩固、提高、创新、发展。今后更应重视竹材的化学利用，尤其是竹炭产业的开发，它充分利用竹资源，利用率高、投资少、附加值高，可形成持续发展的产业链，是一种绿色产品。

第二节　项目定位

1. 市场定位

（1）项目定位的基准。

目前消费者对健康时尚消费品的青睐。

竹炭的基本功能，如对有害气体的吸附分解、吸湿、除臭抗菌等。

市场调研反映的具有有效需求的市场空间。

（2）市场细分。

市场范围：芜湖生活资料市场。

市场范围内所有顾客的全部需求：衣食住行的需求。

市场细分标准：

地理环境交通运输条件：选择交通发达地区。

人口密度：人口密集地区，包括居住集中的居民区和人流量大的商业区。

人口状况：年轻市场、中年市场、少年市场、婴儿市场。

性别：以中青年女性为主。

家庭收入：月收入为2000元以上的（包括工资、奖金、提成与福利等）。

文化水平：高中以上学历（主要购买者）。

生活方式：追求时尚、有品质的生活。

社交：以工作上的关系为主。

成就感：追求时尚、高品质消费品

购买行为过程：确认需要→收集有关产品信息→评价方案→购买决策→购买行为

购买动机：追求环保与社会声誉

购买状况：去专业性较强、声誉度高的店购买，且品牌忠诚度高

对市场销售因素感受程度：对产品了解通过广告商店（橱窗货架）、家庭成员、同事朋友和大众媒体（电视电台、邻居、杂志）

（3）细分子市场。

学生市场：追求时尚、健康的高中生、大学生

中年人中高收入者市场：女性专注于家具用品、化妆品、工艺品；男性专注于汽车内用品、鞋垫、防辐射用品、工艺品

退休老年人市场：保健品

市场调研：见附录市场调查与定性分析

定位诠释：虽然目标顾客定位于中高层收入者，但目标顾客对我公司产品了解不多，有的甚至没有听说过，这就需要我们做好品牌推广。目标市场位于交通便利、相关产业（如家具、建材、工艺品等）集中地区。

综上所述，本项目的定位是一种市场占位策略，把握机遇抢占市场先机，占领了一个其他竞争者无法超越的高地。

2. 客户定位

经过对内外市场的分析、市场调研及客户分析，在市场定位的统领下，我公司的客户群划分如下。

（1）核心顾客群。

平均年龄在34岁左右，主要集中在30~35岁，36~40岁和27~30岁的占一部分，以已婚女性为主，她们是购买的决策者，家庭有稳定的中高收入，月收入在2000元以上有可支配收入；有较高的文化水平，学历在高中以上，环保意识强；对生活的质量要求高，追求健康、高品位；喜欢个性化、时尚的装修风格。

（2）重点客户群一。

年龄在27~35岁，有稳定的高收入，有自己的汽车、电脑、手机，文化层次很高，事业正在大踏步地前进。

（3）重点客户群二。

年龄在15~25岁，主要是在校学生，乐于接受新事物；追求自由、时尚、个性、环保；较为感性、艺术化；喜欢搜集信息、传递信息。

（4）边缘顾客群。

年龄在40岁以上，生活、工作压力小；追求健康快乐；有艺术品位，喜欢收藏。

小结：随着我公司业务的推广及市场环境的变换，这些会使我们的客户群结构发生变化，我们核心顾客群是第一种。

3. 形象定位

形象推广语：生命的健康卫士；关爱家园，关爱健康，竹林听海与您相伴。

第三节 品牌策略

业务的推广与品牌的塑造是互动的。项目为品牌的塑造创造了基础，而品牌的塑造促进了项目的开发销售。

一、品牌趋势

大多数的竹炭产业还处于小型、分散、效益低下的粗放型经营状态，为摆脱这种局面，必须加强企业之间的联合与合作，走集约化、规模化甚至国际化发展的道路，提高市场的竞争能力。通过企业之间的联合与合作，形成龙头企业，通过它连接市场，带动基地、深化加工，形成产业优势，逐步达到"统一技术规程，统一质量标准，统一拓展市场"的目标，确保竹炭产业健康有序地发展。

我公司的目标就是把竹炭销售这一环节做好，把我公司这一品牌做大做强。一般而言，品牌的形成首先从产品的性能、使用周期、款式等处开始，再延伸至新产品的开发理念与企业创新精神，然后通过整合经销的策划手段，适当选择多种途径的大众传媒组合将这一切传达给目标顾客群。定位准确、创意精良、设计得当、诉求直指人心的广告宣传，配以花样翻新的现场布置、多种多样的销售方式和技巧、实实在在的产品展示都在以不同的形式传达品牌信息。

竹炭产业经销的品牌化，也将为我公司带来无法估量的经济效益和社会效益。借助品牌的力量及魅力开拓市场，聚集消费者，提升企业价值，在日趋激烈的市场竞争中争夺自己的份额，这也是市场竞争下的必然趋势。

提供优质的产品与完美的服务是塑造品牌不可或缺的因素，我们必须重视产品品质，不断提升服务质量，这也是在增加品牌的内涵。

二、品牌诊断

我公司已经具备了品牌经营的一些基本素质，并为了更好地塑造公司与产品的品牌，我们的优劣势分析如下：

优势：竹炭制品品质好、性能优势、可持续发展资源丰富、市场潜力大。

劣势：资本实力不够雄厚、品牌内涵不够丰富。

三、品牌方向

客户对某品牌的印象不佳，随之而来便是对品牌的负面影响。但如果我们建立了客户的忠诚度，就可以降低销售成本和服务成本，获得宝贵的意见，开展客户营销。

品牌建立的过程是沟通，一个公司所做的每一件事与没有做的每一件事，都传达出所代表品牌的信息。公司可通过定期开展优惠活动等方法来与老客户沟通，从而降低公司的销售成本。

品牌的建立过程可以简单看成这样一个过程：沟通＋品牌关系＋品牌支持度＝品牌资产。

方法与原则:创造与培养各种关系,而不是只注重直接消费者;保持战略一致性,避免制造分散或无关系的品牌信息。利用公益活动创造有意义的互动关系,不要只利用大众传媒推广公司和产品品牌内涵,不要只会强调直接卖点;整合公司资源,多部门共同参与"营销"工作。注重客户营销,不要只是一味争取新客户。

第四节 价格策略

1. 针对核心顾客群和重点顾客群一

定位策略依心理定位中的声望定价,针对消费者"一分钱,一分货"的心理,对在消费者心目中享有声望、具有信誉的产品制订较高价格。价格高低常被当作商品质量最直观的反映,特别是在消费者识别名优产品时,这种意识尤为强烈。

2. 针对重点顾客群二与边缘顾客

采用尾数定价,即保留价格尾数,采用零头标价,将价格定在整数水平以下,使价格保留在较低一级的档次上,一方面给人以便宜感,另一方面因价格精确给人以可信赖感。如将价格定位在68.8元,而不是70元。

3. 针对大批量买主及加盟商

主要采用折扣定价法。一是现金折扣,给那些提前付清货款的客户一定的折扣。如顾客在30天内必须付清货款,如在10天内付清,则给以2%的折扣。二是数量折扣,给那些大批量购买某种产品的顾客一定的折扣,以鼓励顾客购买更多。如顾客购买QQ炭包50包以下,每包65元;购买50包以上,每包60元。

第五章 战略规划与实施计划

第一节 企业发展战略

1. 总体战略:把公司在10年内打造成环保竹炭产品的购物天堂
2. 公司使命:宣扬中国竹文化和炭文化
3. 公司宗旨:环保竹炭购物,健康舒适生活
4. 发展战略

(1) 初期(1~3年)。

主要集中于竹炭家居用品、汽车用品、美容护理和工艺饰品类产品,市场展示出强大的空白市场活力,初步在芜湖建立自己的品牌,积累无形资产,收回初期投入,为接下来的品牌走出去的战略目标做好准备。在1~2年内,企业利用网络营销、市场推广营销等营销活动宣传企业文化精神,在消费者心里建立初步的环保健康形象。

(2) 中期(3~5年)。

公司决策时刻保持与政府环保政策的一致性,提高在当地的企业知名度,树立良好的公共品牌形象。进一步发展、健全销售渠道;考察安徽省内的一级消费市场,调查、选址复制店面,使市场占有率达到20%,增加产品种类,提高企业知名度。

(3) 长期(6~10年)。

利用我们已有的品牌优势,以贴心的价格、优质的服务等优势迅速再攀高峰,迅速占领周边城市竹炭用品市场,如马鞍山、滁州等,建立强大的营销网络,宣扬低碳环保

理念,使环保竹炭购物、健康舒适生活深入人心。

第二节 投资计划

1. 股本结构与规模

公司注册资本 50 万元,股本结构和规模如表 7-3 所示:

表 7-3 股本结构与规模表

来源	风险投资	贷款金额	个人资金
金额(万元)	10	10	30
比例(%)	20	20	60

股本结构中,个人资金占 60%,这主要是我们团队成员出的钱;风险投资占 20%,我们公司打算引入风险投资商入股,以利于筹资和化解风险。有了风险投资商,对我们内部的管理有很大的帮助。

2. 资金应用

公司初期需要向银行贷款 10 万元,用作流动资金;将 30 万元个人资金用作固定资产,包括租金和店面装潢;另外 10 万元用来预防各种风险,同时援助流动资金和固定资金。

第三节 财务分析

一、投资预算表(如表 7-4 所示)

表 7-4 投资预算表

投资金额:50 万元　　　　　　　　投资项目情况:竹炭制品销售有限公司
地点:湖东路中段　　　　　　　　营业面积:30 平方米
项目定位:中高层消费者　　　　　单位:元/年

	项目	费用	说明
一次性投入	店面租金	48000	按年支付
	店面装修	16000	招牌、门面、灯光、墙地、货架
	生产经营设备采购费用	6000	电脑及办公用品
	工商税务注册费	500	
	合计	70500	
经营性投入	人工费用	30000	员工 2 人,每人每月工资 15000 元
	水电费	1500	
	电话通信费	2400	订货费、办公用费、差旅费等
	广告费	8000	彩页费、营业推广费等
	采购成本	80000	
	合计	121900	

续表

项目		费用	说明
	不可预算费用	20000	
	合计总成本	212400	
	剩余资金总计	87600	
收入情况	预计资本回收期		3年
	月保本收入额	1000×30	30000

二、利润销售预算(如表7-5所示,单位:元)

表7-5 利润销售预算表

季度	第一季度	第二季度	第三季度	第四季度	全年合计
预计销售额	92000	152000	72000	84000	400000
占总销售额的比例	23%	38%	18%	21%	
预计总成本	47840	79480	39600	48720	215640
毛利润	48%	51%	45%	42%	
毛利	44160	72520	32400	35280	184360

三、销售利润率

销售毛利率＝销售收入－营业成本/销售收入＝(400000－215640)÷400000＝46.09%

营业利润率＝营业利润收入/销售收入＝55160÷400000＝13.79%

销售净利润率＝净利润/销售收入＝44128÷400000＝11.032%

四、成本利润率

销售成本利润率＝销售利润/主营业务成本＝(400000－215640)÷215640＝85.49%

营业利润率＝营业利润/营业成本＝25160÷324840＝7.745%

税后成本利润率＝净利润营业成本＋所得税＝44128÷(324840＋11032)＝13.138%

第四节 风险分析

(1)投资风险:可能因对市场分析不足,导致盲目投资策略不当,导致资金流失及资金周转不灵的风险产生。

(2)竞争风险:在初期,我们最大的竞争对手很多,如卖炭翁、炭之语等品牌现在都发展得非常成熟,因为公司是经销商,竞争对手将会是竹炭专卖店,初期必须大力宣传,后期我们主抓产品多样化、售后服务等。

(3) 成本控制风险:主要的成本就是采购成本,可能某种商品只有一个供应商,若遇到供应商抬价,我们会积极地寻找其他供应商。

(4) 财务风险:财务风险较多,我们将建立完整的监督机制,杜绝假账等现象,一旦发现立刻处理,绝不留情;再就是财务负责人一定要有高薪,同时也要有公司股份,这样让他们真正感觉到是为自己做财务,风险会降低些。亏损或许会是我们面临的最大的问题,我们努力通过控制内部办公成本及员工成本来度过危机。

(5) 管理风险:初期店规模小,各种制度不健全,管理上风险很大,我们将尽快建立各种制度,用现代化科学的制度模式来管理公司,劳动部颁布的新《中华人民共和国劳动法》使公司在用人方面面临更大的挑战,所以如何进行有效的人力资源管理也将是我们公司未来研究的重点。

(6) 市场风险:在年销售额不高的情况下,认真分析原因并采取相应策略。例如在营销方面可以加大广告投入,有效地引导消费者。

(7) 破产风险:假如企业破产,相信我们的团队也绝不会退缩,我们将承担责任,因为只有这样我们才有东山再起的机会,我们将严格按照《中华人民共和国破产法》办理,承担股东应负的责任义务。

(8) 货物风险控制:

备货:一般要做到样样备齐,高价产品备1~2套,畅销产品15~20套,其他产品5~10套。

压货、损货:库存要及时登记、及时盘点、及时更新、及时入账。压货和损货是难免的事,及时发现才能采取措施,或退或换,及时补救。

退出机制:当出现风险难以为继时可随时退出。如果产品库存管理得好,想退出时手中压货不会多,只要不损货,总公司可以保本退换。如果不能或不想退货,可以用来自家留用或送礼。

第五节　保障机制

任何商业活动都必须有一个可靠的保障机制,只有这样才能安全运作。我们根据行业特点及调查研究,总结出我们项目应做到以下几点:

1. 公司店面安全保障

贯彻"预防为主,防消结合"的方针,店面必须配备安全消防设施,定期进行安全消防检查。

2. 进货渠道安全,质量有保证

在公司发展初期,由公司负责人与供货商进行洽谈,做到一切事情都按公司宗旨办事,打造公司良好的信誉形象,在公司发展壮大后由专人负责。公司将通过网络与大制造商建立一个信息共享的平台,通过这个平台,制造商可以看到产品的销售情况,消费者可以留下宝贵的意见,而公司可以了解供货商的情况,从而促进公司信誉体制建设,保障公司正常运营。

3. 制度及人员管理

公司发展初期,由创始人亲自运营,随着公司的发展壮大,公司将成立人力资源部门负责招聘人员,我们会提供给员工公平的竞争机会、丰厚的待遇,对于特别突出的人才将给予股份。每两个月将专门聘请专业培训机构对员工进行培训。

4. 服务质量保障

(1) 在公司发展中后期,公司将建立消费者档案,对消费者的情况进行全面调查以便于公司日后的服务,如打电话或上门进行直接服务,让消费者真正感到公司发自内心的关怀。

(2) 对大型器材,将有专业人员上门安装调试,货到付款,若有质量问题,一个电话,随叫随到,节假日不休息。

附录:市场调查与定性分析(略)

【案例点评】

这是一份全面而又具体的创业计划书,可供同学们参考借鉴。尤其是对市场的 SWOT 分析,是本计划书中的亮点。创业计划书是自己创业的一面明镜,所以它可以不华丽,但是必须真实。

实践训练

(1) 创业计划书的编制是一个循序渐进的过程,可以分为五个阶段来完成,你认为每个阶段的编制要点是什么?请认真分析并将结果填写在表7-6中。

表7-6 创业计划书编制训练

阶段	编制内容	编制要点
第一阶段	创业计划构想	
第二阶段	市场调查	
第三阶段	竞争者调查	
第四阶段	财务分析	
第五阶段	创业计划书的撰写与修改	

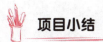
项目小结

思维导图

附　　录

附录一　创业计划书模板

企业名称：_____
创业者姓名：_____
完成日期：_____
通讯地址：_____
邮政编码：_____
电话：_____
传真：_____
电子邮件：_____

目录

一、企业概况 …………………………………………………………………………（ ）
二、创业计划作者个人情况 …………………………………………………………（ ）
三、市场评估 …………………………………………………………………………（ ）
四、市场营销计划 ……………………………………………………………………（ ）
五、企业组织结构 ……………………………………………………………………（ ）
六、固定资产 …………………………………………………………………………（ ）
七、流动资金(月) ……………………………………………………………………（ ）
八、销售收入预测(12个月) …………………………………………………………（ ）
九、销售和成本计划 …………………………………………………………………（ ）
十、现金流量计划 ……………………………………………………………………（ ）

一、企业概况

主要营销范围：

_____
_____
_____

企业类型：

☐生产制造　　☐零售　　　☐批发　　　☐服务　　　☐农业
☐新型产业　　☐传统产业　☐其他

二、创业计划作者个人情况

以往的工作经历(包括时间)：
_____
_____
_____
_____

学习经历，所学习的相关课程(包括时间)：
_____
_____
_____
_____

三、市场评估

目标客户描述：
_____
_____
_____
_____

市场的容量/本企业预计市场占有率：
_____
_____
_____
_____

市场容量的变化趋势：
_____
_____
_____
_____

竞争对手的主要优势：
_____
_____
_____

竞争对手的主要劣势：
_____
_____
_____

本企业相对于竞争对手的主要优势：
_____
_____
_____

本企业相对于竞争对手的主要劣势：
_____
_____
_____

四、市场营销计划

1. 产品

产品及服务　　主要特征

2. 价格

产品或服务　成本价　销售价　　竞争对手的价格

折扣销售　　赊账销售

3. 地点

(1) 选址细节：

地址　　面积(平方米)　　租金或建筑成本

(2) 选择地址的主要理由：
_____
_____
_____

(3) 销售方式(选择一项并打√)：

将把产品或服务销售或提供给：□最终消费者　　□零售商　　□批发商

(4) 选择该销售方式的原因：
_____
_____
_____

4. 促销

人员推销	成本预测
广告	成本预测
公共关系	成本预测
销售推广	成本预测

五、企业组织结构

企业将登记注册成：

□个体工商户　　　　　　　　　　　　□有限责任公司

□个人独资企业　　　　　　　　　　　□其他

□合作企业

拟议的企业名称：

企业的员工(请附企业组织结构图和员工工作描述)：

职务	月薪
业主或经理	
员工	
	合计：

企业将获取的营业执照、许可证：

类型	预测费用
	合计：

企业的法律责任（保险，员工的薪酬，纳税）：

种类	预测费用
	总计：

条款	合伙人		
出资方式			
出资数额与期限			
利润分配和亏损分摊			
经营分工、权限和责任			
合伙人个人负债的责任			
协议变更和终止			
其他条款			

六、固定资产

1. 工具和设备

根据预测的销售量，假设达到100%的生产能力，企业需要购买以下设备：

名称	数量	单价(元)	总费用(元)
合计			

供应商名称	地址	电话或传真

2. 交通工具

根据交通及营销活动的需要,拟购置以下交通工具:

名称	数量	单价	总费用(元)
合计			

供应商名称	地址	电话或传真

3. 办公室家具和设备

办公室需要以下设备:

名称	数量	单价	总费用(元)
合计			

供应商名称	地址	电话或传真

4. 固定资产和折旧概要

项目	价值(元)	年折旧(元)
工具、设备		
交通工具		
办公家具和设备		
店铺装潢		
厂房		
土地		
合计		

七、流动资金(月)

1. 原材料和包装

项目	数量	单价	总费用(元)

供应商名称	地址	电话或传真

2. 其他经营费用(不包括折旧费用和贷款利息)

项目	费用(元)	备注
业主工资		
雇员工资		
租金		
营销费用		
公用事业费		

续表

项目	费用(元)	备注
维修费		
保险费		
登记注册费		
其他		
合计		

八、销售收入预测(12个月)

单位:元

销售的产品或服务		1月	2月	3月	4月	5月	6月	7月	8月	9月	10月	11月	12月	合计
(1)	销售数量													
	平均单价													
	月销售收入													
(2)	销售数量													
	平均单价													
	月销售收入													
(3)	销售数量													
	平均单价													
	月销售收入													
(4)	销售数量													
	平均单价													
	月销售收入													
(5)	销售数量													
	平均单价													
	月销售收入													
(6)	销售数量													
	平均单价													
	月销售收入													
(7)	销售数量													
	平均单价													
	月销售收入													
合计	销售总量													
	销售总收入													

九、营销和成本计划

单位：元

	项目	1月	2月	3月	4月	5月	6月	7月	8月	9月	10月	11月	12月	合计
营销	含流转税营销收入													
	流转税（增值税费）													
	营销净收入													
成本	业主工资													
	员工工资													
	租金													
	营销费用													
	公用事业费													
	维修费													
	折旧费													
	贷款利息													
	保险费													
	登记注册费													
	材料费													
	其他													
	总成本													
	利润													
税费	企业所得税													
	个人所得税													
	其他													
	净收入（税后）													

十、现金流量计划

单位：元

	项目	1月	2月	3月	4月	5月	6月	7月	8月	9月	10月	11月	12月	合计
现金流入	月初现金													
	现金销售收入													
	赊销收入													
	贷款													
	其他现金流入（业主投资）													
	可支配现金													

续表

	项目	1月	2月	3月	4月	5月	6月	7月	8月	9月	10月	11月	12月	合计
现金流出	现金采购支出													
	赊购支出													
	业主工资													
	员工工资													
	租金													
	营销费用													
	公务事业费													
	维修费													
	贷款利息													
	偿还贷款本金													
	保险费													
	登记注册费													
	固定资产													
	其他(列出项目)													
	税金													
	现金总支出													
	现金余额													

附录二 湖北省大学生创业扶持政策

(1) 大学毕业生在毕业后两年内自主创业,到创业实体所在地的工商部门办理营业执照,注册资金(本)在 50 万元以下的,允许分期到位,首期到位资金不低于注册资本的 10%(出资额不低于 3 万元),1 年内实缴注册资本追加到 50% 以上,余款可在 3 年内分期到位。

(2) 大学毕业生新办咨询业、信息业、技术服务业的企业或经营单位,经税务部门批准,免征企业所得税两年。新办从事交通运输、邮电通信的企业或经营单位,经税务部门批准,第一年免征企业所得税,第二年减半征收企业所得税;新办从事公用事业、商业、物资业、对外贸易业、旅游业、物流业、仓储业、居民服务业、饮食业、教育文化事业、卫生事业的企业或经营单位,经税务部门批准,免征企业所得税一年。

(3) 各国有商业银行、股份制银行、城市商业银行和有条件的城市信用社要为自主创业的毕业生提供小额贷款,并简化程序,提供开户和结算便利,贷款额度在 2 万元左右。贷款期限最长为两年,到期确定需延长的,可申请延期一次。贷款利息按照中国人民银行公布的贷款利率确定,担保最高限额为担保基金的 5 倍,期限与贷款期限相同。

(4) 湖北省将支持高校毕业生从事网络创业,在电子商务平台开办"网店"的高校毕业生,可享受小额担保贷款及贴息等扶持政策。

(5) 毕业的大学生和高校毕业生参加创业培训,每人可享受 800 至 1200 元的创业培训补贴。

毕业 3 年内初创小微企业或从事个体经营,领取工商营业执照正常经营 3 个月以上,带动 3 人以上就业,可获得 5000 元的一次性创业补贴。

在规定期限内,毕业年度内高校毕业生从事个体经营,税收减免限额标准为每户每年 9600 元。

同时,在校大学生和毕业 3 年以内的毕业生从事个体经营和创办小微企业的,自首次办理工商登记之日起 3 年内免收属于登记类、证照类、管理类的各项行政事业性收费。

(6) 关于毕业生到基层就业。

高校毕业生在县以下基层单位就业,可获得学费补偿,享受助学贷款代偿政策。高校毕业生在县以下基层单位从事专业技术工作期间,申报相应职称时,可不参加职称外语考试或放宽外语成绩要求。

对于离校未就业的高校毕业生,实现灵活就业后,办理就业失业登记并按规定缴纳社会保险费的,按不超过实际缴费的基本养老保险费、基本医疗保险费、失业保险费计算的缴费额的 60% 给予社会保险补贴,补贴期限最长不超过 2 年。

(7) 科技型小微企业招毕业生。

对于吸纳毕业生就业的企业,湖北省也给出了优惠政策。小微企业新招用毕业生,签订 1 年以上劳动合同并按时足额缴纳社会保险费的,对实际缴纳的基本养老保险费、基本医疗保险费和失业保险费给予 1 年的社会保险补贴。科技型小微企业当年新招用毕业年度或登记失业高校毕业生达到 20%,并与其签订 1 年以上期限的劳动合同、依法缴纳社会保险费,可申请最高不超过 200 万元的小额担保贷款。吸纳登记失业 1 年以上高校毕业生就业的企业,可按规定享受税收定额扣减优惠,定额标准为每人每年 5200 元。

参考文献

[1] 万细梅,朱光喜.我国大学生创业模式探析[J].青年探索,2007,(1):21-23.

[2] 刘平.就业新思维:自主创业[M].北京:中国金融出版社,2008.

[3] 李涛.大学生创新创业导引——从问题到行动[M].北京:高等教育出版社,2016.

[4] 大学生创新创业基础编委会.大学生创新创业基础[M].北京:中国林业出版社,2016.

[5] 彭四平,伍嘉华.创新创业基础[M].北京:人民邮电出版社,2018.

[6] 叶敏,谭润志,杨荣.大学生创新创业教育[M].上海:上海交通大学出版社,2000.

[7] 陈留彬.大学生创新创业实务指导[M].世界图书出版社,2016.

[8] 贾昌荣.做最成功的创客[M].北京:经济管理出版社,2015.

[9] 张卫民.大学生创业方法[M].北京:中国社会科学出版社,2014.

[10] 焦雨梅,冉隆平.大学生创业教育[M].北京:航空工业出版社,2013.

[11] 石智生,张海燕,程小红,等.大学生创新创业教程[M].北京:人民邮电出版社,2019.

[12] 刘霞,宋卫.大学生创新创业指导[M].北京:人民邮电出版社,2019.

[13] 李爱卿,叶华,吴璇华,等.大学生创新创业基础[M].北京:清华大学出版社,2015.

[14] 万炜,朱国玮.创业案例集锦[M].北京:中国人民大学出版社,2013.

[15] 张玉利,薛红志,陈寒松,等.创业管理(第4版)[M].北京:机械工业出版社,2016.

[16] 孙霞,黄真.大学生就业与创新创业教程[M].北京:人民邮电出版社,2017.

[17] 缪莹莹,孙辛欣.产品创新设计思维与方法[M].北京:国防工业出版社,2017.

[18] 吕强,张建华,王飞.创新创业基础教育[M].成都:电子科技大学出版社,2017.

[19] 李荣芳,谢强.大学生创新创业指导[M].成都:电子科技大学出版社,2017.

[20] 张雅伦,张丽丽.大学生创新创业基础教程[M].北京:北京理工大学出版社,2018.

[21] 刘胜辉.大学生创新创业基础[M].北京:北京理工大学出版社,2016.

[22] 陈君,董静.大学生创业素养教育[M].北京:科学出版社,2017.

[23] 陈亮,林明惠,杜凯.能力素质模型在高校学生创业能力评价体系中的应用研究——以福建某省属本科大学为例[J].赤峰学院学报(自然科学版),2016,32(18):184-186.

[24] 庞世俊,王庆江,张磊.创业能力内涵及其培养研究综述[J].中国职业技术教育,2016(13):49-53.

[25] 许彦伟,崔丽丽,刘文能.高职院校素质拓展训练课程建设的探索与实践[J].时代农机,2015,42(7):90-91.

[26] 李宇,陈文婷.创新创业基础[M].大连:东北财经大学出版社,2018.

[27] 杨乐克.大学生创新创业教程[M].北京:中国时代经济出版社,2014.

[28] 王卫东.大学生创业基础[M].北京:中国水利水电出版社,2013.

[29] 汤锐华.大学生创新创业基础(配实训手册)[M].北京:高等教育出版社,2016.

[30] 刘启华.大学生创新创业基础[M].北京:研究出版社,2019.

[31] 李书民.大学生创业教育[M].吉林:吉林大学出版社,2019.

[32] 李爱卿,叶华.大学生创业基础[M].北京:清华大学出版社,2015.

[33] 叶吉波,张宝臣.大学生创业教育教程[M].辽宁:大连理工大学出版社,2019.

[34] 罗群,王彦长.大学生创业基础[M].合肥:安徽大学出版社,2015.

[35] 张华荣.大学生创新创业实践课程[M].大连:大连理工大学出版社,2019.

[36] 杨彦栋,高广胜,王亚丽.创新创业基础教程[M].长春:吉林人民出版社,2019.

[37] 黄连元.大学生创业精神及其构成要素分析[J].江汉大学学报(社会科学版),2013,30(2):109-112.

[38] 周俊武.大学生创新创业实务指导[M].海南:海南师范大学出版社,2016.

[39] 周光礼.从就业能力到创业能力:大学课程的挑战与应对[J].清华大学教育研究,2018,39(6):28-36.

[40] 张德山.大学生创业教育案例分析[M].江苏:江苏大学出版社,2015.

[41] 钟宇,朱勇刚,蔡向阳.创新创业实践能力训练[M].江苏:江苏大学出版社,2016.